ÉTICA NA VIDA DAS EMPRESAS

DEPOIMENTOS E EXPERIÊNCIAS

Coordenação de Maria do Carmo Whitaker

ÉTICA NA VIDA DAS EMPRESAS

DEPOIMENTOS E EXPERIÊNCIAS

Coordenação de Maria do Carmo Whitaker

ÉTICA NA VIDA DAS EMPRESAS
DEPOIMENTOS E EXPERIÊNCIAS
Copyright© 2007 DVS Editora

Todos os direitos para a língua portuguesa reservados pela editora.

Nenhuma parte dessa publicação poderá ser reproduzida, guardada pelo sistema *retrieval* ou transmitida de qualquer modo ou por qualquer outro meio, seja este eletrônico, mecânico, de fotocópia, de gravação, ou outros, sem prévia autorização, por escrito, da editora.

Revisão: Patricia Travanca
Produção Gráfica: Spazio Publicidade e Propaganda
Diagramação e Design da Capa: Jean Monteiro Barbosa.
ISBN: 978-85-88329-38-6

Dados Internacionais de Catalogação na Publicação (CIP)
(Câmara Brasileira do Livro, SP, Brasil)

```
      Ética na vida das empresas : depoimentos e
        experiências / coordenação de Maria do Carmo
        Whitaker . — São Paulo : DVS Editora, 2007.


      Vários autores.


        1. Empresas - Aspectos morais e éticos
      I. Whitaker, Maria do Carmo.
```

07-0276   CDD-174.4081

Índices para catálogo sistemático:
1. Brasil : Ética empresarial   174.4081

SUMÁRIO

12 PREFÁCIO

18 INTRODUÇÃO

22 PARTE I
   ENTREVISTAS

22 ADRIANE IMBROISI, diretora da Materna – Centro de Cuidados e Desenvolvimento Infantil, primeira escola certificada ISO 14001 nas Américas.

26 ANÍSIA SUKADOLINK, diretora de relações institucionais do Centro de Voluntariado de São Paulo.

28 ANTÔNIO ERMÍRIO DE MORAES, presidente do Conselho de Administração do Grupo Votorantim.

31 ANTONIO J. MATIAS, vice-presidente executivo do Banco Itaú S.A.

34 ANTONIO RODRÍGUEZ, pesquisador e consultor autônomo em Houston - Texas.

40 CARLOS ALBERTO DI FRANCO, diretor de mestrado em Jornalismo para Editores do Centro de Extensão Universitária e da Faculdade de Ciências da Informação da Universidade de Navarra, na Espanha.

42 CARLOS ALBERTO JÚLIO, presidente da HSM do Brasil.

45 CHRISTIN HOKENSTAD, graduada pelo Wellesley College. Pesquisou Cidadania Corporativa no Brasil. Consultora da Dalberg, em Nova York.

49 DONIZETE SANTOS, presidente da SKF do Brasil.

53 ELIAS CAMARGO, diretor da Tech - Engenharia Ltda. Fundador e membro do Conselho da Associação dos Dirigentes Cristãos de Empresas - ADCE.

56 GABRIEL CHALITA, professor, palestrante e escritor. Doutor em Direito e em Comunicação e Semiótica.

60 GERALDO BARBOSA, presidente da Becton Dickinson - BD para a Região América Latina Sul.

- 64 HÉCTOR JASMINOY, advogado, professor consultor e membro do Conselho Honorário da Universidade Argentina da Empresa - UADE.

- 68 HELDER HADDAD, sócio-diretor da Empresa de Pesquisa e Consultoria de Marketing Share Marketing Group - SMG. Professor de pós-graduação e MBA na área de marketing.

- 71 HERÓDOTO BARBEIRO, apresentador do Jornal da CBN. Acumula a função de gerente de jornalismo do Sistema Globo de Rádio.

- 74 JOSÉ GUIMARÃES MONFORTE, presidente do Conselho do Instituto Brasileiro de Governança Corporativa - IBGC. Presidente da Janos Comércio, Administração e Participações Ltda.

- 78 JOSÉ MARIA RAMOS, professor doutor em Economia, coordenador do curso de Ciências Econômicas da Fundação Armando Alvares Penteado.

- 82 JULIO LOBOS, administrador de empresas. Consultor e criador do Instituto da Qualidade. Ph.D em relações industriais pela Cornell University, USA.

- 85 LÉLIO LAURETTI, economista. Professor dos cursos de Governança Corporativa do Instituto Brasileiro de Governança Corporativa - IBGC.

- 88 MARCOS CINTRA, doutor em Economia formado pela Universidade de Harvard, EUA, e professor-titular e vice-presidente da Fundação Getulio Vargas.

- 92 MARCOS KISIL, presidente do Instituto para o Desenvolvimento do Investimento Social - IDIS.

- 98 MARCOS LEVY, sócio de A. Lopes Muniz Advogados Associados. Foi vice-presidente da Associação Latino-Americana de Ética, Negócios e Economia - Alene, de 2001 a 2003, e presidente da mesma Associação, de 2003 a 2005.

- 101 MARIA CECILIA ARRUDA, professora de Ética em Marketing e nos Negócios na Escola de Administração de Empresas de São Paulo da Fundação Getulio Vargas - FGV-EAESP, onde também coordena o Centro de Estudos de Ética nas Organizações - CENE - FGV-EAESP.

- 105 MARIA SOLANGE SENESE, gerente comercial do Programa de Alocação de Mão-de-Obra da Funap. Membro do Grupo de Excelência em Ética e Responsabilidade Social do CRA/SP.

- 111 MARIO ERNESTO HUMBERG, presidente da CL-A Comunicações e do Instituto PNBE de Desenvolvimento Social. Jornalista e consultor de comunicação e de ética empresarial.

115 MAURICIO BELLODI, diretor de RH e Relacionamento Corporativo da Bellman Nutrição Animal Ltda.

119 NURIA CHINCHILLA, professora do IESE Business School da Universidade de Navarra, Espanha. Diretora do Centro Internacional Trabalho e Família.

122 PETER NADAS, administrador de empresa, conferencista e ex-presidente do Conselho de Curadores da Fundação Instituto de Desenvolvimento Empresarial e Social - Fides.

127 RENATO OPICE BLUM, advogado e economista. Fundador e ex-presidente do Comitê de Direito da Tecnologia da Câmara Americana de Comércio - AMCHAM.

131 RICARDO CHUAHY, engenheiro mecânico, gerente geral da Solectron Brasil. Foi presidente da Cummins Latin America.

135 RODOLFO LEIBHOLZ, sócio-diretor da Fundição, Engenharia e Máquinas Ltda. - Femaq.

138 SÉRGIO DE OLIVEIRA, economista, especialista em Gestão de Organizações do Terceiro Setor. Coordenador de Investimento Social do Senac, em São Paulo.

142 WILBERTO LIMA JR., bacharel em Administração. Diretor de Comunicação e Responsabilidade Social da Klabin S.A.

150 PARTE II
ENSAIOS

150 **ÉTICA E RESPONSABILIDADE SOCIAL:** uma questão de estratégia empresarial
ALBERTO PERAZZO, presidente da Fundação Instituto de Desenvolvimento Empresarial e Social - Fides.

153 **UMA QUESTÃO DE VALORES**
ANTONIO TAVARES, filósofo e advogado. Foi diretor de Recursos Humanos de diversas empresas multinacionais e do Centro das Indústrias de Osasco e Presidente da Associação Brasileira de Recursos Humanos - Seccional São Paulo.

156 **ÉTICA: ciência do autoconhecimento e do autogoverno**
CESAR BULLARA, administrador de empresas formado pela Faculdade de Economia e Administração da Universidade de São Paulo - FEA-USP. Professor do Departamento de Comportamento Humano nas Organizações no Instituto Superior da Empresa – ISE.

160 **RESPONSABILIDADE SOCIAL OU CORPORATIVA?**
CIBELE SALVIATTO, administradora de empresas formada pela Fundação Getulio Vargas e sócia da Consultoria Atitude - Gerando Resultado Sustentável.

163 **O QUE É IMPORTANTE AQUI?**
CYNTHIA JOBIM, mestre em Administração de Empresas pela Fundação Getulio Vargas, pós-graduada pela University of Michigan Business School, economista e administradora. Sócia da Be Ethical Assessoria Empresarial.

165 **ÉTICA GERENCIAL**
EDIBERTO PEDROSO, conferencista, pesquisador e especialista em Comportamento Organizacional.

169 **POSTURA NO AMBIENTE PROFISSIONAL**
FLÁVIA UTIYAMA, contadora formada pela Faculdade de Economia, Administração e Contabilidade da Universidade de São Paulo.

172 **DAR LUCRO AOS ACIONISTAS NÃO É A MISSÃO DA EMPRESA**
FLAVIO FARAH, mestre em Administração de Empresas, professor universitário, palestrante.

178 **DEMISSÃO: o elo partido**
FLORIANO SERRA, psicólogo, diretor de RH e Qualidade de Vida da APSEN Farmacêutica.

181 **CAPITAL SOCIAL: o que, diabos, vem a ser isso?**
JOÃO MELLÃO NETO, administrador de empresas formado pela Fundação Getulio Vargas e jornalista formado pela Fundação Cásper Líbero. Foi deputado federal.

185 **A ÉTICA EMPRESARIAL E O NOVO CÓDIGO CIVIL**
JOAQUIM MANHÃES, advogado, sócio do Manhães Moreira Advogados Associados.

SUMÁRIO

188 A RESPONSABILIDADE SOCIAL CORPORATIVA COMEÇA EM CASA
JULIO BIN, administrador de empresas formado pela Universidade Mackenzie, em São Paulo, e pós-graduado em Marketing pela Westminster University, de Londres. Sócio-diretor da Gecko SocioAmbiental.

191 ÉTICA E GLOBALIZAÇÃO
LUIZ ALBERTO MACHADO, vice-diretor da Faculdade de Economia e coordenador dos Cursos *in Company* da Fundação Armando Alvares Penteado - FAAP - Pós-Graduação.

197 ÉTICA E CIBERNÉTICA
MARCO ANTONIO IASI, empresário. Engenheiro formado pela Universidade de São Paulo - USP, administrador e consultor em Gestão Empresarial.

202 POR QUE AS EMPRESAS ESTÃO IMPLANTANDO CÓDIGOS DE ÉTICA?
MARIA DO CARMO WHITAKER, professora universitária e consultora de ética nas organizações. Sócia fundadora e ex-diretora da Associação Latino-Americana de Ética, Negócios e Economia - Alene.

209 ÉTICA NA EMPRESA DE INFORMAÇÃO
MARIA INÊS MIGLIACCIO, mestre em Jornalismo pela Unimesp e Unicamp. Foi editora da Agência Estado.

213 A DISPUTA ENTRE EMPRESAS PRODUTORAS CULTURAIS PERTENCENTES A UM MESMO GRUPO ECONÔMICO E A ÉTICA
MARIA LUIZA EGEA, advogada especializada em Direito Autoral, diretora da Associação Brasileira dos Direitos dos Autores Visuais - AUTVIS, diretora da Associação Brasileira de Direito Autoral - ABDA.

218 ÉTICA E TERCEIRO SETOR
MARIA NAZARÉ BARBOSA, advogada, mestre e doutoranda em Administração Pública e Governo pela Fundação Getulio Vargas - FGV. Professora de Ética e de Legislação do Terceiro Setor na Fundação Getulio Vargas - FGV.

234 O PAPEL DA EMPRESA NO ATUAL CONTEXTO SOCIAL
MAURÍCIO C. SERAFIM, doutorando em Administração de Empresas na Escola de Administração de Empresas de São Paulo da Fundação Getulio Vargas - FGV-EAESP.

237 **REFLEXÕES SOBRE A ÉTICA NA ADMINISTRAÇÃO**
ORLANDO BARBOSA RODRIGUES, administrador de empresas, economiário, professor universitário, mestre em Ciências da Educação pela Universidade Católica de Goiás.

243 **BALANÇO SOCIAL**
PETER NADAS, presidente do Conselho de Curadores da Fundação Instituto de Desenvolvimento Empresarial e Social - Fides.

247 **GOVERNANÇA CORPORATIVA:**
uma questão de sustentabilidade
ROBERTO SOUSA GONZALEZ, diretor de estratégia social da The Media Group - Comunicação Corporativa.

258 **QUANTO VALE A SUA REPUTAÇÃO?**
ROGÉRIA TARAGANO, psicóloga organizacional, mestre em Administração pela Carnegie Mellon University, EUA, e diretora da Gecko SocioAmbiental.

262 **A IMPORTÂNCIA DA ÉTICA NAS ORGANIZAÇÕES**
ROSILENE MARTON, advogada, professora universitária. Mestranda em Biodireito, Ética e Cidadania pelo Centro Universitário Salesiano de São Paulo - Unisal.

265 **UM PEIXE A MAIS... UM A MENOS**
SUELI CARAMELLO, professora universitária, com Mestrado em Literatura Portuguesa pela Universidade de São Paulo.

267 **ÉTICA NA ÁREA DE RECURSOS HUMANOS**
VALENTIM GIANSANTE, economista, foi chefe da Divisão de Análises Econômicas e Financeiras da Fepasa e assistente financeiro da Cobrasma S/A.

273 ANEXOS

273 **ANEXO I**
CÓDIGO DE ÉTICA DA INDÚSTRIA DA CONSTRUÇÃO

281 **ANEXO II**
CÓDIGO DE CONDUTA ÉTICA DA BELLMAN NUTRIÇÃO ANIMAL LTDA.

Obs: Observou-se a ordem alfabética dos nomes dos entrevistados e autores dos ensaios.

PREFÁCIO

Em *Ética na Vida das Empresas. Depoimentos e Experiências*, a professora e advogada Maria do Carmo Whitaker apresenta-nos entrevistas e ensaios de empresários, dirigentes e professores de administração, economia e jornalismo, para ressaltar o impacto da Ética no mundo dos negócios e analisar a gestão ética, a responsabilidade social, a sustentabilidade das instituições e relevantes temas sobre a vida empresarial.

Como profissional, desenvolve treinamento para incentivo à cultura ética nas organizações, implantação de códigos de ética, criação e funcionamento de comitês de ética, análise de conflitos e desvios de conduta, discussão e reflexão sobre Ética etc., além de ampla divulgação de obras e textos específicos em seu Portal sobre Ética Empresarial.[1]

---

1. Cf. www.eticaempresarial.com.br.

Nas entrevistas, destacam-se os variados aspectos da responsabilidade social das empresas, entendida como expressões ativas da propriedade em função do bem comum.

Nos ensaios são analisadas práticas empresariais e definição de valores a respeito de fraudes, corrupção, escândalos, públicos e privados, procurando influenciar mudanças internas de gestão. Ao reconhecerem que seu maior patrimônio são seus colaboradores, dirigentes de empresas intensificam o aperfeiçoamento das virtudes humanas e empresariais.

A responsabilidade social das empresas permeia todas as entrevistas como tema multidisciplinar, integrando aspectos jurídicos, políticos, econômicos e sócio-educacionais e subordinando-se à ética empresarial, em vista da função social da propriedade. Por uma leitura atenta sobreleva-se uma estreita vinculação da ética empresarial à responsabilidade social, pela qual as dimensões ética, social e até mesmo espiritual estão interligadas à economia, à empresa e aos benefícios.

A obra vem atender ao recente apelo da UNIAPAC para "reforçar os líderes empresariais para servir à humanidade no mundo moderno".[2] Ali se afirmou que os custos econômicos são cada vez mais custos humanos, e os custos humanos têm sempre uma repercussão econômica; quanto mais virtuosa a economia, mais humana se torna a organização, pela promoção da pessoa.[3]

A vocação social das empresas integra as exigências éticas do agir pessoal dos dirigentes; suas bases constituem os princípios fundamentais da Constituição Federal, como a solidariedade, a subsidiariedade, a primazia do trabalho sobre o capital e a promoção da dignidade humana, em razão da destinação universal dos bens e da primazia do bem comum.

Deve-se aceitar que a Ética não é um vínculo para a empresa, mas uma oportunidade que qualifica sua eficiência e seus objetivos: os valores morais, como a responsabilidade, a solidariedade, a justiça, o cuidado com o meio ambiente, o respeito aos direitos humanos, não são inimigos da atividade econômica, mas seus amigos mais confiáveis, ainda que muito exigentes.[4]

Empresa e lucro remetem a um contexto antropológico que transcende a

---

2. Tema do XXII Congresso Mundial da União Cristã Internacional de Dirigentes de Empresas. Lisboa, 25-27/05/2006.
3. Cardeal Raffaele Martino. In www.zenit.org (português).
4. Idem, ibidem.

ambos e lhes confere um sentido preciso: a centralidade e totalidade da pessoa, ou seja, do primado do trabalho sobre o capital.

Quem faz a empresa não são as máquinas, os recursos materiais ou as estruturas, senão sobretudo as pessoas. São as qualidades pessoais, as virtudes morais como o valor, a fortaleza, o caráter empreendedor, a confiabilidade e a prudência.[5]

Entendemos que uma entidade empresarial pode ser visualizada como *sociedade civil*, *empreendimento econômico* e com *vocação social*, ou existência em função da sociedade.

Civilmente, a constituição de uma sociedade empresarial, seja individual, limitada, coletiva ou anônima, projetando-se até as multinacionais, sujeita-se a regras jurídicas estabelecidas ao longo do tempo por um ordenamento legal.

Submetidas a normas administrativas, trabalhistas, tributárias, ambientais e sanitárias, as empresas estão orientadas a se constituírem em organizações voltadas à sociedade, em vista do bem comum.

No *campo econômico*, as entidades empresariais orientam-se por regras tradicionais de mercado, cujas atividades visam, primordialmente, produzir lucro ou gerar renda.

É inerente às atividades empresariais, industriais, agrícolas ou comerciais, a obtenção de ganhos suficientes para a manutenção da empresa, aperfeiçoamento de seus funcionários e aplicação do que excede.

A VISÃO JURÍDICA DA EMPRESA

Toda atividade lucrativa funda-se em uma propriedade, de quaisquer dimensões, cuja tendência temporal, em virtude do produto de suas atividades, será expandir-se evolutivamente, dividir-se ou aglomerar-se.

O direito à propriedade procede das origens da humanidade, do controle da terra, dos animais, das cidades e mesmo de outros homens, pelos costumes da conquista, da escravidão, da guerra justa. Por certo, o século XX experimentou modelos de extinção da propriedade, mas com graves danos à liber-

---

5. Idem, ibidem.

dade humana, ao desenvolvimento da cultura e da comunicação entre os povos, provocando a proliferação das guerras.

O estudo e a aplicação do conceito de responsabilidade social exige reflexões sobre as limitações ao direito de propriedade. Conquistas revolucionárias afirmaram não ser um direito absoluto, em razão de sua necessária função social, princípio reafirmado pelos diplomas constitucionais dos países democráticos.

A EMPRESA NA VISÃO ECONÔMICA

Pelas leis de mercado, desde o liberalismo clássico do *laisser faire, laisser passer*, de Adam Smith, até a moderna globalização neoliberal da economia, as empresas orientam-se a conquistar e manter o poder econômico no interior das sociedades, desde as mais visíveis às mais remotas, graças aos modernos meios eletrônicos de comunicação, para transferência imediata de vultosas somas entre empresas.

Essas novas possibilidades induzem a manipulações extraordinárias na vida econômica dos países, com graves conseqüências para as economias emergentes e desastres humanitários e ecológicos nos mais degradados.

Sob este ângulo econômico do empreendedorismo, aceito pacificamente como dominante e superior, a ponto de sufocar e corromper os demais, estabeleceram-se mecanismos de defesa social, seja através de legislação eficiente, seja por pressões da opinião pública, sobretudo as exercidas pelas organizações civis não-governamentais.

Considerado o instituto da propriedade como um direito subjetivo, e independentemente de sua representação capitalista, é de se reconhecer que sobre as propriedades empresariais recai, com maior razão, uma hipoteca social.

A FUNÇÃO SOCIAL COMO RESPONSABILIDADE

As empresas representam um Todo, como as famílias ou o próprio Estado, porque constituídas de Partes, que são os sócios, acionistas e funcionários; ou os pais, os filhos e parentes, na entidade familiar; e os dirigentes e cidadãos, neste último.

Não há Estado sem cidadãos que o sustentem e defendam; e não haverá a propriedade-empresa isolada, desvinculada da sociedade de que se serve para crescer e para a qual deve reciprocamente servir.

Uma nova visão societária da empresa econômica deve surgir no século XXI, em que os operadores sociais sejam protagonistas de novos papéis, tanto dentro das empresas – como proprietários, acionistas, dirigentes, funcionários – quanto fora delas, de um lado os usuários de serviços e compradores de produtos, que podem pagar, e de outro os menos beneficiados, a quem a empresa deva resgatar essa hipoteca social.

Inúmeras entidades não-governamentais dedicam-se a efetivar essa ponte entre os incluídos e os excluídos socialmente, através de inúmeras atividades não apenas assistenciais, mas promocionais das pessoas, na defesa de sua dignidade intrínseca.

A dignidade humana não é apenas um direito fundamental inscrito na Constituição Federal, em virtude de uma Declaração Universal do século XX ou daquelas do século XVIII, mas por ser intrínseca a todos os homens, distinguindo-os dos outros seres.

Modernamente, as empresas tendem a se organizar em função de uma inserção social eficiente: internamente, pela agregação de benefícios aos trabalhadores; externamente, por atividades promocionais junto aos excluídos, sobretudo nas regiões do seu entorno geográfico.

Em muitos países vêm sendo publicadas inúmeras pesquisas e textos sobre um novo paradigma de gestão empresarial, a que se chamou de *economia de comunhão* ou *comunhão na economia*[6], sobre a qual centenas de teses acadêmicas foram apresentadas nas Universidades.[7]

No momento em que a legislação brasileira, constitucional e civil, reafirmou a primazia da função social da propriedade, nos contratos e nas organizações econômicas, o tema deve ser trazido à discussão acadêmica e empresarial.

O conceito *Função Social* deve ser analisado sob as luzes do Direito (constitucional, administrativo, civil, ambiental e penal), da Economia, da Admi-

---

6. Baseia-se em um simples princípio: o lucro, objetivo de qualquer investimento, deve ser utilizado para o benefício de todo o corpo social, não só dos acionistas, devendo ser dividido em três partes: para o desenvolvimento da companhia, para formação de pessoal e para atender a necessidades sociais. Cf. SEBOK, Roberto T. *Como preparar-se para o mundo unido do Novo Milênio*. São Paulo: Editora STS, 1999, e BRUNI, Luigino. *Comunhão e as novas palavras em Economia*. São Paulo: Cidade Nova, 2005.
7. Consultar www.edc-online.org.br.

nistração Empresarial e da Sociologia, na perspectiva dialética do individual em relação ao social.

Devem-se evidenciar os direitos fundamentais como inequívocos direitos naturais, reconhecidos pela Constituição Federal e assegurados a todos os cidadãos. E que tais direitos, embora particulares, não se exercem de forma absoluta, por estarem subordinados às normas sociais, jurídicas, costumeiras ou morais.

Portanto, o pleno exercício desses direitos relaciona-se funcionalmente ao social ou coletivo, em perfeita integração entre as partes (cidadãos) e o todo (empresa), ou, em linguagem pitagórica, entre o Múltiplo e o Uno.

Nessa linha de pensamento, entendemos que o tema da responsabilidade das empresas, sob as três visões apontadas, deva ser apreciado pelo ângulo humanista do Direito, expresso pelos princípios fundamentais do respeito à *dignidade da pessoa* e *prevalência dos direitos humanos*.

O excelente trabalho de Maria do Carmo Whitaker enquadra-se na perspectiva de uma ética das relações empresariais e inclusão social, que, por ser aberta, permite discurso eclético e multidisciplinar, nisto consistindo também sua relevância. Bem por isso, muito contribuirá para uma nova visão sobre a Ética e a responsabilidade social empresarial, que se complementam como gênero e espécie, pois buscam ao mesmo tempo compreender as várias aplicações da Ética nas empresas e sua responsabilidade em função da sociedade, e determinar um conceito unificador, em torno do bem comum, princípio clássico na Filosofia moral e sempre presente no Direito.

Merece encômios, portanto, este excelente trabalho da ilustre pesquisadora Maria do Carmo Whitaker, de conjugação das múltiplas facetas das empresas, que será apreciado pelas diversas comunidades a que se dirige.

CARLOS AURÉLIO MOTA DE SOUZA, professor de pós-graduação da Universidade Ibirapuera (SP) e orientador de Cursos de Mestrado da Unesp, do Mackenzie e do Univem de Marília. Advogado, membro do Tribunal de Ética da OAB-SP e do Instituto Jacques Maritain do Brasil. Magistrado em São Paulo, aposentado. Administrador, com a autora, do Portal Jurídico Academus – www.academus.pro.br.

INTRODUÇÃO

O objetivo deste livro é compartilhar com empresários, administradores e profissionais que tenham interesse no desenvolvimento da gestão da Ética e no treinamento de seus colaboradores, um material muito rico que, despretensiosamente, como relatarei a seguir, foi colhido no site www.eticaempresarial.com.br. Pretende-se difundir o impacto que a postura ética vem projetando no mundo dos negócios, mediante depoimentos de quem está passando por essa experiência.

O livro consta de duas partes. A primeira é composta de entrevistas concedidas por diretores de empresas, professores e consultores que transmitem suas experiências e demonstram como utilizar novas ferramentas no desenvolvimento da gestão da Ética, da responsabilidade social e da sustentabilidade nas diferentes instituições.

Os ensaios constituem a segunda parte. Trata-se de matérias redigidas por profissionais que revelam suas práticas sobre temas palpitantes e definem aqueles valores que dão sentido às suas vidas no contexto do trabalho.

Quanto mais a mídia noticia casos de fraudes, corrupção e escândalos, seja na esfera pública, seja no âmbito privado, tanto mais aumenta a responsabilidade dos que acreditam que têm uma missão a cumprir e não se deixam levar pelos acontecimentos. Cada qual tem que desempenhar o seu papel no contexto histórico em que vive. E mais, deve fazer todo o esforço para influir nas mudanças que julga necessárias para recuperação da dignidade de sua gente.

O que me move a publicar este livro é a percepção de que não se pode presenciar de braços cruzados a situação de descalabro moral pela qual passamos. Assim, faço uma modesta contribuição, que não é só minha, é enriquecida pela contribuição de todos os que forneceram os conteúdos para esta publicação, a quem agradeço com grande reconhecimento pelas suas produções.

Há alguns anos, impelida por essa preocupação de não deixar as coisas acontecerem sem fazer nada, envolvi-me com o tema da ética empresarial. Devo muito de meu aprendizado à professora doutora Maria Cecilia Coutinho de Arruda, fundadora do Centro de Estudos de Ética nas Organizações - CENE da Escola de Administração de Empresas de São Paulo da Fundação Getulio Vargas, com quem tive o privilégio de trabalhar.

Passei a estudar mais o tema e aceitei o convite da professora Cecilia Arruda para escrever um livro básico, que poderia servir de roteiro do programa de um curso de ética empresarial e econômica. Uniu-se a nós, nessa tarefa, o professor, também doutor, da Fundação Armando Álvares Penteado - FAAP, José Maria Rodriguez Ramos, que contribuiu com a parte que trata da ética na economia e das doutrinas filosóficas. Assim, em dezembro de 2000, tirei férias do escritório de advocacia em que trabalhava e passei o mês dedicada à nova tarefa. Resultado: no início do ano de 2001, ficou pronto o livro que foi editado pela Atlas, sob o título *Fundamentos de Ética Empresarial e Econômica*. Está na terceira edição.

A experiência do livro forneceu-me excelente material para ministrar aulas sobre o assunto que está me fascinando ultimamente. É maravilhoso poder transmitir aos jovens os valores e princípios de que nossa sociedade e as famílias tanto necessitam. Sim, porque me baseio na ética das virtudes, para mostrar como se desenvolve a conduta do profissional e do empresário. Assim, aceitei o convite para ministrar aulas de ética e gestão da cidadania e responsabilidade social.

Com o questionamento dos alunos, que são, como todos os jovens de hoje, muito exigentes, concilio a parte teórica e expositiva das aulas com a experiência que adquiri nas empresas em que atuei na área de ética empresarial. Aprendo muito com meus alunos tanto do curso de graduação como dos cursos de pós-graduação.

Em diversos Congressos, Seminários e outros eventos internacionais de que participei na área de ética empresarial, mais de uma vez observei que no cartão de visitas do profissional que me era apresentado, constava abaixo de seu nome *Ethics Officer*. Ou seja, algumas empresas, a maioria americana, contratam profissionais que se incumbem de cuidar do aspecto institucional da organização, estão diretamente vinculados à sua alta administração e coordenam a gestão da ética dessas instituições.

Constatei que esses profissionais, envolvidos com a ética empresarial, desenvolvem um excelente trabalho com o maior patrimônio da empresa, que são os seus colaboradores. Ora, a Ética é a parte da Filosofia que estuda a conduta humana, os atos humanos, enquanto são bons ou maus. A fonte da Ética é a própria realidade humana, aquela em que transcorre o dia a dia da pessoa, na família, no desempenho de seu trabalho, no convívio com seus colegas e com os demais indivíduos que o cercam. Em outras palavras, o ambiente de trabalho é excelente meio de estudo, treino e cultivo das relações humanas e aperfeiçoamento da ética das virtudes.

Tem sido muito interessante e uma grande oportunidade de crescimento profissional, o trabalho nessa área. São inúmeras as atividades demandadas: organizar programas de treinamento em ética para as empresas; incentivar a consciência da cultura ética nas organizações; implantar códigos de ética mediante a aplicação de processos específicos; oferecer subsídios para a criação e funcionamento de um comitê de ética; analisar conflitos e desvios de conduta em relação aos princípios consagrados nos códigos de ética das empresas; estimular a discussão e reflexão sobre Ética e outras incontáveis tarefas.

Tive a oportunidade de participar das gestões de fundação da Associação Latino-Americana de Ética, Negócios e Economia - Alene, em 1998, durante o I Congresso de Ética, Negócios e Economia, realizado no Brasil, na Fundação Getulio Vargas. Seus objetivos são, entre outros, os de colaborar e prestar serviços para as empresas, governos e organismos na área da ética aplicada à educação, à economia e à empresa, em âmbito nacional e internacional. Além disso, promove o intercâmbio de acadêmicos e profissionais na área de ética e mantém atividades e pesquisas de caráter empresarial, técnico-científico, cultural, social e comunitário. E mais, a Alene organiza congressos, como os que foram realizados no Brasil, nos anos de 1998, 2000 e 2003, os da Argentina em 1999 e 2001, o do México em 2002, o do Chile em 2005 e o do Peru em 2006.

Simultaneamente a essas novas experiências por que passei, ocorreu o providencial encontro com o dr. Carlos Aurélio Mota de Souza, que me convidou para organizar as matérias relativas ao tema ética empresarial no Portal Academus, recém-fundado, à época. Aceitei o desafio e lancei-me à tarefa das entrevistas com os empresários, professores e consultores envolvidos com o tema, na tentativa de conciliar as suas experiências com os fundamentos acadêmicos que forneciam respaldo ao trabalho desenvolvido nas empresas.

Surgiram, além das entrevistas, os ensaios, as notícias, os códigos de ética de algumas empresas, as informações sobre eventos, além de outras matérias que ensejaram o registro de um domínio diferente para o site de ética empresarial, que continua a integrar o Portal Academus. Esse material que, repito, despretensiosamente foi reunido, torna possível a edição deste livro que pretende transmitir os valores e os princípios que aperfeiçoam a dignidade da pessoa em tempos tão conturbados.

MARIA DO CARMO WHITAKER, professora universitária. Sócia fundadora e ex-diretora da Associação Latino-Americana de Ética, Negócios e Economia – Alene. Advogada, membro do Tribunal de Ética da OAB-SP. Membro do grupo de excelência em Ética e Responsabilidade Social do Conselho Regional de Administração - CRA/SP. Consultora de ética nas organizações e organizadora do site de ética empresarial do Portal Academus.

PARTE I
ENTREVISTAS

ADRIANE IMBROISI MARQUES[8], graduada em Marketing pela Universidade Metodista e estudiosa dos temas ambientais. Diretora da Materna - Centro de Cuidados e Desenvolvimento Infantil, primeira escola certificada ISO 14001 nas Américas. Precursora da implantação de gestão ambiental no setor escolar.

SITE: WWW.ETICAEMPRESARIAL.COM.BR

Site - A educação está sendo oferecida como um produto. Como resgatar os verdadeiros ideais da educação, do professor visto como um educador e não um simples transmissor de conhecimento?

Adriane Imbroisi - Através da educação do educador, resgatando sua essência, levando-o a refletir a respeito da sua escolha, despertando a consciência do seu valor, como agente transformador de um processo, fazendo aflorar a sua veia de pesquisador. Tarefa nada simples, mas que com um grande investimento de tempo e recursos humanos, e acreditando na sua educação, resultará em sucesso. Assim como se acredita na educação dos pequenos, acredita-se na educação do educador, que realizada no cotidiano, ao longo do tempo torna-se real.

---

8. Entrevista concedida em novembro de 2005.

Site - Quais os princípios e valores da Materna - Centro de Cuidados e Desenvolvimento Infantil?

Adriane Imbroisi - A Materna tem como princípios a educação de gente grande, bem com a de gente pequena, através de uma filosofia humanista. Acredita que assim como os conteúdos curriculares, os valores também podem ser ensinados e vividos na escola.

Acredita que pelo afeto, criando vínculos com o aluno, este aprenderá com significado.

Site - Qual a preocupação da Materna com a Ética e que expectativas tem com seu trabalho?

Adriane Imbroisi- Como uma escola que acredita na educação de valores, com certeza a Ética está entre eles, mas, Ética não é fácil de ensinar, pois educadores e crianças crescem em um ambiente permeado pela *lei da vantagem*, pela *lei de Gerson*. A persistência é a essência da alma do educador e vamos com ela alcançando novas metas na conquista pelo trabalho com a ética.

Ética é relacionamento com respeito, portanto somente se constrói no dia a dia através da incansável busca pela convivência harmoniosa e respeitosa.

Este ano, por exemplo, desenvolveu-se o projeto chamado *Respeito a todas as coisas*, vivido por todas as turmas de berçário até alunos de seis anos, no qual se deu a aprendizagem da ética pela Ética.

Site - Qual a repercussão da Materna com a ética e que expectativas tem com o seu trabalho?

Adriane Imbroisi - A criança, quando bem orientada e quando consegue associar a teoria ao cotidiano e à vivência, torna-se um dos melhores multiplicadores que conhecemos, e, ao aprender com elas, nós, adultos, jamais esqueceremos o ensinamento.

Os pais de nossos alunos relatam, através dos meios de comunicação oferecidos pela escola, as situações de aprendizagem criadas por seus filhos e agradecem por vê-los resgatando valores perdidos.

A introdução de valores para crianças inicia-se simplesmente com o reforço do uso de um "muito obrigada, por favor ou dá licença".

Site - Quais os futuros projetos da direção da Materna no sentido de dar continuidade ao trabalho que fazem com as crianças que saem da escola?

Adriane Imbroisi - O nosso projeto visa dar subsídios aos alunos para que enfrentem as adversidades de maneira equilibrada, acompanhamos a grande maioria dos alunos que se formam na escola e estes se integram bem ao novo ambiente e, em alguns casos, tornam-se multiplicadores.

Através do sistema de aprendizagem criado e utilizado na Materna, os alunos são estimulados para ter sua capacidade valorizada e sua auto-estima em alta a fim de torná-lo um indivíduo seguro e aberto para o desenvolvimento, privilegiando sempre as atitudes humanas, sociais e ambientais.

Site - A educação é trabalho cujos frutos virão ao longo do tempo. Quais as esperanças depositadas nessas crianças?

Adriane Imbroisi - Esperamos que com a nossa prática diária possamos formar seres mais humanos, responsáveis, éticos, com atitudes sociais e ambientais que ao longo do seu crescimento contaminem a todos ao seu redor e lhes mostrem "que uma das melhores virtudes do ser humano é amar o próximo, não apenas no sentido próprio da palavra, mas saber que ela está ligada a uma ação muitas vezes esquecida, que é ajudar o próximo em qualquer ambiente que você estiver".

Site - Como preparar educadores e criar multiplicadores para esse trabalho tão pioneiro?

Adriane Imbroisi - Muito treinamento, muitas rodas de conversa, textos informativos, ou seja, investindo na educação do educador, sendo companheiro em suas dificuldades, aplaudindo suas superações, caminhando em sua direção e estando disponível a ele, para que aprenda a dar passos largos na direção e na defesa deste projeto.

Seguindo com todo o grupo de trabalho algumas premissas como:

Respeitar a vida, rejeitar a violência, ser generoso, ouvir para compreender, preservar o planeta e redescobrir sempre a solidariedade.

Lembrar que "sou quem sou por aquilo que todos somos".

Site - O que significa trabalhar Inteligências Múltiplas na Educação Infantil?

Adriane Imbroisi - Nossa história com as inteligências múltiplas iniciou em 1999 e concretizou-se em 2003, com a criação de um projeto que contemplava o ensino a partir de valores e das inteligências múltiplas que, na prática, passavam a ser vivenciadas através de salas ambientes.

Atualmente, no ano de 2006, contamos com 20 salas ambientes, equipadas com materiais adequados para estimular as inteligências.

As professoras organizam o uso da sala através de um quadro e em rodízio, dessa forma todas as turmas utilizam as diversas salas a fim de estimular as inteligências e ou verificar as que se destacam em cada aluno e auxiliar no desenvolvimento adequado de cada um. Exemplo: Sala de jogos: jogos de encaixe, jogos de raciocínio, com regras elaboradas pelos alunos, desta forma estimulamos as inteligências lingüística-verbal, espacial, lógico-matemática e interpessoal.

Com este trabalho valorizamos o que o aluno possui de potencial mais evidente para favorecer as inteligências que mais dificuldade apresentam e, assim, abrir caminho para uma aprendizagem mais rica para cada um. ❖

ANÍSIA CRAVO VILLAS BOAS SUKADOLINK[9], formada em Ciências Sociais com experiência em Magistério. Diretora de Relações Institucionais do Centro de Voluntariado de São Paulo. Desde 2001 colabora com o Faça Parte — Instituto Brasil Voluntário, proferindo palestras e participando de entrevistas, encontros e seminários.

SITE: WWW.ETICAEMPRESARIAL.COM.BR

Site - O que é e como surgiu o Centro de Voluntariado de São Paulo?

Anísia Sukadolink - O CVSP é uma organização de sociedade civil sem fins lucrativos, fundada em maio de 1997, que tem a missão de *incentivar e consolidar a cultura e o trabalho voluntário na cidade de São Paulo e promover a educação para o exercício da solidariedade e cidadania*. Funciona como ponte entre pessoas que querem *fazer a diferença* em suas comunidades e as organizações sociais, culturais e grupos comunitários que necessitam de voluntários.

Site - Como você se sentiu atraída pelo trabalho voluntário?

Anísia Sukadolink - A minha formação em Ciências Sociais, minha atuação como educadora durante 30 anos na rede particular e pública não permitiram que após a aposentadoria eu ficasse apenas vendo a banda passar. A participação voluntária me permite continuar ativa colocando a serviço da sociedade todos os conhecimentos acumulados e manter contato com a realidade do país e, portanto, perceber a importância da co-responsabilidade entre o 1º, 2º e 3º setores na resolução de problemas sociais.

---

9. Entrevista concedida em novembro de 2004 e atualizada em maio de 2006.

Site - O que é voluntariado empresarial?

Anísia Sukadolink - Voluntariado Empresarial é o conjunto de ações realizadas por empresas para incentivar e apoiar o envolvimento de seus funcionários em atividades voluntárias na comunidade.

Site - Os acionistas das empresas que pretendem implantar um programa de voluntariado aceitam facilmente esta novidade ou resistem, com medo de que o valor de seus dividendos venha a diminuir?

Anísia Sukadolink - O Voluntariado Empresarial é uma maneira inovadora de integrar todo o corpo funcional na política de Responsabilidade Social da empresa, e sendo a Responsabilidade Social Empresarial fator de competitividade e sustentabilidade dos negócios, certamente os acionistas devem ter a preocupação que seus dividendos venham a cair.

Site - Que competências devem ser exigidas do voluntário?

Anísia Sukadolink - Valores de participação e solidariedade, comprometimento, responsabilidade e, principalmente, acreditar no seu potencial, que pode ser colocado a serviço da transformação de pessoas e organizações sociais.

Site - Como os empresários podem incentivar o voluntariado?

Anísia Sukadolink - Apresentando uma empresa responsável socialmente e, conseqüentemente, uma cultura interna favorável ao desenvolvimento de programas de voluntariado.

Site - Qual o impacto da ética no desenvolvimento do trabalho voluntário?

Anísia Sukadolink - O trabalho voluntário hoje é sinônimo de educação, solidariedade e cidadania. Só pessoas que possuem valores éticos querem colaborar para a transformação da sociedade, fazendo trabalho voluntário onde identificam uma causa a ser abraçada com responsabilidade. ❖

ANTÔNIO ERMÍRIO DE MORAES[10], engenheiro, empresário, presidente do Conselho de Administração do Grupo Votorantim. Presidente do Hospital Beneficência Portuguesa em São Paulo. Membro da Academia Paulista de Letras. Além de diversos artigos, escreveu e produziu três peças teatrais, focalizando problemas brasileiros.

SITE: WWW.ETICAEMPRESARIAL.COM.BR

Site - Qual a importância dada pelo grupo Votorantim à ética empresarial?

Antônio Ermírio - No mundo dos negócios, poder-se-ia dizer que a imagem de uma empresa é diretamente proporcional à sua ética empresarial.

No meu modo de pensar, é o que há de mais sério dentro de uma empresa.

Site - De onde o Senhor acredita que veio a fama de seriedade e responsabilidade ética do grupo Votorantim perante a sociedade?

Antônio Ermírio - Vem de mais de 80 anos de trabalho sério na área empresarial, pagando corretamente seus impostos e certos de que alguma coisa tem de ser feita além disso. E neste ponto o Grupo Votorantim nunca se descuidou.

---

10. Entrevista concedida, em abril de 2002, a Erico Henrique Garcia de Brito, aluno da Faculdade de Economia da Fundação Armando Álvares Penteado, sob a orientação da Professora Maria do Carmo Whitaker.

Site - Quais as principais atuações do grupo Votorantim na área de Responsabilidade Social? Quais os principais resultados obtidos até agora?

Antônio Ermírio - O Grupo sempre procurou olhar para os menos favorecidos da melhor maneira possível, realizando ações em áreas importantes como a educacional, hospitalar, cultural, ambiental e esportiva, mas seguindo sempre um princípio filosófico: na hora de prestar serviços, muita generosidade; na divulgação dos resultados dos serviços, silêncio total.

Só na área hospitalar, o Grupo tem quase 50 anos de serviços prestados, sendo 4 anos na Cruz Vermelha, 4 anos na Cruz Verde e 41 anos na Beneficência Portuguesa. E não se trata apenas de ajuda financeira. Trata-se principalmente de dedicação pessoal, que é a melhor maneira de demonstrar nossa solidariedade e compromisso com as pessoas menos favorecidas, cabendo lembrar que 60% dos atendimentos da Beneficência Portuguesa são feitos pelo SUS.

Site - Como o Grupo Votorantim construiu a imagem de modelo em ética empresarial e como se tem trabalhado a continuidade dessa imagem com as gerações futuras?

Antônio Ermírio - A formação de uma classe empresarial demanda no mínimo 15 anos, incluindo orientação nos estudos e na ética empresarial.

No Grupo Votorantim, cada geração de dirigentes encarrega-se de orientar a próxima. Nosso pai investiu na nossa preparação e nós investimos na preparação de nossos filhos e sobrinhos, que constituem a 4ª geração do Grupo. A 4ª geração, por sua vez, já está investindo na formação da 5ª geração.

Site - Quais conselhos o Senhor dá para os jovens empresários no tocante à ética empresarial?

Antônio Ermírio - O conselho é que acreditem no País e trabalhem muito. O sucesso profissional é alcançado com sangue, suor e lágrimas. Sangue nas veias e no coração. É preciso ter pensamento positivo em relação à Nação.

É preciso também ter humildade. A humildade une os homens, enquanto a vaidade os divide.

Não podem perseguir somente o lucro, sem pensar nos menos favorecidos. Desgraçado daquele que é incapaz de sacrificar um dia de prazer em benefício dos mais necessitados.

Devem moderar-se no luxo. O luxo não conduz o homem à virtude. Ao contrário, quando exagerado bloqueia boa parte dos bons sentimentos.

Não devem afastar-se de Deus nem da família. Para com a Nação, todo sacrifício é pequeno. Para com Deus e com a família, nunca devem faltar o respeito e a dignidade. ❖

ANTONIO JACINTO MATIAS[11], vice-presidente executivo do Banco Itaú S.A., responsável pela coordenação das áreas de Marketing, Planejamento Comercial, Relações Institucionais, Serviço de Atendimento ao Consumidor e Comunicação Interna do Itaú. Engenheiro de produção, graduado pela Escola Politécnica da Universidade de São Paulo e pós-graduado em Administração de Empresas pela EAESP - Fundação Getulio Vargas. Preside o Comitê de Ética do Banco Itaú, sendo também vice-presidente de Programas Sociais da Fundação Itaú Social e diretor executivo da Federação Brasileira das Associações de Bancos - Febraban.

SITE: WWW.ETICAEMPRESARIAL.COM.BR

Site - Soube que o Banco Itaú teve a preocupação de elaborar o código de ética em razão da Resolução baixada pelo Bacen (n° 2.554, de 24/09/98), que, em seu artigo 4°, impõe à diretoria das instituições financeiras a promoção de elevados padrões éticos e de integridade. Sugere, ainda, o desenvolvimento de uma cultura organizacional que demonstre e enfatize a todos os funcionários a importância dos controles internos e o papel de cada um no processo. Foi de fato para atender a essa Resolução ou haviam outros motivos que conduziram à elaboração e ao lançamento do Código de Ética do Itaú?

11.Entrevista concedida em março de 2004.

Matias - A atuação do Banco sempre foi orientada por princípios éticos continuamente enfatizados, como a integridade, a valorização do ser humano, o respeito à legalidade e a competição saudável, entre os mais importantes. É a aplicação consistente desses princípios que nos leva a ser reconhecidos como um banco sólido e confiável, atributos que constam da Visão Itaú, estabelecida desde o início dos anos 90. Nessa mesma década, iniciamos um fértil aprofundamento dos valores que compõem nossa cultura organizacional com o objetivo de fortalecer nossa identidade cultural e nossa imagem diante do público. A redação do Código de Ética das Instituições Itaú, para garantir a divulgação consistente de tais valores e princípios ao longo do tempo, foi um dos frutos desse processo de reflexão, muito mais do que uma iniciativa visando cumprir uma norma externa.

Por outro lado, a Resolução n° 2.554, por seu teor e importância, sempre foi vista pelo Itaú antes como uma oportunidade do que como uma obrigatoriedade, e muito contribuiu para que melhor identificássemos prioridades de aperfeiçoamento dos nossos processos.

Site - Como foi formulado o Código de Ética do Banco Itaú e que pessoas tiveram participação direta em sua elaboração?

Matias - A Diretoria Executiva orientou a formulação inicial, e a minuta resultante foi submetida a uma *audiência pública interna*, da qual participou todo o quadro administrativo e gerencial, em um processo aberto e participativo. As sugestões colhidas nessas avaliações internas foram consolidadas por representantes das áreas Jurídica, de Comunicação Interna e de Auditoria e Controles Internos, resultando em nova versão aprovada por todo o Grupo Executivo e pela Presidência.

Site - Que medidas foram adotadas para se conseguir a adesão de todos os interessados ao Código?

Matias - Além dos tradicionais termos de recebimento, à distribuição do Código seguiram-se centenas de reuniões, em todas as áreas do Banco, para analisar, discutir e interpretar seu conteúdo e aplicações. Os módulos de treinamentos relativos a princípios éticos foram atualizados, assim como foi modernizada a política de padrões disciplinares. Foi estimulada, também, a criação de códigos setoriais para atender às especificidades de várias áreas de negócios. Por fim, a ética no Itaú constitui um programa permanente, continuamente divulgado e alimentado por canais e ações de comunicação interna destinados à orientação e ao encaminhamento de temas éticos.

Vale lembrar que o Código foi também divulgado a todos os nossos principais clientes, fornecedores e parceiros, num volume superior a 600 mil exemplares, além de ter sido publicado na Internet com livre acesso a qualquer interessado.

Site - Quando foi lançado o Código de Ética do Banco Itaú? Notaram-se algumas mudanças específicas nas rotinas normais de trabalho, ou nas condutas dos colaboradores, desde o seu lançamento?

Matias - O Código foi lançado em dezembro de 2000. Diversas áreas fizeram ajustes em seus contratos com fornecedores e parceiros, inserindo cláusulas éticas. Em algumas áreas surgiram comitês setoriais de ética, demandando participações nessas reuniões. Quanto às condutas, notamos que houve reforço daquelas aderentes ao Código.

Site - Como é feito, na prática, o acompanhamento da vivência do código de ética?

Matias - Por meio de pesquisas internas periódicas com funcionários, pelos indicadores de clima ético avaliados no Comitê de Ética e pelo acompanhamento dos canais de comunicação.

Site - Qual o papel desempenhado pelo Comitê de Ética? Como é composto, quem são seus integrantes?

Matias - O Comitê avalia permanentemente a atualidade e pertinência do Código, determinando ações necessárias para a divulgação e disseminação dos mais elevados padrões de conduta ética dentro do Banco. Além de deliberar sobre dúvidas de interpretação do texto, assume também o julgamento de eventuais violações de maior gravidade. Independentemente da sua gravidade, todo e qualquer caso de violação é rigorosamente apurado para assegurar a justiça das decisões. Os integrantes do Comitê são Diretores, representando as áreas de Recursos Humanos, Jurídico, Auditoria, Controles Internos, Comercial e Operacional. ❖

ANTONIO RODRÍGUEZ LÓPEZ[12], pesquisador/consultor autônomo em Houston, Texas. Seus interesses estão concentrados nas áreas de virtudes estratégicas, liderança e criatividade. Membro fundador da Associação Latino-Americana de Ética, Negócios e Economia - Alene. Membro da direção de STVDIVM, empresa de formação e desenvolvimento localizada no Equador. Foi um dos fundadores, diretor acadêmico e professor da Escola de Negócios do Equador - IDE.

SITE: WWW.ETICAEMPRESARIAL.COM.BR

Site - Por que você tem tanto interesse em trabalhar a virtude da humildade nas empresas?

Antonio Rodríguez - Em primeiro lugar, estudando a ética empresarial atrai-me o estudo do positivo, daquilo que funciona bem, mais do que os aspectos negativos e a corrupção. Pessoalmente, com todo respeito para outras opções, prefiro estudar as virtudes sobre as quais se fundamentam as organizações. Geralmente penso que os empresários sem comportamento ético não têm a desculpa da ignorância. Sabem perfeitamente o que é correto e incorreto. Sabem o que deveriam fazer, mas não o fazem. O problema, em minha opinião, é falta de virtudes. Com um exemplo não empresarial, creio que a idéia ficará muito clara. Há muitas pessoas obesas, sabem que ter

---

12. Entrevista concedida em outubro de 2004 – Tradução de Maria do Carmo Whitaker.

gordura não é bom para a saúde, sabem que deveriam fazer dieta, sabem que certos alimentos são especialmente prejudiciais à saúde, mas passam diante de uma sorveteria e não podem resistir à tentação de entrar e saborear um delicioso sorvete transbordante de gordura. O problema nessas pessoas não é ignorância, mas falta de caráter, pouca virtude da temperança.

Site - Há muitas virtudes, a que se deve sua preferência pela humildade?

Antonio Rodríguez - O trabalho de consultor permitiu-me conhecer algumas empresas nas que deliberadamente se procura a humildade. A primeira foi precisamente uma empresa brasileira. Agora conheço muitas mais. Ao princípio, isto me surpreendeu muito. O interessante é que essas empresas, provavelmente, fazem menos ruído que outras, mas obtêm uns resultados empresariais muito mais importantes. Atrai-me, especialmente, o fato de que a humildade seja uma virtude estratégica, isto é, que apóia as vantagens competitivas das empresas.

Site - É possível que existam alguns casos como os que você relata, mas realmente parece que humildade e negócios sejam palavras contraditórias?

Antonio Rodríguez - Não é a primeira vez que recebo esse comentário. É uma reação comum quando falo de meu interesse em pesquisar a humildade nas empresas. No entanto, essa imagem da humildade não corresponde à sua real importância. De fato o interesse pela humildade está em ascensão nas organizações. Jim Collins, muito conhecido por escrever *best-sellers* como *Built to last* y *Good to great*, publicou, em 2002, *Level 5 leadership*, que se converteu, também, em outro sucesso editorial. Nesta pesquisa descobriu que as empresas que tiveram o maior êxito sustentado por décadas depois de uma profunda transformação, tinham em comum que seus líderes eram extraordinariamente humildes. Desde logo, não é a única qualidade que Collins descobriu em seu trabalho de pesquisa, mas é comum a todos os líderes excepcionais que a estudaram. Ainda não é muito, mas o esforço por estudar a humildade nas organizações está atraindo um crescente número de acadêmicos e empresários.

Site - O mundo dos negócios move-se pelas forças da competência e da eficiência. Não se compreende muito bem que uma pessoa humilde possa ter êxito em um ambiente no qual se luta sem trégua.

Antonio Rodríguez - Uma das dificuldades que encontrei na pesquisa sobre a humildade é que seu significado pode ser diferente em certos ambientes. Para muitas pessoas, o conceito de humildade confunde-se com humilhação, rebaixamento, autonegação, submissão. Isso sem contar que, em alguns idiomas, se diz que uma pessoa é humilde quando se quer dizer que é pobre. Por isso não se pode estranhar que humildade e competitividade soem como algo contraditório, e que um presidente corporativo humilde seja mais esquisito que um vegetariano dirigindo uma granja de porcos. Talvez algumas pessoas se ofenderiam se as qualificassem de humildes. No entanto, isto é um erro. Tem que ser um erro porque a humildade, como virtude, é um bem desejável, caso contrário não seria virtude.

Site - Como seria mais adequado entender a virtude da humildade?

Antonio Rodríguez - As melhores definições que encontrei não são minhas, referem-se à humildade como a virtude que confere a quem a tem uma correta perspectiva de si mesmo em relação ao mundo que o rodeia. Com efeito, é questão de perspectiva. Napoleão tornou-se soberbo quando perdeu essa perspectiva e se julgou o invencível dono do mundo. Se Einstein tivesse dito: "eu fui um dos melhores físicos do século XX", algumas pessoas poderiam suspeitar que lhe faltasse humildade; entretanto, de tal frase não se pode deduzir isso, já que, simplesmente, expõe um fato. Se Einstein tivesse dito: "minhas contribuições à Física não têm nenhuma importância", algumas pessoas pensariam que tinha muita humildade, no entanto, tampouco se pode deduzir isso, já que a frase está notoriamente errada. Einstein pôde (se é que o disse, tudo isso é uma suposição) dizer que suas contribuições à Física o apontavam como um dos melhores cientistas de todos os tempos, sem faltar à verdade nem à humildade. Essa afirmação baseia-se na consciência de que o seu êxito era devido a muitos trabalhos anteriores, que haviam feito avançar a ciência até onde ele se destacou. Baseia-se, também, essa afirmação, no reconhecimento de que suas teorias não eram a verdade suprema e intocável, já que estavam sujeitas a revisões e aperfeiçoamentos por parte de futuras gerações de cientistas, que superariam suas descobertas. Se Einstein se apercebesse de tudo isso e ao mesmo tempo notasse que devia gratidão a todos os que lhe haviam ajudado, desde seus pais e professores, até colaboradores e críticos, sem se julgar um ser dotado de poderes e privilégios sobre o resto dos mortais, então podemos concluir que Einstein tinha uma perspectiva de si mesmo bastante correta, e, portanto, era uma pessoa humilde, segundo essa suposição. É possível ser pobre ou fracassado sem ser humilde, já que a humildade é questão de perspectiva e não de *status*.

Site - **De que maneira pode a humildade contribuir para o êxito de um líder que tem que lidar com tensões sindicais, exigências dos credores e acionistas, corrupção do meio em que está envolvido, competência global e clientes com expectativas crescentes?**

Antonio Rodríguez - Quando alguém tem essa correta perspectiva, está mais capacitado para desenvolver uma série de comportamentos que são essenciais para todo trabalho de direção. Eu identifiquei os seguintes comportamentos associados à humildade:

1. Está aberto a novos paradigmas.
2. Deseja aprender de outros, aceita suas limitaes e busca o apoio de outras pessoas.
3. Reconhece e corrige os próprios erros, aceita as críticas.
4. Não se exime de sua responsabilidade lançando a culpa aos outros.
5. Aceita o fracasso com pragmatismo.
6. Aceita o êxito com simplicidade. Não considera que o êxito se deve exclusivamente a ele, mas, também, a seus colaboradores e outros agentes.
7. Pede conselho.
8. Forma outras pessoas para que sejam capazes de fazer as coisas melhor que ele.
9. Respeita as outras pessoas.

10. Deseja servir.

11. Evita o protagonismo.

12. Compartilha os reconhecimentos.

13. Resiste à adulação.

14. Evita a autocomplacência.

15. É austero e econômico.

Qualquer um desses 15 comportamentos procedem da correta perspectiva de si mesmo. Creio que a maioria aceitará que esses comportamentos ajudem a tratar corretamente qualquer um dos problemas dos líderes atuais, sejam os que você expõe em sua pergunta ou outros.

Site - Como você explica a existência de pessoas muito bem sucedidas e que, apesar disso, são tão pouco humildes?

Antonio Rodríguez - Em primeiro lugar, a humildade é uma virtude que admite graduações. Se for questão de correta perspectiva de si mesmo, haverá quem a tenha mais ou menos correta que outros, mas todos têm uma certa perspectiva, ainda que seja em mínimo grau, correta. Não posso imaginar alguém com humildade zero. Não creio que exista alguém assim. Como tampouco há alguém com uma perfeita humildade. Entendo que quanto menor seja o grau de humildade, mais difícil será ter êxito dirigindo um negócio. Da mesma forma que, quanto maior seja o grau de humildade, mais fácil será ter êxito em um negócio. Basta rever uma vez mais a lista dos 15 comportamentos citados, para concluir que todos eles cooperam para o êxito.

Em segundo lugar, a humildade um requisito importante para os líderes exitosos, mas não o único. Para lograr êxito, não basta ser humilde, ou, dito de outra forma, possível ser humilde e fracassar. Não há que esquecer, por exemplo, o fator sorte. Em conclusão e respondendo diretamente a pergunta, diria que uma pessoa de sucesso, ainda que não o pareça, muito provavelmente tem um nível de humildade bastante razoável, mesmo que não seja alto. Pode ocorrer que em alguns dos 15 comportamentos mencionados tenha uma péssima avaliação, mas não em todos. Certamente em alguns terão uma avaliação muito boa. Caso contrário, simplesmente qualificaria seu êxito como fugaz. De fato, garanto o fracasso de quem seja desastroso em todos os 15 comportamentos.

Site - Para encerrar, gostaria de saber como se pode cultivar e melhorar a virtude da humildade?

Antonio Rodríguez – Individualmente, é necessário que cada pessoa busque referências externas para ter essa perspectiva correta que dizia antes. Não somos bons auto-avaliadores, por isso convém pedir conselho a pessoas confiáveis, para que nos digam como atuamos, para que nos critiquem honestamente, para que elevem nossa auto-estima ou diminuam nossa autoconsideração. Corporativamente, há culturas que, de forma direta ou indireta, favorecem a humildade. Cada uma o faz a seu modo, basta que uma organização queira fomentar a humildade e encontrará métodos originais para fazê-lo. Finalmente, essa virtude tem que ser educada constantemente, pois há muitos aspectos na atividade pessoal e corporativa que a afetam ao longo de toda a vida. Por exemplo, o êxito e o fracasso são duas situações pessoais ou organizacionais que aparecem com freqüência e que requerem um alto grau de humildade para não se perder a perspectiva da realidade. ❖

CARLOS ALBERTO DI FRANCO[13], diretor de mestrado em Jornalismo para Editores do Centro de Extensão Universitária e da Faculdade de Ciências da Informação da Universidade de Navarra, Espanha, que representa no Brasil. Professor de Ética Jornalística. Colaborador dos jornais *O Estado de S. Paulo* e *O Globo*.

SITE: WWW.ETICAEMPRESARIAL.COM.BR

Site - Sabemos que você é advogado e jornalista. Qual a área de atuação que mais o absorve?

Carlos Alberto Di Franco - Minha dedicação profissional está voltada ao jornalismo. O Direito foi muito importante como suporte conceitual e intelectual, mas não atuo na área.

Site - O que se espera de um jornalista ético? Uma empresa jornalística pode ser ética ou isto é uma utopia?

Carlos Alberto Di Franco - Que trabalhe bem, com profissionalismo e seriedade ética. Espera-se que apure com profundidade e isenção, que informe sem engajamento, que escreva com precisão e elegância sobre a verdade dos fatos. Não é utopia a ética empresarial. Ao contrário, no campo da empresa informativa, é, também, questão de sobrevivência. Afinal, o nosso maior capital é a credibilidade. E a credibilidade depende da ética.

---

13. Entrevista concedida em julho de 2002.

Site - Todos conhecem a enorme influência dos meios de comunicação e seu impacto na formação de opinião. Como transformá-los em instrumentos de valorização das pessoas, em vez de contribuírem para a sua degradação?

Carlos Alberto Di Franco - Investindo na formação de bons profissionais. Não há milagres. A atividade profissional é uma somatória das pessoas que a realizam. Ou melhoramos o nível, técnico e ético, da formação dada nas escolas, ou não conseguiremos nada.

Site - Quando um jornalista recebe da sua agência de informação, ou de outra fonte, uma notícia tendenciosa ou incompleta, como transmití-la ao público?

Carlos Alberto Di Franco - Para um bom jornalista, a informação de agência é apenas um dado. Ela deve ser cotejada com outras fontes e informações. Caso contrário, ficamos reféns das agências.

Site - Como você encara a questão atual e bastante debatida em relação à propriedade dos jornais e outros meios de comunicação? Há inconveniência que pertençam a estrangeiros?

Carlos Alberto Di Franco - Não. Desde que o controle seja limitado e bem determinado pela legislação. A recente[14] aprovação de 30% para capital estrangeiro é uma boa solução. Precisamos oxigenar as empresas, capitalizá-las. Caso contrário, é o absurdo do "Petróleo é Nosso", mas debaixo da terra. ❖

---

14. Refere-se à aprovação da Emenda Constitucional nº 36, de 28 de maio de 2002,que alterou o artigo 222 da Constituição Federal da República Federativa do Brasil, que permitiu a participação de pessoas jurídicas no capital social de empresas jornalísticas e de radiodifusão sonora e de sons e imagens, nas condições que especifica, incluindo a participação de capital estrangeiro.

CARLOS ALBERTO JÚLIO[15], presidente da HSM do Brasil, palestrante e autor dos best-sellers: Reinventando Você!, A Magia dos Grandes Negociadores e A Arte da Estratégia. Graduado em Administração de Empresas, possui MBA pela Pacific Southern University e especialização em Marketing Estratégico pela Harvard Business School e pelo IMD. Leciona nos MBA's da USP, ESPM e FGV.

SITE: WWW.ETICAEMPRESARIAL.COM.BR

Site - Os empresários que têm uma visão mais humanista da empresa revelam grande preocupação com valores e princípios. Como definir esses conceitos? São mesmo aplicáveis à empresa?

Carlos Alberto Júlio - Há muito procuramos um entendimento comum que a empresa é um organismo vivo. Se não pensássemos assim, ela seria apenas um ente jurídico. A empresa, como organismo vivo, é o conjunto de pessoas que trabalham com objetivos comuns. Pessoas trazem seus valores e princípios gravados na mente e no coração e tendem a usá-los nas suas decisões diárias. Na assertividade dessas decisões pode estar o sucesso da organização e a carreira do indivíduo. Como garantir, num ambiente de autonomia decisória, de autorregulação e liberdade, que as decisões que os funcionários tomam estejam alinhadas com os objetivos e a missão da organização como um todo? A resposta é clara: as empresas, tais quais os indivíduos, também precisam de valores e princípios para nortear a sua atuação. Estes nada mais são que os códigos das possibilidades, as crenças e os valores que acreditamos precisar para conviver interna e externamente.

15. Entrevista concedida em agosto de 2005.

Site - Quais os valores que você considera mais relevantes em uma empresa?

Carlos Alberto Júlio - Valorizar as pessoas no seu sentido mais amplo, enaltecer a diversidade racial, de sexo, renda e conhecimento. Ética nas relações diárias e responsabilidade social, comunitária e ambiental.

Site - É possível conciliar valores pessoais e valores da empresa?

Carlos Alberto Júlio - Quando eles convergem naturalmente, quero dizer, quando há uma sintonia e aceitação dos valores individuais com os valores corporativos, é o melhor dos mundos e ambos, empresa e colaboradores, voltam-se para o mesmo horizonte e com as mesmas práticas. Quando esses valores são diametralmente opostos, não há o que fazer, ou se busca outro emprego, pelo lado do funcionário, ou outro profissional, pelo lado da empresa.

Site - Em alguma palestra você afirmou que a principal missão do líder é servir e não ser servido. Como entender isso em uma sociedade que só procura vantagens e benefícios pessoais?

Carlos Alberto Júlio - Veja bem, na minha opinião a liderança tem duas missões principais. A primeira é garantir que as coisas aconteçam, ou seja, é responsabilidade indelegável do líder entregar os resultados esperados. Empresas que sistematicamente não alcançam seus resultados não têm como criar harmonia no trabalho nem um ambiente motivado. O segundo papel do líder é gerar valor. Valor para os acionistas, para os clientes, colaboradores e para a comunidade onde a empresa está inserida. Só com uma visão do líder que serve e não se serve podemos trabalhar no sentido de entregar essas visões.

Site - Como conquistar e desafiar os talentos em uma empresa?

Carlos Alberto Júlio - As pessoas querem trabalhar em projetos e não em empresas. Querem participar, ser desafiadas.

Site - Ética e sucesso na administração de empresas e nos negócios em geral são compatíveis?

Carlos Alberto Júlio - Totalmente. Quem não acredita que não se estabeleça.

Site - Qual o segredo do grande sucesso da HSM?

Carlos Alberto Júlio - Somos uma empresa acima de tudo focada em atender aos executivos no que diz respeito à educação executiva. Qualidade e uma execução rápida é nossa maior preocupação. Não queremos ser espeto de pau em casa de ferreiro e, talvez por isso mesmo, demos mais de 70 horas de educação e capacitação para nossos funcionários só no primeiro semestre.

Site - Na atual situação política do Brasil, é possível esperar atitudes éticas dos cidadãos? O exemplo não deve vir dos governantes?

Carlos Alberto Júlio - O Brasil está dando uma grande lição de atitudes éticas ao ignorar o que ocorre em Brasília e continuar trabalhando, olhando pra frente. Se ficássemos nos exemplos de Brasília, estaríamos todos na rua esperando o desfecho do que parece não ter fim.

Site - Empresa, família, instituições de ensino, governo. De qual dessas entidades se deve esperar atitudes éticas?

Carlos Alberto Júlio - Ética deve ser comportamento geral, ética somos nós ao espelho. Fiquei muito chocado e triste quando o presidente disse que ele era o único brasileiro com moral para falar de ética. Acho que ele não conhece muita gente.

Site - Como resgatar a confiança das pessoas, quando se perdeu a credibilidade?

Carlos Alberto Júlio - Credibilidade se constrói ou destrói nos detalhes. Leva tempo. Credibilidade é resultado de ações concretas e não de discursos. ❖

CHRISTIN MARY HOKENSTAD[16] , graduada pelo Wellesley College. Pesquisou cidadania corporativa no Brasil, sob a orientação do professor Sanjeev Khagram, da Escola de Governo Kennedy, de Harvard, EUA. Consultora da Dalberg, em Nova York.

SITE: WWW.ETICAEMPRESARIAL.COM.BR

Site - Conte-nos de onde você vem e qual a sua área de atuação?

Christin - Estudei religião e economia no Wellesley College. Trabalhei em Consultoria de Alta Tecnologia para Ernst & Young nos anos 90 e voltei para a Costa Leste, a fim de estudar ética nos negócios, na Universidade de Harvard. Durante os meus estudos de mestrado em Teologia, eu investiguei a disparidade global no acesso à tecnologia, como também o potencial da Internet para promover a democratização.

Site - Porque escolheu o Brasil para sua área de pesquisa?

Christin - Estou trabalhando no Brasil sob a orientação do Professor Sanjeev Khagram, da Escola do Governo Harvard Kennedy, pesquisando sobre cidadania corporativa em bancos, empresas de mineração e indústria automobilística. Trata-se de um estudo comparativo entre a Índia, a África do Sul, a Tailândia e o Brasil.

---

16. Entrevista concedida em fevereiro de 2004, durante sua estada no Brasil (2003/2004) – Tradução de Maria do Carmo Whitaker.

Os Estados Unidos também têm sido um ponto de referência no estudo. Assim, o conhecimento que eu adquiri na área de ética e tecnologia advém do meu trabalho como profissional no setor privado, da condução de pesquisas acadêmicas e de entrevistas com os mais altos executivos da área de ética e responsabilidade social das organizações americanas.

Site - Você poderia nos contar se há demanda por orientações sobre a implantação nas empresas americanas de políticas de ética no uso da Internet?

Christin - Apropriação de identidade, direitos de privacidade de clientes e empregados, acesso e discriminações na distribuição da tecnologia dentro da sociedade, plágio e quebra de acordos virtuais– tudo isso revela os problemas da era tecnológica que nossos dias enfrentam. Todas essas questões são dilemas éticos.

Site - Se tivesse que dar uma aula para executivos que pretendam implantar políticas de uso da Internet, que orientações você daria? Há diferença entre políticas de uso da Internet e políticas de ética no uso da Internet? Qual é essa diferença?

Christin - Os princípios éticos que as companhias utilizam para uma administração eficaz são perenes: a política e o bem-estar social dos empregados, a segurança e a satisfação dos fornecedores e clientes, bem como a exploração adequada dos investimentos dos acionistas, além do eficiente e respeitoso uso dos recursos. Contudo, o que mudou foi o ambiente empresarial no qual a companhia opera. Mudaram, também, as ferramentas que são usadas para a efetiva administração dos negócios nessas novas circunstâncias. Temos que nos debruçar sobre as questões éticas que surgem envolvendo tecnologia nos negócios e trabalhar na procura de soluções, pautados pelos mesmos princípios éticos de sempre.

Site - Como é tratada pela empresa americana a questão do plágio e da violação do sigilo, do uso de correio eletrônico, da livre navegação pela Internet, da privacidade?

Christin - O ambiente no qual a ética se manifesta mudou. Substituímos o contato pessoal, o discernimento humano, o atendimento personalizado por tecnologias que nos permitem economizar tempo e dinheiro. Hoje os clientes adquirem os produtos, com segurança, sem saírem de suas casas, sem qualquer contato com a empresa ou vendedores. Mas será que é seguro mesmo? O crime mais denunciado ao FBI[17] no ano de 2003 foi apropriação de identidade. A maioria dos roubos de identidade ocorreu mediante o uso constante da Internet. Outras mudanças incluem os acordos entre as partes, que são entabulados prescindindo dos encontros presenciais, face a face. Os longos apertos de mãos foram substituídos pelas videoconferências, sem assinaturas. E para garantir a segurança, os empregados das empresas permanecem sob constante vigilância. Câmeras escondidas gravam nossas vidas pessoais e profissionais sem o nosso conhecimento ou consentimento. Priorizamos a eficiência em detrimento de nossas relações pessoais e, algumas vezes, do respeito mútuo.

Então, como responder a estes instigantes problemas tecnológicos? Retornando ao básico, retornando à ética. Executivos e administradores necessitam apenas retornar aos códigos de ética de suas empresas, freqüentemente escritos bem antes da onda da Internet e dos dispositivos de vigilância. Essa medida resgatará o delicado equilíbrio que deve existir entre respeito, segurança, eficiência e lucro.

Os princípios desses códigos não precisam ser alterados. O que precisa ser revista é a forma como esses princípios devem ser aplicados nesse ambiente de avançada tecnologia. O equilíbrio está ausente e alguns ajustes são necessários. Hoje é recomendado e freqüentemente exigido pelas empresas que todas as mensagens eletrônicas pessoais dos empregados sejam enviadas para seus endereços eletrônicos pessoais e lidas durante intervalos ou fora do ambiente de trabalho.

Os ativistas de direitos civis estão pressionando as companhias a fim de que estas informem seus empregados quando eles estão sob vigilância. Como muitos alegam, é uma questão de respeito e um direito. Além disso, os códigos de ética nos lembram que o plágio, por exemplo, seja de livros, seja de informações extraídas da *website*, ainda é considerado fraude. As companhias

---
17. *Federal Bureau of Investigation* - FBI, órgão oficial do governo federal dos Estados Unidos.

estão exigindo que seus empregados citem suas fontes de informação e tratam as violações com o rigor exigido.

Em alguns casos, a tecnologia está sendo desenvolvida para responder a problemas, como assinaturas virtuais que protegem e conferem autoridade ao acordo entre as partes. Todavia o grau de confiabilidade e acessibilidade é ainda bastante limitado.

Site - Como as empresas americanas lidam com uma tecnologia que se moderniza a cada dia?

Christin - Esses desafios éticos e esses percalços devem ser vistos como um lembrete de que, em nosso mundo de mudanças constantes, a Ética e os nossos princípios precisam ser, com freqüência, relidos, revalidados e reaplicados, de modo que continuem sendo relevantes em nossas vidas, supram as nossas necessidades e acompanhem as constantes inovações da mente humana. ❖

DONIZETE SANTOS[18], formado em Economia pela Universidade Mackenzie, pós-graduado em Marketing pela Fundação Getulio Vargas. Cursou MBA Executivo na Universidade de São Paulo. Exerceu, desde 1990, a função de executivo em diferentes diretorias da SKF do Brasil[19], tornando-se presidente da empresa em setembro de 2003.

SITE: WWW.ETICAEMPRESARIAL.COM.BR

Site - Assim como a família, a empresa pode eleger seus valores e princípios. Quais são os valores, a missão e a visão da SKF?

Donizete Santos - Nossos valores são "Alto comportamento ético, Delegação de poderes, Abertura e Trabalho em equipe". A Missão do Grupo SKF é "ser o parceiro preferido dos nossos clientes, distribuidores, fornecedores, colaboradores e acionistas". A Visão do Grupo é "Equipar o mundo com conhecimento SKF".

Site - Qual o maior desafio que o senhor enfrentou na gestão de pessoas?

Donizete Santos - Atrair e reter talentos tem sido um desafio constante. A SKF é líder em tecnologia de ponta e processos que agregam valor. No entanto, tecnologia e processos não produzem resultados sem as pessoas. Assim, encontrar a pessoa certa, com as competências necessárias e ajudá-la a explorar sua potencialidade máxima, de maneira sustentável, é nosso grande desafio.

---
18. Entrevista concedida em julho de 2005.
19. O Grupo SKF é fornecedor líder global de produtos, soluções para clientes e serviços no ramo de rolamentos e vedantes (www.skf.com – visitado em 06 jul. 2006).

Site - Como viver no contexto histórico e político em que nos encontramos, no qual as mudanças exercem forte impacto sobre as pessoas e as organizações?

Donizete Santos - Comunicação tem sido o principal meio para mantermos o senso de urgência em todos os níveis da organização. Além de disseminar informações pelos canais normais de comunicação da empresa, exploramos outros meios internos para que todos os colaboradores entendam o que acontece no mercado, na economia e na política, através de fóruns de debates, *workshops* e intercâmbio de conhecimentos. Também estimulamos o pessoal a buscar meios complementares para entender a realidade do País e do mundo. À medida que as pessoas desenvolvem boa percepção da realidade, elas em geral se mostram mais dispostas a apurar seu senso de urgência, esforçando-se ao máximo para acompanhar a dinâmica das mudanças, muitas vezes antecipando-se a elas em termos de comportamento.

A liderança da empresa, naturalmente, exerce papel fundamental para assegurar êxito na empreitada de manter a inteira organização alinhada com os objetivos da empresa. Por isso, é preciso ter clareza de idéias, saber onde queremos chegar e como chegaremos lá. Cada indivíduo na empresa precisa ser ajudado pelos líderes a entender como ele ou ela podem, pessoalmente, contribuir para o alcance dos objetivos da empresa.

Site - Em palestra proferida no Fórum de Gestão de Pessoas, o senhor mencionou que uma das características do líder é servir. Hoje em dia, quando tantas pessoas querem ser servidas, qual o segredo de sentir prazer em servir?

Donizete Santos - O segredo é ter coragem e disposição para experimentar. Nós discutimos entre as lideranças algumas experiências feitas por especialistas que indicam que as pessoas, na maioria das vezes, reagem bem a iniciativas positivas ou *imputs* externos. Por natureza, gostamos de retribuir as coisas boas que recebemos, sobretudo quando elas chegam a nós de maneira espontânea.

Em nossos treinamentos e *workshops*, destacamos o valor da empatia, da afetividade e da auto-estima. Todos gostamos de ser valorizados, de sentir que somos apreciados.

Se isso vale para nós individualmente, por que não valeria para os outros? Quando os líderes começam a perceber que isso funciona, ficam mais animados a continuar exercitando, até que tal comportamento seja fortemente incorporado à sua personalidade. Procuramos afastar qualquer forma artificial de abordar as pessoas. A autenticidade tem uma extraordinária força para motivar outros a construir um ambiente de relacionamentos confiáveis e altruístas.

Site - Como conquistar a adesão dos colaboradores a um código de ética?

Donizete Santos - Primeiro é fundamental que a liderança da empresa acredite no código e evidencie isso dando exemplos no dia a dia. Na SKF, o código de ética equivale à *constituição da empresa*. Cada colaborador recebeu o documento e assinou um protocolo. Esse gesto simbolicamente ajudou a reforçar o valor do código. As pessoas passaram a pensar: "puxa, isso é mesmo importante!".

Adicionalmente, os desvios de comportamento relativamente ao código de conduta são tratados apropriadamente. Se houver claros indícios de omissão ou negligência em relação ao código, não importa a posição ou o tempo de casa do colaborador, este é retirado do convívio profissional.

Site - Nas relações humanas, a confiança é um elemento muito importante. Como o senhor vê a confiança nas relações de trabalho?

Donizete Santos - Como acontece nas relações pessoais fora do trabalho, confiança é algo que se conquista. É lógico que o histórico de um ambiente de trabalho profissional, ético e íntegro contribui bastante para despertar nas pessoas a importância de se investir em relações de confiança no trabalho. Na SKF, além da imagem da empresa e a existência de um ambiente de trabalho confiáveis, a *abertura* que existe em todos os níveis da organização tem nos ajudado a consolidar a confiança mútua como patrimônio sólido. Por exemplo, a cada dezoito meses realizamos uma ampla pesquisa de clima organizacional. Em média, 98% dos colaboradores espontaneamente respondem ao questionário que é processado por empresa terceirizada, assegurando absoluta confidencialidade em todo o processo. A própria participação maciça dos colaboradores na pesquisa é um indício de que eles confiam nessa ferramenta de melhoria contínua. Entre as questões exploradas na pesquisa, recebem destaque temas relacionados à confiança na direção da empresa e nos colegas, além dos que avaliam o grau de cooperação entre as pessoas e os departamentos. Os resultados da pesquisa são abertamente discutidos com todos e, a partir dos resultados, os gerentes constroem com suas equipes um plano de ação para melhorar aspectos carentes. À medida que os colaboradores percebem a seriedade com que o assunto é tratado, mais confiantes se sentem em relação à liderança e à empresa como um todo.

Site - Que prioridade é dada à ética nos negócios desenvolvidos pela SKF?

Donizete Santos - Entre os quatro valores do Grupo SKF, Ética é o único que é acompanhado do adjetivo *alto*. Isso não significa que os outros três valores sejam menos importantes. Significa que a organização entende que não basta ser ético dentro do que em geral se considera ético. Queremos vivenciar ética em níveis acima da média, porque acreditamos que essa evidência é a melhor maneira de cooperar para a construção de uma sociedade mais ética e mais justa.

Site - Qual o conselho que o senhor daria para aqueles que estão ingressando no mundo das empresas?

Donizete Santos - Tenha como alvo ser o melhor naquilo que faz, não importa se você é uma pessoa que exerce um cargo de auxiliar de serviços gerais, assistente, gerente ou diretor. Faça seu trabalho tão bem quanto ninguém jamais fez, cultive obsessão pela excelência. Porém, faça isso com humildade, partilhando os méritos com outros, valorize seus colegas, potencialize o que eles têm de bom. Procure, ao longo de sua trajetória, construir relacionamentos duradouros, estáveis, e não se esqueça: o sucesso é a jornada, não o lugar de chegada. Sem abrir mão de seus alvos para o futuro, procure aproveitar o presente, hoje. Celebre as pequenas conquistas e não deixe escapar nenhuma oportunidade para se divertir um pouco – ainda que seja com seus próprios erros. ❖

ELIAS CORRÊA DE CAMARGO[20], engenheiro civil, diretor da Tech - Engenharia Ltda. Fundador e membro do conselho da Associação dos Dirigentes Cristãos de Empresas - ADCE. Foi presidente da Comissão de Ética da Câmara Brasileira da Indústria da Construção - CBIC e presidente do Conselho Fiscal do Sindicato da Indústria da Construção de São Paulo - SindusCon-SP.

SITE: WWW.ETICAEMPRESARIAL.COM.BR

Site - Qual o seu envolvimento com a ética empresarial?

Elias Camargo - A indústria da construção sempre sentiu necessidade de um código de ética. A história de concorrências, obras, serviços, é cheia de notícias e irregularidades, em todos os níveis. E essa história é muito antiga. Como a ética faz parte de minha vida, desde o momento em que as circunstâncias profissionais me introduziram na área da construção civil, por uma questão de coerência de vida, me envolvi com a ética empresarial.

Site - Qual o fator decisivo que contribuiu para a implantação do código de ética da Câmara Brasileira da Indústria da Construção?

Elias Camargo - Antes de mais nada, é preciso explicar que a Câmara Brasileira da Indústria da Construção - CBIC

---

20. Entrevista concedida em dezembro de 2001.

reúne todos os Sindicatos de Construção - Sinduscon, a Associação de Empresas Imobiliárias – Secovi e os sindicatos das indústrias de construção pesada de pontes, estradas –SINICESPS do Brasil.

O principal fator que contribuiu para a implantação do código de ética foi a tomada de consciência da necessidade de se corrigir as irregularidades noticiadas no setor. Tornava-se necessário combater o erro mediante atos positivos que sensibilizassem os profissionais da área.

Site - No processo de elaboração do código, houve envolvimento de muitas pessoas? E após a sua promulgação, que medidas foram tomadas para a sua assimilação e absorção pelas associações, entidades de classe e empresas do setor?

Elias Camargo - Os sindicatos do Paraná e de São Paulo lideraram a implantação do código de ética – As reuniões da CBIC realizam-se cada vez em um local diferente, em todo o Brasil – na reunião de outubro de 1992, em Blumenau, SC, foi aprovado o código de ética.

A impressão foi inicialmente feita pelo Sindicato do Paraná e depois pelo de São Paulo.

Site - Houve boa receptividade por parte das pessoas a quem se dirige o código? Como garantir a vivência, por todos os integrantes do setor da construção, desses comandos que elevam e dignificam o trabalho das empresas do setor?

Elias Camargo - Após a promulgação do código de ética, tornou-se necessária sua regulamentação. O regulamento foi redigido e aprovado, também, na ocasião, pelos mesmos profissionais que votaram o texto do código.

Está previsto que em cada Estado seja constituída também uma comissão de ética. Já existem comissões na maioria dos Estados.

Temos feito grande campanha visando a que essas comissões sejam implantadas e que funcionem normalmente.

Na realidade, não há grande interesse em que essas comissões funcionem! Por quê?

Porque vai contra os usos e costumes que existem no setor, onde muito se faz de conta.

O Código não é punitivo. Há uma grande tendência em mudar esta norma com o objetivo de torná-lo mais efetivo.

Site - Existe alguma norma punitiva para os infratores dos dispositivos do Código?

Elias Camargo - Não existem normas punitivas porque cumprir suas determinações é uma questão de consciência. Entretanto, quando ocorrem desvios de conduta, o próprio direito positivo brasileiro aponta as penalidades aplicáveis ao infrator.

Site - Gostaria de parabenizá-lo pelo excelente conteúdo do código de ética[21] da Câmara Brasileira da Indústria da Construção. Ressalto como fundamentais os artigos 3º, 11, 23, 40 e 46. Que comentários pode tecer a respeito?

Elias Camargo - São artigos que envolvem mais diretamente questões de dignidade da pessoa humana, princípios de justiça, solidariedade, responsabilidade social, entre outros. ❖

---

21. O Código de Ética da Câmara Brasileira da Indústria da Construção encontra-se no Anexo.

GABRIEL BENEDITO ISSAAC CHALITA[22], professor, palestrante e escritor. Doutor em Direito, doutor em Comunicação e Semiótica, mestre em Direito, mestre em Ciências Sociais, bacharel em Direito e Filosofia. Autor de 35 livros, membro da Academia Paulista de Letras. Foi secretário de Estado da Educação de São Paulo e presidente do Conselho Nacional dos Secretários de Educação - Consed.

SITE: WWW.ETICAEMPRESARIAL.COM.BR

Site - Entre os profissionais de empresa, é comum ouvir-se o comentário no sentido de que a ética depende das convicções e pontos de vista de cada um. A Ética é relativa?

Gabriel Chalita - Podemos definir a Ética como a busca da excelência em todas as coisas. Trata-se, é verdade, de um conceito bastante sintético para um tema que comporta debates amplos. Por isso, a Ética encerra questões de naturezas diversas que a tornam, por assim dizer, relativa. Sua aplicação pressupõe visões de pessoas diferentes, com vivências e origens variadas. Indivíduos movidos pela razão, mas também por emoções, sentimentos, desejos, condutas. Seres humanos que passam, cotidianamente, por situações contraditórias. Circunstâncias regidas por medos, dúvidas, inseguranças, sonhos.

O fato é que nossas ações comumente visam ao que é melhor para nós, como indivíduos, muitas vezes em decorrência do instinto de sobrevivência. Tudo isso tende a tornar as coisas muito maiores e mais complexas do que são seus conceitos. No caso da Ética, por exemplo, há que se considerar que não vivemos isoladamente. Somos seres so-

---

22. Entrevista concedida em março de 2004.

ciais e isso implica uma série de posturas e atitudes que têm de privilegiar o bem comum, independentemente de ser em casa, na escola, na empresa ou nas relações de amizade. É esse o caminho mais certo e seguro para uma vida minimamente digna, honesta, feliz. Temos de pensar em nós, mas também nos que vivem à nossa volta. Em resumo: temos de buscar o equilíbrio. É uma maneira de contribuir para o exercício contínuo do bem.

Site - Ao terminar uma palestra sobre a cultura ética de sua empresa, um empresário mencionou que todos os treinamentos e ações mantidos pela empresa para garantir que seus colaboradores adotassem posturas éticas eram acompanhados enquanto eles permanecessem na empresa. Fora dos muros da fábrica, cada um poderia ter o comportamento que bem entendesse. Em sua percepção, este empresário de fato se preocupa com a integridade de caráter de seus colaboradores? Em outras palavras, é possível ser ético durante o período em que se está na empresa e não ser ético no relacionamento com a família, nos momentos de lazer, nas relações com amigos etc.?

Gabriel Chalita - A postura desse empresário não condiz com o Conceito de Ética como exercício para o bem coletivo e para a excelência moral. Devemos incentivar posturas éticas na vida, de um modo geral, sem restrições a lugares ou atividades específicas. Certamente, esse empresário acreditava que estava agindo da melhor maneira possível, de um modo correto, capaz de propiciar aos seus funcionários a liberdade de agir como bem entendessem fora de sua organização. Trata-se de uma visão equivocada, que não contribui em nada para o desenvolvimento integral de seus colaboradores.

Site - Dizer que a ética agrega valor à empresa, ou que é um fator de competitividade, seria instrumentalizá-la?

Gabriel Chalita - A ética sempre irá agregar valor a algo. No caso específico da empresa, as virtudes de uma pessoa podem, sem dúvida, colaborar para o crescimento/aperfeiçoamento de um negócio, de um bem, de um produto. Isso não é algo negativo nem imoral. Estamos vivendo no século XXI. Na Era da Informação e do Conhecimento. Nunca, antes, a competição entre as pessoas esteve tão acirrada. É claro que quem for ético sairá na frente. Tudo o que é bom, tudo o que for positivo para o bem comum deve ser estimulado. Um funcionário ético, um chefe ético, um presidente ético, sem dúvida contribuirão, prioritariamente, para a felicidade e para o bem comum.

Site - A competição estabelecida em nossa sociedade capitalista faz com que as pessoas cada vez estejam mais bem preparadas para enfrentar o mercado de trabalho. Daí os treinamentos, a educação continuada etc. O senhor acha que a pessoa que não recebeu bons exemplos de conduta ética na família ou na escola poderá adquirir a consciência ética se trabalhar em uma empresa que tenha essa cultura?

Gabriel Chalita - Em seu livro *Perdas & Ganhos*, a escritora Lya Luft cria uma linda metáfora sobre esse tema: "Marcados pelo que nos transmitem os outros, seremos malabaristas em nosso próprio picadeiro. A rede estendida por baixo é tecida de dois fios enlaçados: um nasce dos que nos geraram e criaram; o outro vem de nós, da nossa crença ou da nossa esperança". É isso. O ser humano é muito complexo e, por sua vez, infinitamente surpreendente. Não há um molde específico que resulte em uma pessoa com características x ou y. É claro que uma família repleta de exemplos de pessoas íntegras, altruístas e amorosas geralmente influi positivamente sobre suas crianças ou jovens, mas isso não é uma regra. Há pessoas honestas, dignas, detentoras de numerosas qualidades que vêm de lares desagregados, com pais que erraram muito mais do que acertaram, que sobreviveram a uma infância caótica, sofrida. Nesse sentido, é papel das empresas fazer a sua parte, incentivando, estimulando não apenas a ética, mas a cidadania plena de seus funcionários. O meio pode, muitas vezes, ser uma influência determinante.

Talvez por isso, hoje, as fronteiras organizacionais expandam-se cada vez mais rumo às comunidades e às sociedades. Instituições, empresas privadas, governos, ONGs e comunidades estabelecem parcerias, implementam programas, criam projetos que buscam o bem comum. Juntos, todos estão construindo um tempo, um espaço e uma realidade melhores para as novas gerações. A conscientização, bem como a educação, é um processo.

Site - No seu livro, *Os dez mandamentos da ética*, o senhor afirma que ser feliz é superar a passividade, transcender o mediano e encontrar o essencial. Como praticar isso no dia-a-dia de uma organização?

Gabriel Chalita - A vida é um aprendizado diário, um exercício de paciência, de compreensão, de inovação, de crescimento ininterrupto. Cada pessoa deve buscar ampliar seus horizontes da melhor forma possível, visando a chegar ao essencial, ou seja, ao que tem valor e significado para a vida. Não existe uma fórmula exata para isso, é verdade. Por outro lado, podemos trilhar alguns caminhos comuns que nos levam a uma existência mais completa, mais conectada ao que é realmente importante. Dentro de um ambiente de trabalho, por exemplo, é preciso estar atento a uma série de questões que contribuem para que cheguemos a esse essencial e a uma comunicação direta com nossos talentos, competências, potencialidades. Para isso, precisamos cultivar o companheirismo, o espírito de equipe, o foco, a concentração, a capacidade de auxiliar quem está à nossa volta, a assimilação contínua de novos conhecimentos, a pró-atividade, o aprimoramento do espírito de liderança, a flexibilidade, a capacidade de escutar o outro, de confiar mais e de não fazer prejulgamentos.

Site - Alguns estudantes universitários comentam que, concluindo o curso, abrirão suas empresas. E que pretendem implantar nas suas organizações um verdadeiro clima ético, mediante a aplicação de várias ações que aprenderam durante o curso. Somente que, esta medida, será tomada após a conquista de uma estabilidade financeira, um espaço no mercado e a fidelização dos clientes. Qual o conselho que o senhor daria para esses jovens, futuros empresários?

Gabriel Chalita - Que prossigam acreditando nos seus sonhos e ideais, que não desistam frente aos obstáculos do caminho e que, principalmente, não se deixem levar pela crença de que têm de esperar por estabilidade financeira ou o que quer que seja para edificar um padrão ético na sua vida, nos seus negócios. Mais cedo ou mais tarde, a ausência da ética condena ao fracasso qualquer empreendimento. ❖

GERALDO QUEVEDO BARBOSA[23], presidente da Becton Dickinson - BD para a Região América Latina Sul. Vice-presidente do Conselho de Administração da Câmara Americana de Comércio de São Paulo, onde preside a Força Tarefa de Propriedade Intelectual. Diretor Plenário do Centro das Indústrias do Estado de São Paulo - CIESP e membro do Conselho da Fundação Nacional de Qualidade - FNQ e do Movimento Brasil Competitivo - MBC.

SITE: WWW.ETICAEMPRESARIAL.COM.BR

Site - Em matéria divulgada pela imprensa no início deste ano (2005), consta que a BD criou uma linha telefônica pela qual os funcionários denunciam fraudes. Que resultados trouxe para a empresa a implantação dessa iniciativa?

Geraldo Barbosa - Quando costumam me fazer esse tipo de pergunta, sempre afirmo que os resultados de uma iniciativa como a que a BD adotou não são mensuráveis numericamente. Não é possível detectar quanto a empresa economizou ou deixou de gastar combatendo condutas antiéticas. E nem é esse o propósito.

A empresa já tem tradição secular ligada à ética. Ao criar a linha telefônica, a BD reforçou ainda mais seu posicionamento em relação ao tema, gerando credibilidade em

---

23. Entrevista concedida em setembro de 2005.

seus funcionários, que passaram a trabalhar com mais satisfação e orgulho da empresa. Também são muito mais motivados a trabalhar de forma ética, com uma conduta exemplar. O conjunto dessa dinâmica reflete diretamente na produtividade.

Site - As empresas que trabalham com produtos mais diretamente vinculados à área de saúde são mais responsáveis que as outras pela condução ética dos seus negócios?

Geraldo Barbosa - Seguramente, mesmo porque a finalidade última dessas empresas é a proteção à vida humana. Seria um contra-senso que tais empresas não tivessem uma conduta ética em seus negócios. E mesmo que isso ocorra, acredito que tais condutas não ficam encobertas por todo o tempo. A sociedade atingiu um grau de esclarecimento que a possibilita escolher as empresas mais éticas. Portanto, é fundamental – não só no segmento de saúde, mas em qualquer outro setor – que a ética paute as condutas.

Site - A empresa pode exigir dos clientes, fornecedores, concorrentes, governo, mídia, enfim, todo o público com o qual ela interage, que adotem os seus princípios e valores no relacionamento entre eles?

Geraldo Barbosa - Acredito que o caminho é a empresa conscientizar seus parceiros, clientes e concorrentes de que agir de forma ética é a maneira mais correta de se conduzir negócios. Ao mostrarmos o nosso exemplo, estamos, de certa forma, contrastando com o que está acontecendo no mercado e no cenário político atualmente. As coisas têm que acontecer naturalmente. A partir do momento em que alguém tomar a dianteira no que se refere à ética, toda a cadeia produtiva também passará a adotar os mesmos critérios.

Site - Como treinar os funcionários da empresa para que levem a sério e incorporem em suas atitudes o comportamento ético? A conduta ética é conquistada mediante treinamento ou a ética vem do berço?

Geraldo Barbosa - Penso que, à medida que uma empresa aposta no treinamento a ser dado à sua base de colaboradores, está apostando não só no passado do funcionário, como também em seu presente e em seu futuro. Esses treinamentos servem para aparar as arestas e ajudar os nossos associados a discernir entre o certo e o errado no âmbito corporativo. Esse discernimento não é tão fácil de se fazer. Por isso, o treinamento deve ser feito da forma mais clara, objetiva e pessoal possível. Nós já treinamos cerca de 530 colaboradores no Brasil, tanto em nossa matriz, em São Paulo, como em nossas fábricas em Juiz de Fora e Curitiba. É um trabalho de formiga, mas que traz resultados.

Só uma observação: o melhor treinamento para os nossos colaboradores é o exemplo que vem de cima. De nada adianta investir em treinamento se a liderança não dá o exemplo.

Site - Quais as características de uma empresa cidadã?

Geraldo Barbosa - Uma empresa cidadã é contextualizada com a realidade que a cerca. É uma empresa que deseja devolver à sociedade o investimento nela realizado, seja por meio de educação, programas sociais ou melhoria geral da comunidade onde ela está instalada. A imagem da empresa predadora, que somente quer explorar o seu entorno, está ultrapassada. E a sociedade está ciente disso. Basta ver o crescimento dos movimentos de consumo socialmente responsável e a reação das pessoas em geral em relação a escândalos e crises envolvendo alguns ícones do capitalismo.

Site - Lucro, ética e responsabilidade social são compatíveis no desenvolvimento de uma empresa?

Geraldo Barbosa - Seguramente. O lucro é parte essencial dos objetivos de uma empresa capitalista, excetuando as ONGs e as sociedades sem fins lucrativos, evidentemente. E estamos vivendo um processo em que lucro, ética e responsabilidade social começam a formar um círculo virtuoso. As empresas precisam aumentar as suas margens de lucro, por meio de gestão responsável, governança corporativa e métodos avançados de gestão, para que dêem o retorno esperado pelo acionista. Somente dessa forma ela poderá destinar os recursos previstos à responsabilidade social e ao incentivo da ética. Os consumidores, conscientes de seu papel e percebendo os comportamentos adotados pelas empresas, passarão a consumir produtos feitos por quem atua com responsabilidade, aumentando a receita – e conseqüentemente o lucro – dessas companhias. Essa é a relação existente entre essas três variáveis, cada vez mais imprescindíveis ao desenvolvimento micro e macroeconômico.

Site - Há uma tendência a se exigir ética das grandes empresas e ser mais condescendente com as pequenas e médias. O tamanho da empresa pode ser fator determinante desse diferencial?

Geraldo Barbosa - Não, os comportamentos éticos independem do tamanho das companhias. Uma companhia que agir sob comandos éticos irá se destacar no mercado, independentemente de seu tamanho.

Site - A sociedade sente-se traída presenciando o mar de lama em que nossos políticos se chafurdam. O trabalho de passar o Brasil a limpo e reconstruir nossa sociedade é tarefa de todos os brasileiros. Qual a contribuição que os empresários podem oferecer para superação dessa crise moral que assola nosso país?

Geraldo Barbosa - A empresa deve seguir seus propósitos e seus valores, e todos devem estar comprometidos com a criação dos fundamentos de um país melhor. ❖

HÉCTOR ISEO JASMINOY[24], presidente da Associação Latino-Americana de Ética, Negócios e Economia - Alene (gestão 2001/2003), professor consultor e membro do Conselho Honorário da Universidade Argentina da Empresa - UADE e advogado.

SITE: WWW.ETICAEMPRESARIAL.COM.BR

Site - Quais são os objetivos da Associação Latino-Americana de Ética, Negócios e Economia - Alene?

Hector Jasminoy - A Alene foi fundada em 1998, durante o I Congresso Latino-Americano de Ética, Negócios e Economia, realizado em São Paulo, Brasil. Este encontro contou com a participação de professores universitários, profissionais e empresários provenientes de países da América Latina, tais como Argentina, Brasil, Chile, Colômbia, Bolívia, Equador, México e Peru.

Posteriormente se incorporaram acadêmicos da Costa Rica e do Uruguai. Para suas atividades contou com o apoio de importantes empresas multinacionais: Merck Sharp & Dohme, Motorola, Banco Itaú, ABN AMRO BANK, Fundación Diadema de la Cia. de Petróleo S.A. (Capsa).

---

24. Entrevista concedida em julho de 2002 – Tradução de Maria do Carmo Whitaker.

Os objetivos específicos da Alene são:

1. Promover pesquisas nacionais e regionais na América Latina sobre Ética aplicada aos negócios.
2. Manter contatos com a International Society of Business, Economics and Ethics - ISBEE e com as redes internacionais de ética empresarial, como a European Business Ethics Network - EBEN.
3. Facilitar as relações e o intercâmbio de trabalhos e pesquisas entre professores, profissionais, empresários e instituições acadêmicas da América Latina.
4. Organizar congressos anuais em diferentes países da América Latina.
5. Editar as exposições e os trabalhos apresentados nos congressos.
6. Difundir a bibliografia especializada.

Site - Quais são os benefícios para a América Latina?

Hector Jasminoy - A ação e a difusão nos âmbitos universitários e empresariais dos grandes temas da ética nos negócios; o intercâmbio de experiências e informações e o contato pessoal entre os participantes dos congressos; a publicação dos anais dos congressos para enriquecer a bibliografia especializada. A promoção dos congressos serve de vínculo entre os profissionais, os acadêmicos e os empresários de cada país. Difunde-se na mídia (imprensa e rádio) o tema dos congressos e as entidades patrocinadoras e coorganizadoras, assim como os resultados obtidos.

Site - Como o senhor vê a evolução da Alene desde seu início em 1998 até a atualidade?

Hector Jasminoy - Em minha opinião, a Alene cumpriu seus objetivos iniciais ao ter concretizado seus congressos e reuniões anuais em São Paulo e em Buenos Aires e ao ter tomado as providências iniciais para o V Congresso no México, previsto para 2002.

Com uma visão mais crítica, opino que a Alene ainda deve esforçar-se para alcançar outras metas:

1. Uma comunicação mais fluente entre seus associados, que deveriam informar regularmente (v.g. cada dois/três meses) suas atividades relevantes: pesquisas, publicações, participações em seminários, cursos e conferências nacionais e internacionais.
2. Promover em cada país reuniões acadêmicas entre professores da especialização para trocar experiências docentes, planos de estudo, bibliografia etc.
3. Organizar atividades de extensão universitária dirigidas à comunidade, para a formação de critérios éticos que permitam aos cidadãos avaliar e julgar com ponderação os aspectos éticos da gestão empresarial.

Site - Na América Latina as empresas preocupam-se com a ética? Como o demonstram?

Hector Jasminoy - No contexto econômico, político e social que caracteriza nossas empresas, é sumamente difícil poder detectar essas preocupações. Mas em cada país há um pequeno núcleo de corporações que, sim, evidenciam em suas relações com os *stakeholders* seu interesse na vigência de princípios éticos, tais como: solidariedade nas ações para a comunidade; voluntariado de seus empregados na ajuda a setores desprotegidos; integridade nas relações comerciais; responsabilidade na proteção do meio ambiente; políticas eqüitativas nas relações de trabalho; vigência e observância de códigos de conduta.

Muitas dessas ações foram e são informadas e divulgadas em congressos e jornadas.

Site - Quais são as metas da Presidência da Alene na gestão 2001/ 2003?

Hector Jasminoy - Já as mencionei anteriormente. Mas considero que resta acrescentar a formação de equipes latino-americanas que se organizem para pesquisar nos seus respectivos países ou regiões (v.g. Mercosul) alguns dos seguintes temas:

1. Códigos de conduta nos meios de comunicação social.
2. A responsabilidade corporativa e suas relações e programas para a comunidade.
3. A deontologia profissional e o rol dos órgãos de classe profissionais; experiências do último decênio.
4. Comportamentos éticos na administração de recursos humanos.

Como meta fundacional é imperioso que no próximo V Congresso[25] se realize um intenso trabalho de conquista de novos sócios, comprometidos com um plano mínimo de tarefas para o ano de 2003. ❖

---

25. O Congresso da Alene de 2003 foi realizado na cidade do México; o de 2004, em Sidney, na Austrália, ocorrido em conjunto com o Congresso Mundial da The International Society of Business, Economics and Ethics - ISBEE; o de 2005, em Santiago do Chile e o de 2006 em Lima, no Peru.

HELDER HADDAD CARNEIRO DA SILVA[26], sócio-diretor da empresa de pesquisa e consultoria de marketing Share Marketing Group - SMG. Professor de Pós-Graduação e MBA na área de Marketing.

SITE: WWW.ETICAEMPRESARIAL.COM.BR

Site - Sua empresa adota uma filosofia voltada para a ética na área de marketing?

Helder Haddad - Nossa equipe é voltada para resultados – para o cliente e para o SMG. O trabalho do SMG baseado em padrões éticos de conduta é o que gera relacionamentos válidos e duradouros.

Site - Como você utiliza a ética no seu dia-a-dia?

Helder Haddad - Considerando que Ética é sinônimo de princípios de conduta humana, a empresa evita situações de mercado nas quais nossos padrões éticos possam ser ameaçados. Assim, não trabalhamos com tabaco, armamentos, política partidária, religiões/misticismo, exploração/desrespeito ao ser humano e preconceito contra minorias.

---

26. Entrevista concedida em novembro de 2002 e atualizada em julho de 2006.

Site - Por que você acha importante a ética na empresa?

Helder Haddad - Porque ela faz valer a nossa missão empresarial: "Atuar como um agente de mudança evolutiva em marketing, a fim de alavancar os resultados de nossos clientes e do SMG (empresa, colaboradores e sócios)". Com isso, garantiremos nosso crescimento e o de nossos parceiros, modificando socialmente nosso meio.

Site - Como sua empresa faz para manter a ética nos relacionamentos internos e externos?

Helder Haddad - Por meio dos seguintes valores da nossa organização:

1. *Evolução sempre*: no SMG, nas pessoas, no marketing, nos clientes;
2. *Compartilhar sempre*: os benefícios de nosso crescimento devem ser compartilhados com todos (membros do SMG, clientes, parceiros e com a sociedade);
3. *Durar para sempre*: o SMG é uma empresa *feita para durar*: queremos que o SMG continue existindo e atuando no mercado *para sempre*;
4. *Ética sempre*: nossos padrões éticos de conduta devem guiar nossas decisões empresariais;
5. *Ser colaborativo sempre*: mais do que uma metodologia, os processos colaborativos são parte de nossa crença em como o trabalho deve ocorrer, em qualquer instância (projetos internos, com clientes, com parceiros etc.). Acreditamos no trabalho conjunto;
6. *Comprometimento e responsabilidade sempre*: todos os membros da equipe do SMG devem estar 100% comprometidos com os resultados e com o sucesso da empresa, com fidelidade e respeito aos valores do SMG.

Site - Quais os conselhos que você daria a um recém-formado que está entrando neste mercado de trabalho?

Helder Haddad:

1. Focar resultados, persistir obstinadamente;
2. Aliar o estudo ao trabalho – sempre, para sempre;
3. Ajudar os demais a evoluir profissionalmente;
4. Lidar com todos com 100% de honestidade;
5. Se errar, assumir o erro, tentar consertá-lo o mais rápido que der, aprender e evoluir pessoalmente;
6. *Vestir a camisa* sempre. No caso do SMG, evoluir *de estagiário a sócio*.

Site - Ética e lucro são compatíveis nas empresas?

Helder Haddad - É claro que sim, até porque as empresas que atuam eticamente lucram mais, pois são mais valorizadas, são vistas de forma positiva pela sociedade e acabam por construir uma imagem de marca forte. ❖

HERÓDOTO BARBEIRO[27], jornalista, advogado e professor de História. Apresentador do Jornal da CBN. Acumula a função de gerente de jornalismo do Sistema Globo de Rádio, empresa das Organizações Globo. Colunista do jornal *Diário de São Paulo*, da revista *Imprensa* e da *America On Line*. Apresenta na tevê o Jornal da Cultura e outros programas. Autor de vários livros sobre Jornalismo, História e *Media Training* em TV.

SITE: WWW.ETICAEMPRESARIAL.COM.BR

Site - Qual o maior desafio: contar a verdade sobre o passado ou sobre a realidade atual? Ser jornalista ou professor de História?

Heródoto Barbeiro - Contar a verdade sobre o presente é muito mais difícil, uma vez que o jornalismo sofre pressões internas e externas. Isso é próprio de uma sociedade aberta, por isso dá mais trabalho escrever sobre o presente; de outro lado, é um desafio que todo jornalista gosta de enfrentar. Quanto ao passado, as pressões são menores, quando existem, os personagens podem já ter morrido, e outras obras sobre o mesmo assunto terem sido escritas. Geralmente as reportagens jornalísticas são inéditas. Contudo, quer em um caso, quer em outro, há princípios éticos a serem respeitados.

27.Entrevista concedida em fevereiro de 2005.

Site - De que modo a imprensa pode tornar-se mediadora de notícias que contribuam para aumentar a solidariedade entre as pessoas e o respeito pelos direitos humanos?

Heródoto Barbeiro - É da natureza da imprensa ser mediadora entre a opinião pública e as notícias, mesmo quando as transmissões são ao vivo. O respeito aos direitos humanos deve ser incentivado com duas ações simultâneas: a adesão do veículo e a pressão da sociedade sobre ele.

Site - Pode haver conflito entre liberdade de expressão e liberdade de imprensa? Quais os parâmetros éticos de cada uma?

Heródoto Barbeiro - A liberdade de expressão vai além da liberdade de imprensa. A primeira é um direito fundamental da pessoa humana, a segunda, do cidadão. Aparentemente pode ser uma superposição, mas não é. A liberdade de imprensa, por si só, não garante a liberdade de expressão, uma vez que os veículos são de propriedade particular e podem não veicular uma determinada notícia ou opinião.

Site - Quais os principais valores que você admira em um bom jornalista?

Heródoto Barbeiro - Admiro o esforço que faz para perseguir a ética e a isenção diariamente. É uma luta imensa, por isso a minha admiração.

Site - Quais as qualidades de uma imprensa séria e democrática?

Heródoto Barbeiro - O compromisso de buscar a verdade, de ser transparente e comprometida com o interesse público.

Site - Até que ponto o jornalista pode ser considerado formador de opinião?

Heródoto Barbeiro - Mais do que um formador de opinião, o jornalista é um transmissor de opinião. Sua maior missão é informar e contribuir para que as pessoas formem um espírito crítico. Não cabe ao jornalista a pretensão de fazer a cabeça de quem quer que seja. Isto não impede que ele expresse as suas opiniões.

Site - Qual o segredo para enfrentar as pressões internas ou externas no dia-a-dia de um jornalista?

Heródoto Barbeiro - Primeiro é armar-se da ética, da boa-fé e do compromisso com o interesse público. Depois, não ser ingênuo e procurar os caminhos para que as pressões não impeçam a livre circulação de notícias e idéias.

Site - Pode a imprensa exercer um papel educativo, de incentivo à ética, à cidadania, à responsabilidade social?

Heródoto Barbeiro - Uma das missões da imprensa é despertar a cooperação e a solidariedade, educar e convocar as pessoas para que exerçam a sua cidadania. É ao mesmo tempo uma adesão espontânea e um dever social. ❖

JOSÉ GUIMARÃES MONFORTE[28], graduado em Economia pela Universidade Católica de Santos. Presidente do Conselho do Instituto Brasileiro de Governança Corporativa - IBGC e do Conselho da Pini Editora S/A. Membro do Conselho da Natura Cosméticos, da Caramuru Alimentos e da Agrenco. Foi vice-presidente da Associação Nacional dos Bancos de Investimentos - ANBID e do Conselho da Caixa de Liquidação da Bolsa de Mercadorias e coordenador do Comitê de Abertura de Capital da Bovespa. Membro do *Advisory Panel* da Organização para a Cooperação e Desenvolvimento Econômico - OCDE, sobre Eficiência de Conselhos de Administração. Atuou em diversos bancos e empresas, como Banespa, Banco Merrill Lynch, Banco Citibank N.A., além de ocupar a presidência da VBC Energia S.A. Atualmente preside a Janos Comércio, Administração e Participações Ltda.

SITE: WWW.ETICAEMPRESARIAL.COM.BR

Site - O que é Governança Corporativa, quais os seus princípios e qual a sua importância para a empresa?

Monforte - Governança Corporativa é o sistema pelo qual as sociedades são dirigidas e monitoradas, envolvendo os relacionamentos entre Acionistas/Cotistas, Conselho de Administração, Diretoria, Auditoria Independente e Conselho Fiscal. Os princípios básicos da Governança Corporativa são: transparência, eqüidade, prestação de contas e responsabilidade corporativa. As boas práticas de governança corporativa têm a finalidade de preservar e aumentar o valor da sociedade, facilitar seu acesso ao capital e contribuir para a sua perenidade.

28. Entrevista concedida em março de 2006.

Site - Até que ponto é correta a afirmação de Peter Drucker de que o Conselho de Administração é a consciência da empresa?

Monforte - Faz parte da missão do Conselho de Administração ter pleno conhecimento dos valores da empresa, dos propósitos e crenças dos sócios e zelar pelo seu aprimoramento, o que não apresenta contradição com a afirmação citada.

Site - Pode ser ética uma empresa que não tenha preocupação com a Governança Corporativa?

Monforte - Entende-se como ética uma empresa que, nas suas práticas, respeite os princípios básicos da Governança Corporativa: transparência, eqüidade, prestação de contas e responsabilidade corporativa. A empresa que proceda dessa forma estará se preocupando com Governança Corporativa, mesmo que não utilize o termo *Governança Corporativa*. A conseqüência é um aumento da qualidade dos seus relacionamentos, seja no ambiente interno da empresa, seja no externo, passando a empresa a ter maiores chances de ser percebida como ética.

Site - É possível aplicar os princípios da Governança Corporativa às empresas de médio e pequeno porte?

Monforte - Sim, os princípios básicos da Governança Corporativa aplicam-se a qualquer tipo de organização, independent do porte e do setor de atuação. Algumas práticas deverão ser adaptadas em função do porte e da complexidade da empresa.

Site - Como surgiu o Instituto Brasileiro de Governança Corporativa - IBGC?

Monforte - Fundado em 27 de novembro de 1995, o IBGC é uma sociedade civil de âmbito nacional, sem fins lucrativos, com o propósito de ser a principal referência nacional em governança corporativa. O IBGC desenvolve e difunde os melhores conceitos e práticas no Brasil, contribuindo para o melhor desempenho das organizações e, conseqüentemente, para uma sociedade mais justa, responsável e transparente. Em 1995, as empresas estavam descobrindo que não era importante apenas ter conselhos de administração, mas que estes fossem atuantes e que se transformassem em chave para o sucesso das organizações. O foco inicial nos conselheiros de administração refletiu-se na sua primeira denominação: Instituto Brasileiro de Conselheiros de Administração - IBCA. Em 1999, houve a decisão de direcionar a organização para o conceito mais amplo de governança corporativa, passando a ter sua denominação atual. A história do IBGC está retratada no livro *Uma década de governança corporativa*, co-editado pelo IBGC como parte das comemorações pelos seus 10 anos de existência.

Site - De que modo evoluiu a idéia de se implantar um código de ética no IBGC?

Monforte - O IBGC não dispõe de um código de ética. Foi desenvolvido um Código das Melhores Práticas de Governança Corporativa em 1999, que já está na sua 3ª edição, contendo os princípios básicos que orientam as práticas de governança corporativa. Pode-se dizer que os aspectos de ordem ética são transversais ao Código. O IBGC, no entanto, sugere que as organizações desenvolvam um código de conduta que comprometa administradores e funcionários. Elaborado pela Diretoria de acordo com os princípios e políticas definidos pelo Conselho de Administração e por este aprovado, o código de conduta deve abranger o relacionamento entre conselheiros, sócios, funcionários, fornecedores e demais partes relacionadas (*stakeholders*) e definir responsabilidades sociais e ambientais.

Site - Qual a repercussão no mercado de ações da criação do Índice Bovespa de Governança Corporativa – IGC ?

Monforte - O IGC é um indicador do impacto das boas práticas de Governança Corporativa no valor econômico das empresas. Este índice tem tido desempenho superior à média do mercado (Ibovespa), mas seus resultados deverão ser sentidos de forma mais marcante no longo prazo.

Site - Há algum estudo que permita estabelecer relação entre Governança Corporativa e lucro para as empresas?

Monforte - Sim. Geralmente tenta-se estabelecer a relação entre Governança Corporativa e o valor das empresas em vez de lucro, que é um conceito contábil e menos abrangente. Entretanto, existem estudos, principalmente no exterior, que tentam estabelecer um relacionamento entre características de governança e medidas de rentabilidade, principalmente ROA (Retorno sobre os Ativos) e ROE (Retorno sobre o Patrimônio Líquido).

Outro ponto importante é o que se entende pelo termo *Governança Corporativa*. A maior parte dos estudos tenta avaliar o impacto de alguns mecanismos específicos de governança (como características do conselho de administração, estrutura de propriedade, nível de divulgação das informações ou transparência etc.) sobre medidas de desempenho (rentabilidade ou valor de mercado). Alguns estudos mais recentes tentam avaliar o impacto de índices mais amplos de governança (que levam em conta diversos mecanismos de governança de forma integrada) sobre a rentabilidade ou valor das empresas. Neste sentido, existem no Brasil estudos elaborados por Ricardo Leal e Alexandre Di Miceli.

Por outro lado, é mais fácil verificar que más práticas de Governança Corporativa levaram, recentemente, algumas empresas a fecharem suas portas de uma hora para outra.

Site - Há alguma contradição entre ética e lucro nas empresas?

Monforte - Não. O lucro é uma pré-condição para a existência das empresas do 2º setor. As empresas com comportamento ético têm mais chances de desenvolver relacionamentos mais duradouros com clientes, empregados, fornecedores, governo, reguladores e a sociedade como um todo, aumentando suas chances de apresentar resultados econômico-financeiros positivos no longo prazo. ❖

JOSÉ MARIA RODRIGUEZ RAMOS[29], graduado em Administração, com mestrado e doutorado em Economia, pela Faculdade de Economia, Administração e Contabilidade da Universidade de São Paulo - FEA-USP. Coordenador do curso de Economia e professor de ética nos cursos de Ciências Econômicas e Relações Internacionais da Fundação Armando Alvares Penteado - FAAP. Editor associado da revista Economia & Relações Internacionais da FAAP, ex-diretor e atual membro da Associação Latino-Americana de Ética, Negócios e Economia - Alene.

SITE: WWW.ETICAEMPRESARIAL.COM.BR

Site - No ano passado e no corrente ano de 2006, a mídia nos tem trazido informações, cada dia mais assustadoras, sobre a decadência do nível ético de nossos governantes e de nossos empresários. O Brasil tornou-se um país sem ética?

José Maria Ramos - Não considero que existam países éticos ou antiéticos. A ética é pessoal e, por essa razão, pode haver cidadãos éticos e antiéticos, assim como governantes e empresários éticos e antiéticos, porém não países. Compete a cada cidadão, nas circunstâncias e ambiente em que vive, construir um país mais ético. Essa é uma tarefa de todo cidadão.

---

29. Entrevista concedida em junho de 2006.

Site - Ao lecionar a disciplina ética, como você lida com a reação dos universitários e até mesmo de outros professores que consideram a Ética uma utopia?

José Maria Ramos - Geralmente despreza a Ética aquele que não assume o compromisso pessoal com a honestidade ou é cético quanto à possibilidade de viver em uma sociedade mais ética. Se não me comprometo com a ética, como justificar o ensino da ética? Se não acredito que o ensino da ética possa, pelo menos, causar impacto na consciência dos jovens, ou que desta forma possa contribuir para elevar o nível ético de meu país, para que ensinar ou estudar ética? De qualquer modo, a ética é disciplina prática. Os estudos de casos, valores e princípios podem ajudar na hora de tomar uma decisão.

Site - As empresas têm seu foco nos resultados (valor tangível), mas, ao mesmo tempo, estabelecem seus valores intangíveis e, geralmente, colocam a ética como um deles. Quando houver conflito entre a ética e o lucro, qual deles deve prevalecer?

José Maria Ramos Impõe-se estabelecer uma escala de valores. A questão está em verificar quais os valores que assumem o primeiro lugar: os valores éticos ou os valores econômicos? Ética e lucro não são incompatíveis, embora seja mais fácil conquistar objetivos econômicos se deixarmos de lado os valores éticos. A Ética pode não ser o caminho mais lucrativo ou a melhor forma de conquistar o mercado, mas certamente será o melhor caminho, desde que concordemos que ser honesto é preferível a ser desonesto. Dizia um grande industrial francês a um advogado que lhe prestava serviços jurídicos: "Honestamente você poderá ganhar muito dinheiro, porém nem todo dinheiro do mundo poderá comprar a sua honestidade". É questão de princípios.

Site - Como ser ético nos tempos atuais, em que a abertura dos mercados e a globalização da economia tornaram muito mais acirrada a competição entre as empresas?

José Maria Ramos - Tanto nos tempos atuais como no passado, sempre existiu a possibilidade de o empresário ser ético ou não. Entretanto, em face das características dos últimos anos, ser ético exige novos desafios e criatividade. A ética pode não ser a melhor forma de auferir lucros, porém, sim, é a melhor forma de enfrentar a competição, desde que concordemos que a honestidade é um valor que está acima do econômico. No ano de 2000 participei do *Second Congress of Business, Economics and Ethics*, realizado em São Paulo, nas instalações da Escola de Administração de Empresas da Fundação Getulio Vargas. Ouvi testemunhos de empresários do mundo inteiro, líderes em diversas áreas da indústria, comentando como a ética é introduzida na vida das respectivas empresas. A conclusão foi a de que ética e negócios podem caminhar juntos.

Site - As inovações tecnológicas contribuem ou atrapalham a vivência da ética nos negócios?

José Maria Ramos - O avanço tecnológico das comunicações tem sido importante para a transparência nas empresas. Uma das hipóteses que se estuda em Economia, com relação ao modelo de concorrência perfeita, é a perfeita informação, ou seja, a transparência de preços e quantidades de produtos sendo ofertados e procurados. Os avanços nas comunicações, particularmente na Internet, têm contribuído para maior transparência e informação e, portanto, deixam menos espaço para as fraudes e outras atitudes desonestas.

Site - A ética pode ser considerada um fator de competitividade?

José Maria Ramos - Sim e não. Sim, à medida que hoje há maior consciência social, e empresas que não têm preocupação com valores éticos, que, por exemplo, usam mão-de-obra infantil ou que não tenham preocupação com o meio ambiente, já estão sendo alvo de boicote em todo o mundo por consumidores esclarecidos. Nos Estados Unidos há fundos de investimento chamados *sociais*, que assumem o compromisso com os clientes de não investir em empresas que não cumpram certos critérios éticos, ecológicos e sociais. No Brasil, também há essa preocupação. Recentemente, um boletim de certa instituição financeira tratava de investimentos em fundos éticos e estimulava a aplicação em *bolsa de valores sociais*, incentivando seus clientes a comprarem ações sociais recomendadas pela ONU e endossadas pela Unesco.

Não, enquanto a ética é um valor em si mesmo, independentemente do resultado econômico. No meu modo de ver, o valor econômico deve se subordinar ao valor ético.

Site - Ao selecionar os colaboradores, em que medida é possível avaliar se um candidato é ou não ético?

José Maria Ramos - A ética é prática, não teórica. Por essa razão, somente é possível saber se um profissional recém-contratado agirá eticamente na hora em que estiver trabalhando na empresa e enfrentando os dilemas éticos como decorrência do exercício da profissão. Entretanto, para saber se um profissional é ético, há um passado, e são as referências e o currículo de uma pessoa a fonte de confiança e a credibilidade no seu trabalho.

Site - Quem deve ser ético na empresa: a alta administração, o pessoal de nível médio ou os que trabalham no chão de fábrica?

José Maria Ramos - Todos sem exceção. Há que se considerar, entretanto, que o exemplo vem de cima. A confiança e o respeito dos subordinados e a dedicação aos objetivos da empresa estão diretamente relacionados ao exemplo dos que têm funções de comando. E, além do mais, comenta a especialista em liderança, Joanne Ciulla, hoje em dia a sociedade rejeita o uso coercitivo ou manipulador do poder. As pessoas desejam seguir líderes íntegros e coerentes, e são esses líderes que atraem os trabalhadores mais capazes. ❖

JULIO ALEJANDRO LOBOS TRONCOSO[30], administrador de empresas, formado pela Universidade do Chile. Ph.D em Relações Industriais pela Cornell University, USA. Consultor de empresas e criador do Instituto da Qualidade. Foi professor da Escola de Administração de Empresas de São Paulo —da Fundação Getulio Vargas e *visiting scholar* na London School of Business. Publicou diversos livros sobre comportamento organizacional e o livro *Ética e Negócios*.

SITE: WWW.ETICAEMPRESARIAL.COM.BR

Site - Qual a motivação que o levou a escrever o livro *Ética e Negócios*?

Julio Lobos - Em geral, a manifesta falta de visibilidade, no Brasil, de transgressões éticas que recentemente vergaram a economia de outros países. É ingênuo imaginar que justamente por aqui as corporações sejam ilhas de virtude quando há U$ 36 bilhões que ninguém sabe de onde saíram e que foram parar na agência do Banestado em NY. No entanto, é como se elas fossem, pois nada se fala ou se escreve sobre esse assunto.

No específico, um livro que escrevi em 2003 sobre mulheres executivas, baseado numa pesquisa bem representativa (500). Elas se diziam mais éticas do que seus colegas

---

30. Entrevista concedida em março de 2004.

homens, mas quando posicionadas hipoteticamente em situações *reais* – ex.: contratar uma mulher grávida?; apoiar uma denúncia de assédio sexual bem fundamentada? etc. –, agiam igual a eles (ou seja, sem levar em conta a questão moral presente em cada caso). O episódio mostrou que as empresas criaram uma nova moral, onde quase tudo é permitido moralmente, desde que se agregue valor ao acionista – e que ninguém deixa de ser seduzido por essa ideologia.

Site - Como foi possível reunir tantas pessoas de destaque do mundo empresarial, no lançamento de seu livro na Câmara Americana do Comércio - AMCHAM?

Julio Lobos - Não sei. Talvez a AMCHAM tenha feito uma boa divulgação, ou o tema da Ética, tal como eu o enfoco, passando ao largo da benemerência e sem esconder nomes ou exemplos de comportamentos corporativos antiéticos, seja uma novidade. Ouvi dizer também que a AMCHAM irá abraçar essa bandeira, em 2004.

Site - Na sua percepção, quais os piores desvios de conduta ética encontrados nas empresas?

Julio Lobos - Um elenco infinito de manobras quimicamente legais que, no entanto, lesam terceiros como o Fisco, os clientes, os fornecedores etc. Os exemplos, todos conhecemos, mas o que os torna particularmente perversos é a sua impunidade, sustentados que são pelo esforço conjunto de advogados argutos, marqueteiros criativos e, sobretudo, CEO's coniventes. Dessa maneira, vamos sendo anestesiados pela noção de que as corporações são boas cidadãs porque mantêm creches ou financiam projetos culturais. No entanto, são as mesmas que sonegam, fazem acordos de preços com concorrentes, praticam a venda casada, poluem e desinformam.

Site - O que recomendaria às empresas para evitar que entre seus integrantes haja desvios de conduta?

Julio Lobos - Parar de pendurar códigos de ética nas paredes e explicar claramente, com palavras e com exemplos, o que é ético e o que não é, no cotidiano dos negócios.

Site - Há esperanças de que as empresas instaladas no Brasil incorporem a ética como um valor essencial para sua sobrevivência?

Julio Lobos - Duvido, enquanto o *bottom line* delas não seja afetado (pela falta de ética). Atualmente não é – e não vejo como poderá vir a sê-lo.

Site - O que mais o impressionou, no sentido positivo, em termos de conduta ética, durante a sua trajetória como consultor de empresas?

Julio Lobos - A honestidade do empregado comum. Esse raramente faz o que não deve, moralmente falando. As coisas complicam-se quando esse mesmo sujeito vira gente na hierarquia e as tentações começam a pipocar na sua frente – desde *expense reports* até ganhos-por-fora obtidos de fornecedores *amigos* etc. Mais para cima, aí nem se fala. Realmente, o que mais impressiona é a capacidade corruptora do poder. E o talento dos que têm poder para tomar decisões imorais sem se sentirem culpados de absolutamente nada. Esse fenômeno, vemos, não ocorre tão somente na política. ❖

LÉLIO LAURETTI[31], economista, com cursos de especialização em Mercado de Capitais (Fundação Getulio Vargas, São Paulo) e Administração para Presidentes (Harvard Business School, Boston, EUA). Professor dos cursos de governança corporativa do Instituto Brasileiro de Governança Corporativa - IBGC.

SITE: WWW.ETICAEMPRESARIAL.COM.BR

Site - Cinco importantes entidades estabeleceram parceria para a realização do Seminário *Balanço Social: diálogo, transparência e credibilidade da gestão socialmente responsável*. O senhor foi muito aplaudido ao término da Palestra Magna que proferiu, sobre Ética, Governança Corporativa e Balanço Social. O excelente conteúdo desenvolvido em sua fala encontrou pleno respaldo nas suas convicções. De onde vêm essas suas convicções?

Lélio Lauretti - A maior de minhas convicções é que, em todos os tempos, em todos os povos e em todas as camadas da sociedade, existiu e existirá sempre um grupo de pessoas que trabalham para construir um mundo melhor. Aprendi com Ortega y Gassett que esse grupo é a verdadeira *elite*, muito diferente daquela formada pelos aristocratas ou pelos detentores de qualquer forma de poder, inclusive e especialmente, em nossos dias, pelos donos de grandes fortunas. E a forma que encontrei para dar minha contribuição para esse esforço foi o trabalho profissional, como escritor, professor e palestrante.

---
31. Entrevista concedida em novembro de 2004 e atualizada em 2006.

Site - Como tem sido a adesão das empresas aos princípios da Governança Corporativa?

Lélio Lauretti - Como um dos fundadores do Instituto Brasileiro de Governança Corporativa, em novembro de 1995, tenho tido a agradável experiência de verificar o crescimento da área de influência das organizações que, como o IBGC, disseminam as boas práticas de governança corporativa. É a figura da boa semente que encontra o solo fértil e produz muito. Éramos 30 associados, na fundação do IBGC, e hoje somos mais de 700. De seu lado, as empresas têm visto nas boas práticas um caminho adequado e eficaz para a sua própria valorização, para a melhoria de seu desempenho, para aumento de sua atratividade para novos capitais e, principalmente, para sua sustentabilidade. Está aí a experiência bem sucedida da Bovespa, na listagem especial de empresas com compromissos de boas práticas de governança corporativa, cujo nível mais alto é o *Novo Mercado*.

Site - Como pode ser feito um balanço social levando-se em conta ações éticas e antiéticas?

Lélio Lauretti - Precisamos ter cuidado com os conceitos de *ético* e *antiético*, para evitar os riscos da vulgarização. A rigor, podemos aplicar às empresas o mesmo conceito de *elite* referido na resposta à primeira pergunta acima: se as empresas estão contribuindo (e podem contribuir muito!) para a criação de um mundo melhor, seu relatório social será naturalmente um enunciado de ações *éticas*.

Site - Qual a correspondência que deve haver entre balanço social e econômico?

Lélio Lauretti - São duas faces da mesma moeda: a empresa economicamente mal sucedida está quase que automaticamente impedida de cumprir funções sociais relevantes. Na contramão, a empresa economicamente bem sucedida à custa de expedientes imorais, como suborno, sonegação, exploração do trabalho, competição desleal etc., tem um *passivo social* que depõe contra sua própria existência. Qual o sentido de falar em *responsabilidade social*, por exemplo, numa empresa cuja principal atividade é altamente prejudicial para a sociedade ?

Site - Sob o ponto de vista ético, o consumismo excessivo pode ser considerado um desvio de conduta?

Lélio Lauretti - Temos aqui, realmente, um problema de conflito de interesses: como pode uma empresa deixar de estimular a demanda por seus produtos? E se o resultado for esse *consumismo*, seria isso um problema criado pelas empresas ou pela cultura moderna de poder, em que os *poderosos* são os que ganham e gastam muito, no mais das vezes de maneira ostensiva? Não parece tarefa fácil enquadrar a questão no terreno da ética. Muito diferente é o caso das empresas que deliberadamente estimulam hábitos e consumos prejudiciais à saúde física ou mental, porque estão adotando práticas claramente antiéticas.

Site - Que aspectos devem ser abordados em um relatório de sustentabilidade e quais os seus pontos críticos?

Lélio Lauretti - A questão central parece-me ser a visão de longo prazo. Temos que reconhecer a existência de outros aspectos, como a preservação da natureza, o relacionamento construtivo com todos os parceiros, o resguardo da reputação e da imagem, mas todos eles são facetas do mesmo diamante, que é a visão de longo prazo.

Site - Pode o grau de reputação de uma empresa ser elevado mediante a implantação de processos de balanço social, relatórios de sustentabilidade, criação de códigos de conduta?

Lélio Lauretti - Tenho certeza de que sim.

Site - O senhor acha que a ética empresarial é uma utopia ou uma realidade a ser alcançada?

Lélio Lauretti - Se a ética fosse utopia, o mundo já teria acabado há muito tempo... Embora a mídia tenha sua matéria-prima favorita nos desastres, nos crimes, nos assaltos, na corrupção etc., as pessoas de bem continuam seu trabalho de construir um mundo melhor, e a comunicação vai, passo a passo, tornando-se a ferramenta por excelência das mutações que ocorrem na sociedade, para melhor ou pior. Nosso trabalho, como indivíduos, ou como empresas, ou como organizações sem fins lucrativos, é usar a comunicação na direção única da consagração da Ética como o alicerce mais precioso de uma sociedade feliz. ❖

MARCOS CINTRA CAVALCANTI DE ALBUQUERQUE[32], doutor em Economia formado pela Universidade de Harvard, EUA. e professor-titular e vice-presidente da Fundação Getulio Vargas. Ex-secretário de Finanças do Município de São Bernardo do Campo e autor do livro *A Verdade sobre o Imposto Único*, Editora LCTE, SP, 2003.
www.marcoscintra.org

SITE: WWW.ETICAEMPRESARIAL.COM.BR

Site - Qual a importância da ética para o desenvolvimento social, econômico e cultural do país?

Marcos Cintra – Obviamente, a questão ética representa um elemento indispensável para que um país possa se desenvolver tanto em termos de geração e distribuição de riquezas como da evolução do ser humano. A conduta ética do poder público, das empresas e do cidadão em geral consiste num elemento cuja solidez faz a diferença entre uma sociedade rica, saudável e culta e outra onde imperam a miséria, a violência e a injustiça social.

Site - O Brasil é a 5ª maior carga tributária e ocupa o 54º lugar em termos de retorno para o cidadão que paga imposto. Como motivar o brasileiro a cumprir sua obrigação de pagar os impostos, quando se constata que os recursos são mal aplicados ou desviados?

---

32. Entrevista concedida em outubro de 2004.

Marcos Cintra - Além da ineficiência na aplicação dos recursos tributários, o brasileiro sofre com a alta carga de impostos. O poder público absorve sob a forma de tributos quase 40% de toda a riqueza produzida no país. Para uma economia com renda *per capita* anual na casa dos US$ 3 mil, é uma carga muito alta. Países que tributam nos mesmos níveis que o Brasil registram renda de cerca de US$ 30 mil/ano.

A alta carga de impostos no Brasil cria um sistema injusto, em que a sonegação acaba sendo estimulada como uma forma de sobrevivência por parte dos agentes produtivos. Quem não tem como escapar do Fisco acaba perdendo competitividade, enquanto que quem sonega prospera.

Para reverter esse quadro, o Brasil precisa de uma reforma que crie um sistema de impostos universal, automático e de baixo custo para os contribuintes.

Nesse sentido, há no Congresso Nacional a Proposta de Emenda à Constituição nº 474/2001, de minha autoria, que cria o Imposto Único Federal para substituir 11 tributos federais. Sobre toda movimentação financeira seria aplicada uma alíquota de 1,7% (estimativa realizada em 2001) no débito e no crédito de cada operação. Isso faria com que a economia informal também pagasse seus tributos e acabaria com o estímulo à sonegação que impera hoje com tributos declaratórios de alto custo.

Site - A ética na empresa brasileira é utopia ou algo viável?

Marcos Cintra - Este é um tema que o mundo vem debatendo de modo mais intenso nos últimos anos, sobretudo depois dos problemas que vieram à tona envolvendo grandes multinacionais que praticaram fraudes contábeis na Europa e nos Estados Unidos.

Creio que a ética empresarial vem ganhando cada vez mais espaço na economia brasileira. Depois de passarmos por uma fase envolvendo aspectos relacionados à modernização e à competitividade das empresas, observo que, aos poucos, estamos canalizando maior atenção aos aspectos éticos relacionados ao processo produtivo. Isto tanto é verdade que muitas instituições de ensino no Brasil têm inserido este tema em seus programas curriculares e a demanda por parte dos estudantes é crescente. Atualmente já existem várias empresas que adotam programas relacionados à ética e instituições como a Fundação Fides, a FGV e o Instituto Ethos que lidam de modo extremamente competente com o tema.

Portanto, acredito que a ética na empresa brasileira é algo viável que, gradualmente, irá ganhar peso na tomada de decisão por parte dos administradores, até mesmo porque é um elemento que cada vez mais agrega valor às empresas.

Site - Segundo estudos do Instituto Brasileiro de Planejamento Tributário, mais de um terço (34,47%, em média) do que o brasileiro ganha no ano vai para os cofres do governo em forma de impostos e contribuições. Como pode uma empresa ser competitiva e preservar seus princípios éticos, no relacionamento com as autoridades governamentais?

Marcos Cintra - Sem dúvida que a competitividade empresarial fica comprometida quando tem que disputar mercado tendo que conviver com uma situação onde mais de um terço de toda a riqueza produzida pelos agentes privados é canalizada para os cofres públicos, sendo que essa carga imposta é distribuída de modo muito desigual entre os contribuintes.

Lamentavelmente, sonegar acaba sendo uma questão de sobrevivência na economia brasileira. Isso acaba impondo, de forma compensatória, uma carga muita alta àqueles que não têm como fugir do Fisco.

Manter um sistema ortodoxo baseado em impostos declaratórios e de alto custo irá perpetuar uma situação onde os princípios éticos associados à questão fiscal serão corroídos, gerando cada vez mais injustiça no nosso arcaico sistema tributário.

Nesse sentido, cito o projeto do Imposto Único como fator de grande apelo para se construir um sistema tributário onde todos contribuam a um custo muito baixo que não estimule a corrupção e a sonegação fiscal. É um projeto que restabelece a ética tributária na economia brasileira.

Site - Qual sua opinião a respeito da ética no uso de grampos telefônicos em empresas, no Governo, para se obter vantagens?

Marcos Cintra - É um ato condenável ao qual as empresas e o poder público estão sujeitos. É uma questão cujos alvos precisam se precaver e os responsáveis por esse tipo de crime devem estar sujeitos a leis severas. ❖

MARCOS KISIL[33], presidente do Instituto para o Desenvolvimento do Investimento Social - IDIS. Professor titular da Universidade de São Paulo, na Faculdade de Saúde Pública. Médico formado pela Faculdade de Medicina da Universidade de São Paulo. Doutor em Administração pela George Washington University, EUA. Membro dos Conselhos Administrativos da Escola de Administração de Empresas de São Paulo da Fundação Getulio Vargas e do Conselho Diretor da WWF-Brasil (*Worldwide Wildlife Fund*). Participa da *International Network on Strategic Philanthropy*. Membro do Comitê Diretivo do *Worldwide Initiative in Grantmaking Support*, um grupo de afinidade de fundações comunitárias. Foi diretor regional para a América Latina e Caribe da Fundação W.K. Kellogg e atuou como consultor da Organização Pan-Americana de Saúde.

SITE: WWW.ETICAEMPRESARIAL.COM.BR

Site - Como surgiu o Instituto para o Desenvolvimento do Investimento Social - IDIS?

Marcos Kisil - O período que marcou o resgate da democracia e da cidadania, na segunda metade dos anos 80, permitiu um importante surgimento da sociedade civil organizada. Esse processo trouxe novos atores para pensarem e atuarem no desenvolvimento social. Durante os anos 90, tivemos ainda outro importante movimento, que foi em torno das responsabilidades sociais das empresas. Os empresários já não se contentavam em ser bons cidadãos porque pagavam impostos; desejavam também atuar com seus recursos privados para promover o desenvolvimento social.

---
33. Entrevista concedida em dezembro de 2003.

Esses dois movimentos tiveram um apoio importante da Fundação W.K. Kellogg, onde tive o privilégio de ser diretor para a América Latina e Caribe (entre 1985 e 1999). Nesse momento, pudemos apoiar o surgimento da Fundação Abrinq, da Fundação Orsa, do Instituto Ayrton Senna, entre outras organizações que vieram a ter sucesso nos anos posteriores. Em seguida, pudemos apoiar o aparecimento de instituições que organizaram a atuação política dessas entidades, como o GIFE[34] e o Ethos[35].

Essa experiência no desenvolvimento do setor levou ao diagnóstico de que o Brasil necessitava de uma organização que pudesse dar o apoio técnico especializado a todos aqueles que quisessem fazer o melhor uso de seus recursos para benefício público. Assim, surgiu o IDIS, fundado em 1999 por um grupo de líderes, entre os quais Viviane Senna, Jacques Marcovich, Maria Alice Setubal, Luis Norberto Pascoal, Raul Cutait, Consuelo Yoshida. Esse grupo encarregou-me de implantar a nova organização.

Assim, o IDIS tem como missão "promover e estruturar o investimento social privado como instrumento de desenvolvimento de uma sociedade mais justa e sustentável".

Site - De que modo atua o Instituto para realizar a sua missão? Quais são os seus objetivos?

Marcos Kisil - Por meio da promoção e estruturação do investimento social privado, o IDIS busca sistematizar diferentes modelos de intervenção social que contribuam com a redução das desigualdades sociais no País. Neste sentido, o IDIS coloca-se como uma instituição parceira de empresas, fundações e institutos, e de comunidades que desejam organizar ou desenvolver seus programas de responsabilidade social e de investimento social como instrumentos para o desenvolvimento sustentável da sociedade, de comunidades e da própria empresa.

---

34. Grupo de Institutos, Fundações e Empresas.
35. Instituto Ethos de Responsabilidade Social.

Nossas principais formas de atuação são:

1. Prestação de consultoria e capacitação em planejamento, organização e avaliação de programas de investimento social de empresas, famílias e indivíduos que desejam realizar ações sociais ou estruturar aquelas já existentes.

2. Prestação de consultoria e capacitação a empresas que desejam introduzir ou fortalecer suas ações de responsabilidade social corporativa, especialmente através de diagnóstico, planejamento estratégico, estabelecimento de planos de ação, de indicadores para monitoramento e avaliação de atividades (Ethos, GRI[36], IBASE[37] e outros específicos para diferentes ramos de negócio), estruturação de sistemas de informação, elaboração de balanços sociais e programas de voluntariado corporativo.

3. Elaboração de iniciativas próprias para a implementação de metodologias estratégicas e inovadoras, como Marketing Relacionado a Causas e Investimento Social na Comunidade.

4. Realização e divulgação de pesquisas e práticas de investimento social.

Site - Temos conhecimento de que a equipe de trabalho do IDIS é interdisciplinar. Como foi possível compor essa equipe?

Marcos Kisil - A melhor forma de apreender as necessidades dos indivíduos e buscar satisfazê-las, bem como de solucionar problemas de modo sustentável, é reunir cabeças provenientes de diferentes áreas do conhecimento para que se tenha uma visão abrangente. A rede de relacionamentos que se estabeleceu entre pessoas que têm o mesmo objetivo e advêm de segmentos diferentes tornou possível reunir a atual equipe de trabalho do IDIS. Contamos com administradores de empresas, sociólogos, assistentes sociais, psicólogos, educadores. A complexidade dos problemas sociais e a busca de um nicho de intervenção que seja estratégico para um investidor social exigem uma visão intersetorial, multiprofissional e transdisciplinar. É isto que o IDIS busca oferecer através de seu *staff*.

Site - Poderia contar-nos sobre a rede de serviços criada pelo Instituto?

Marcos Kisil - Nem sempre a complexidade dos problemas sociais exige

---

36. *Global Reporting Initiative.*
37. Instituto Brasileiro de Análises Sociais e Econômicas.

ações também complexas, mas sim estratégicas. Para tanto, o IDIS desenvolveu uma tecnologia social de trabalho em parceria com as organizações que ele apóia. Essa tecnologia tem como base a identificação e a melhoria do uso dos ativos existentes. Trata-se da tecnologia conhecida como *desenvolvimento com base em ativos*, que é diferente daquela que parte da identificação de problemas como base do planejamento.

Assim, o IDIS desenvolveu uma série de instrumentos de trabalho para ajudar no diagnóstico situacional – planejamento estratégico, planos de negócio, estruturação organizacional, modelos de governança, definição de *modus operandi*, mecanismos de monitoramento, avaliação e controle organizacional. Essas atividades apóiam as decisões necessárias para a identificação de nichos de atuação, foco e escopo programáticos, desenvolvimento de programas e projetos sociais a serem apoiados pelo investidor social.

Como conseqüência, o IDIS ajuda a identificar oportunidades de investimento, de elaboração de parcerias estratégicas entre o investidor e outras entidades públicas, privadas e da sociedade civil, e de uso do voluntariado, especialmente o corporativo.

Site - Em tão pouco tempo de criação do Instituto já se tornou uma realidade a sua projeção em outros países. Como tem sido sua atuação em nível internacional?

Marcos Kisil - O IDIS faz parte das principais redes internacionais para o desenvolvimento do investimento privado com finalidade social. Essas redes envolvem profissionais que estão atuando com idéias inovadoras, que se traduzem em oportunidades de maior impacto para transformar a realidade social.

O IDIS estabeleceu uma parceria com a Charities Aid Foundation - CAF, uma organização sem fins de lucro, com sede no Reino Unido, dedicada ao investimento social privado.

Sua experiência está hoje integrada à Rede CAF, o que permite acesso à tecnologia e experiência de uma rede global que atua em diferentes países e regiões (Austrália, Índia, Rússia, Bulgária, Estados Unidos e África do Sul). O IDIS, por meio dessa rede, atua na América Latina, atendendo clientes globais.

Site - As empresas cidadãs, que se preocupam com a responsabilidade social e com o investimento corporativo, demonstram, também, interesse em manter uma estratégia que ofereça melhores condições de trabalho, desenvolvimento de talentos e superação aos seus colaboradores internos?

Marcos Kisil - A responsabilidade social corporativa implica para a empresa preocupar-se com todos os *stakeholders*, incluindo seus colaboradores. Assim, nenhuma empresa pode ser socialmente responsável se não o faz também com o seu público interno.

Site - Como conseguir a coerência entre o que se diz e o que se faz, em termos de responsabilidade social? Ou melhor, como conseguir que as ações que revelam (perante a mídia e a comunidade externa) ser a empresa socialmente responsável, encontrem respaldo na conduta diária dos diretores, colaboradores e investidores?

Marcos Kisil - Seguramente a responsabilidade social corporativa tem relação visceral com a ética. Não se admite que a responsabilidade ou as ações que se praticam em seu nome tenham como objetivo criar, pura e exclusivamente, uma imagem. Também não se admite que o cumprimento de leis e obrigações decorrentes delas sejam identificadas como ação de responsabilidade social. Infelizmente, ainda existem poucos casos em que se usa o balanço social como instrumento de transparência e de comunicação das empresas com a sociedade. Ações de cumprimento de leis ambientais e trabalhistas também são muitas vezes incluídas como de responsabilidade social.

Site - A adoção de um código de ética pelas empresas as ajudaria na realização de sua missão, visão e valores?

Marcos Kisil - O código de ética é um instrumento valioso para toda e qualquer relação que ocorra, interna e externamente, envolvendo a corporação. Porém, sua existência deve ser traduzida em práticas de seus colaboradores, dirigentes e acionistas. Para tanto, o código deve fazer parte do DNA[38] da empresa, e não ser simplesmente um documento de propaganda da empresa.

---

[38] "Essa, ensinam os cientistas, é a molécula da vida. A sigla DNA vem de Ácido Desoxirribonucléico. É no DNA que toda a informação genética de um organismo é armazenada e transmitida para seus descendentes." (http://www.papociencia.ufsc.br/bio2.htm, visitado em 07 jul. 2006).

Site - Qual o maior desafio do IDIS para 2004?

Marcos Kisil - Ajudar as empresas a continuarem profissionalizando-se no campo da responsabilidade e do investimento social. Infelizmente, programas como o Fome Zero e outras atividades assistencialistas promovidas pelo governo, e que buscam recursos privados, não exigem nenhuma profissionalização do doador. Eles jogam um papel passivo, já que toda atividade é do governo. Assim, estamos vivendo um momento paradoxal: nunca precisamos tanto de profissionais para o setor, e nunca se desqualificou tanto o trabalho profissional realizado por inúmeros profissionais em empresas. Porém, somos otimistas e acreditamos que esse processo será revertido. ❖

MARCOS LOBO DE FREITAS LEVY[39], sócio de A. Lopes Muniz Advogados Associados. Foi vice-presidente da Associação Latino-Americana de Ética, Negócios e Economia - Alene, de 2001 a 2003, e presidente da mesma Associação de 2003 a 2005. Foi diretor de assuntos corporativos da Merck Sharp & Dohme; diretor jurídico da Pharmacia Brasil e diretor de Relações Institucionais da Boehringer Ingelheim.

SITE: WWW.ETICAEMPRESARIAL.COM.BR

Site - Como Diretor de Assuntos Corporativos das empresas do Grupo Merck Sharp & Dohme, o que nos pode falar sobre missão, visão e valores da empresa?

Marcos Levy - A visão e a missão da Merck Sharp & Dohme têm como seus alicerces a acessibilidade de produtos inovadores, seguros e eficazes para o maior número possível de pacientes que deles necessitem. Também oferecemos aos nossos funcionários a oportunidade de satisfazerem seus objetivos pessoais e profissionais. Além disso, buscamos o reconhecimento público de que somos uma empresa líder no campo da ética.

Temos como nossos valores principais: (1) comprometimento com clientes; (2) pessoas; (3) inovação/criatividade;

---

39. Entrevista concedida em novembro de 2001.

(4) *empowerement*; (5) reconhecimento; (6) integridade e ética; (7) confiança e transparência; (8) respeito/empatia; (9) diversidade; (10) profissionalismo; (11) responsabilidade; (12) receptividade/compreensão; (13) trabalho em equipe; (14) comunidade; e (15) equilíbrio entre trabalho e vida pessoal.

Site - Como é encarada a ética empresarial pelas empresas do grupo Merck Sharp & Dohme?

Marcos Levy - Com toda a seriedade que este tópico merece. Desde a metade dos anos 80, a Merck Sharp & Dohme tem dedicado tempo para dar treinamento sobre *Ética em Práticas Comerciais* a seus empregados. A partir de 1995, os conceitos e a interpretação da empresa sobre ética empresarial foram consolidados em um documento intitulado *NOSSOS VALORES E PADRÕES: A Base do Nosso Sucesso*, que foi traduzido em 21 línguas e apresentado em forma de treinamento específico para os mais de 65.000 empregados da empresa no mundo. Para que se tenha uma idéia da seriedade com que a empresa encara as questões relativas à Ética, em 1995 foi criado, na matriz da empresa nos Estados Unidos, o cargo de *Chief Ethics Officer* (Presidente para Assuntos Éticos), que é ocupado desde aquela data pela Sra. Jacqueline Brevard.

Site - Como pode uma empresa ser competitiva e preservar seus princípios éticos, no relacionamento com as autoridades governamentais, com os concorrentes, com os clientes e fornecedores?

Marcos Levy - Eu diria que, a longo prazo, somente as empresas éticas são competitivas. Em uma apresentação feita pelo Dr. Flávio Sehn, então presidente da HP Brasil, ele lembrou bem que, a curto prazo, é muito difícil comprovar que ser ético é lucrativo. A longo prazo, entretanto, é relativamente fácil demonstrar que não ser ético certamente implicará grandes prejuízos. Aliás, há exemplos bem recentes de que isso é a pura verdade.

O mundo não é perfeito, talvez nunca seja, mas está mudando. Visivelmente. Finalmente estamos chegando, de fato, à Era da Ética e da Responsabilidade Social e os governos e o público estão cada vez mais conscientes da importância desses valores. Para se ter uma idéia, basta verificar que já há hoje, no mundo, empresas especializadas em fazer *portfolios* de investimentos apenas em empresas consideradas como socialmente responsáveis e éticas. Esses investimentos, aliás, costumam dar maior retorno aos investidores.

Site - Para alguém que trabalhe na área de relações públicas e tenha contato com autoridades governamentais, dedicar-se ao *lobby* seria ético?

Marcos Levy - Sem dúvida nenhuma. É totalmente inconcebível que os eleitores acreditem que os membros do poder legislativo saibam tudo sobre tudo e que, portanto, suas propostas de legislação não necessitem de nenhum subsídio técnico, prático ou teórico daqueles que serão mais ou menos afetados pela nova legislação proposta ou pela alteração da legislação vigente.

Além disso, convém lembrar que a conta dos efeitos gerados pelas novas leis será paga pelos contribuintes, ou seja, pelos eleitores responsáveis pela colocação daquelas pessoas na Câmara Federal e no Senado.

Assim, os eleitores têm o dever cívico de influenciar no processo legislativo, expondo aos Srs. Deputados e Senadores suas preocupações com relação aos projetos que possam afetá-los direta ou indiretamente.

Este exercício, absolutamente imprescindível às boas democracias, é que leva o nome de *lobby*.

Tráfico de influência, troca de favores espúrios e corrupção nada têm a ver com *lobby*. São crimes perfeitamente enquadrados na legislação penal brasileira.

Site - A que se deve sua dedicação à Associação Latino-Americana de Ética, Negócios e Economia - Alene?

Marcos Levy - O que mais nos atrai na Alene é o fato de que esta Associação tem buscado uma maior integração entre o mundo acadêmico e o empresarial. Para nós, é muito importante que os conceitos de Ética sejam discutidos desde os bancos escolares já com alguma visão sobre a sua prática no dia-a-dia dos negócios. ❖

MARIA CECILIA COUTINHO DE ARRUDA[40], professora de Ética em Marketing e nos Negócios na Escola de Administração de Empresas de São Paulo da Fundação Getulio Vargas - FGV-EAESP, onde também coordena o Centro de Estudos de Ética nas Organizações. - CENE-FGV-EAESP. Presidente da Associação Latino-Americana de Ética, Negócios e Economia - Alene e membro do Comitê Executivo da International Society of Business, Economics and Ethics - ISBEE.

SITE: WWW.ETICAEMPRESARIAL.COM.BR

Site - Como se deu a sua inserção no campo da ética empresarial?

Cecilia Arruda - Deu-se da forma mais humana e racional possível: durante meu Doutorado em Administração, na FEA-USP, fui vendo abusos que se cometiam, tanto na Academia como no mundo dos negócios, e achei que não cabia uma postura passiva. Escrevi minha tese de doutorado sobre Ética em Marketing, e a partir daí fui me envolvendo com o tema, para mim cada vez mais abrangente. A vida empresarial parece-me uma fonte excepcional de virtudes, pois sem competência não há atividade lucrativa, e, para adquirir competência, as pessoas têm que exercitar

---

40. Entrevista concedida em março de 2004.

muitas virtudes com seriedade. Comecei a notar que grandes empresários eram ao mesmo tempo grandes pessoas, que contribuíam muito para a sociedade. Hoje acredito que a grande mudança necessária ao Brasil se fará a partir das empresas, e não a partir do governo ou das instituições de ensino, como seria de se esperar.

Site - A ética vem do berço?

Cecilia Arruda - Quando a ética vem do berço, ajuda bastante. Tenho visto, no entanto, que o exemplo arrasta muito as pessoas, e por isso gosto tanto da *Ética das Virtudes*, da maneira como expõe o Prof. Robert Solomon, da Universidade do Texas em Austin, no seu livro traduzido e editado pela Negócio Editora: *A melhor maneira de fazer negócios*. A conduta ética não é estática, mas se constrói a cada ação boa. Assim, tanto uma pessoa que tenha nascido em um ambiente ético pode se transformar em um mau caráter, como alguém sem uma formação aprimorada pode se tornar um exemplo de integridade. Acredito muito na personalidade reta e no esforço sincero por fazer o bem sempre.

Site - Thomas Donaldson, Professor da Wharton School - Universidade da Pensilvânia, referiu-se a você como "uma das mais prestigiosas e influentes personalidades do mundo acadêmico especializado em Ética na América Latina" (contra-capa do livro de sua autoria: *Código de ética: um instrumento que adiciona valor*). Como foi possível conquistar esse reconhecimento de um dos grandes expoentes da ética nos negócios?

Cecilia Arruda - O Prof. Donaldson tem sido um grande exemplo para mim. É um homem que batalhou sempre, desde muito jovem, e que não teve medo de ser ético num ambiente adverso. Um executivo de empresa e filósofo ao mesmo tempo, nos dias de hoje, não é fácil encontrar. Mesmo sendo um expoente, é um acadêmico que não dorme nos louros. Soube investir seu tempo para ajudar a fortalecer a ética empresarial no Brasil e na América Latina, na Rússia e em muitas regiões do mundo onde há grande dificuldade e resistência ao comportamento ético. Percebeu que houve uma resposta positiva de muitos acadêmicos na América Latina, e não quer admitir que grande parte desse resultado se deve a ele mesmo!

Site - Qual a *ferramenta alquimista* (expressão empregada por Ronald Berenbeim, no I Fórum Federasul de Ética, 1999) que você usa para trazer ao Brasil as maiores sumidades em ética nos negócios?

Cecilia Arruda - Creio que a verdadeira *ferramenta alquimista* a que se refere o Prof. Ronald Berenbeim, executivo de ética nos negócios no *The Conference Board*, em New York, é a real unidade que existe entre os acadêmicos e executivos que pesquisam e trabalham com a ética empresarial. É preciso muita garra para levar adiante um projeto neste campo, pois a resistência é enorme. Assim, nós que nos dedicamos a esta área – e não somos tão numerosos assim –, tão logo nos conhecemos, em todo o mundo, nos tornamos rapidamente muito solidários. É incrível como se assemelha a *pré-história* das iniciativas de ética empresarial em todos os continentes. Eu arriscaria a dizer que as dificuldades por que cada um de nós passa é motivo de maior amizade e interesse por parte dos demais, que sempre se excedem no empenho de ajudar, de dar idéias, de trocar experiências. Isso é muito bonito, porque vemos que as pessoas não apenas falam em Ética, mas a vivem com profundidade. É essa coerência que arrasta e convence as pessoas de boa vontade. Portanto, quando as *maiores sumidades* percebem resultados positivos em regiões em que seus colegas estão trabalhando, ficam muito satisfeitas e assumem como própria parte desse sucesso, pois houve também seu esforço, lá atrás. Foi isso que ocorreu no Brasil, da mesma forma que acontece em vários outros países.

Site - De todos os congressos e eventos sobre ética empresarial organizados por você, qual foi o mais desafiante?

Cecilia Arruda - Todos. Cada um tem sua característica de desafio. O I Congresso Latino-americano, pelo fato de não existir tradição no tema, parecia um tiro no escuro. Esperávamos 40 pessoas e apareceram 600! Foi até divertido, pensando depois. O II Congresso Mundial da ISBEE foi emocionante. O primeiro foi no Japão, e era preciso manter o alto nível de organização, dobrando o número de participantes, com metade do orçamento e o triplo de preocupação com segurança. Foi incrível ver aqui na FGV-EAESP, São Paulo, 400 pessoas oriundas de 41 países, e nenhum contratempo. Todos se foram felicíssimos, encantados com o Brasil.

Site - Quais os seus prognósticos para o desenvolvimento da ética empresarial na América Latina?

Cecilia Arruda - Eu diria que o futuro econômico da América Latina está na ética empresarial. Os modelos de capitalismo selvagem e do socialismo extremo não apresentaram resultado na América Latina. A ética empresarial é exatamente o que está no meio dos dois. A empresa ética tende à sobrevivência com sucesso, pois garante a satisfação de todos os *stakeholders*, isto é, de todos os públicos que, de alguma forma, se relacionam com a organização: desde os acionistas e empregados, até os clientes, fornecedores, concorrentes, agentes do governo, cidadãos em geral. É preciso muita competência, e também muita virtude. A competência vai sendo adquirida aos poucos, com o desenvolvimento da tecnologia e das comunicações *on-line*, que encurtam distâncias e possibilitam acesso à informação a grande parte da população. Viver as virtudes, no entanto, não é algo que se possa improvisar. Os latino-americanos parecem mais treinados nisso que outros povos. Acredito, sinceramente, que há muita gente preparada para levar adiante o desenvolvimento sócio-econômico-cultural dessa Região, se lhe for assegurada a possibilidade de agir eticamente nos negócios e ao mesmo tempo competir. ❖

MARIA SOLANGE ROSALEM SENESE[41], gerente comercial do Programa de Alocação de Mão-de-Obra da Funap[42] com formação e experiência em Educação de Adultos, Planejamento e Desenvolvimento de Projetos Sociais Inclusivos nas Empresas. Membro do grupo de Excelência em Ética e Responsabilidade Social do Conselho Regional de Administração - CRA/SP.

SITE: WWW.ETICAEMPRESARIAL.COM.BR

Site - O que vem a ser a Funap?

Solange Senese - A Funap é uma Fundação Pública Estadual que tem por objetivo promover a inserção social da mulher e do homem presos, através dos programas de educação, cultura, formação profissional e trabalho remunerado.

Possuímos uma rede escolar com mais de 18.000 alunos, mediante a qual oferecemos, desde a alfabetização até o ensino médio.

No âmbito do trabalho, a Funap mantém unidades de produção próprias instaladas no interior dos estabelecimentos penitenciários, nas quais fabrica desde móveis escolares e de escritório até artigos de confecção em escala industrial.

A Funap oferece, também, alternativas para empresas privadas se instalarem no interior dos estabelecimentos penitenciários. Contratam mão-de-obra dos sentenciados,

---

41. Entrevista concedida em março de 2006.
42. Gestão atuante em 2005.

qualificam, acompanham o processo produtivo e remuneram esses trabalhadores. Isso representa uma ação de responsabilidade social concreta para empresas que buscam ampliar seus negócios com pequenos investimentos, porém de maneira ética. Muitos empresários, que antes terceirizavam parte de seus trabalhos para cooperativas, muitas vezes irregulares, buscam essa alternativa que é prevista e regulamentada por lei.

As relações estabelecidas neste trabalho permitem a esses indivíduos atualizar e ampliar seus conhecimentos num convívio social, contribuindo assim para a construção de seu projeto de vida profissional e pessoal. Oferecemos ainda a assistência jurídica gratuita.

Site - Já a ouvi falar da Funap em mais de uma ocasião e fiquei impressionada com o seu entusiasmo. Qual o segredo dessa sua vibração ao falar do trabalho que você desenvolve na Funap?

Solange Senese - Lidamos com pessoas e empresas em processo de transformação de valores. Novos significados são atribuídos, tanto para o trabalho quanto para as relações sociais vinculadas à cidadania.

O prazer em fazer parte desse contexto é semelhante ao da professora primária que, ao fim de um ano letivo, constata que seu aluno já é capaz de ler, escrever e explorar criticamente o universo que está à sua volta.Depois desse trabalho, todos saem mudados!

Site - O indivíduo que passou pela carceragem torna-se um excluído. Pode ele ser recuperado e reintegrado à sociedade?

Solange Senese - Acredito que a exclusão, na maioria das vezes, já acontecia antes do aprisionamento. Constata-se que o preso, em sua maioria, é de origem pobre, não recebeu formação escolar adequada e tentou trabalhos informais, como vendedor, pintor ou pedreiro antes do mundo do crime.

O desafio é o de propiciar essa primeira integração à sociedade, mesmo durante o processo de aprisionamento. Imagine que a maioria dessas pessoas só conseguiu vivenciar um trabalho organizado dentro de uma unidade penitenciária. Isso é tão significativo que muitas vezes percebemos a identidade que passam a ter com as empresas que os contratam.

Certamente o encarceramento torna clara a condição de excluído e a mácula fica registrada na hora do retorno. Cabe porém um movimento social abrangente, envolvendo os diversos setores da sociedade, na direção de propiciar alternativas de trabalho remunerado para os egressos advindos do sistema penitenciário, pois são pessoas produtivas e capazes para o trabalho organizado.

Não me parece justo que essas pessoas, e outras que nunca foram presas, dependam apenas de programas sociais governamentais para viverem com dignidade, saindo da linha da pobreza. É preciso articulação entre esses setores na criação de projetos que permitam a esses indivíduos, em situação de risco, alcançar condição de autonomia, pois são trabalhadores em potencial.

Site - O presídio não é local que atraia o interesse das pessoas. O governo, as empresas e as entidades de terceiro setor abrem algum espaço para ajudar no trabalho desenvolvido pela Funap?

Solange Senese - Abrem sim. Temos muitas empresas e ONGs atuando no interior dos estabelecimentos penitenciários.

Porém, a desinformação é danosa para qualquer trabalho, inclusive o social. Imagine que grande parte da sociedade acredita que as penitenciárias são lugares extremamente perigosos e desorganizados, não existindo nenhuma possibilidade de ação. Muitas empresas deixam de contratar mão-de-obra prisional porque acham que é ilegal ou representa risco e escravidão. As instituições, quando se abrem para conhecer os locais, passam a vislumbrar as mais diversas possibilidades.

Por outro lado, é natural que a sociedade como um todo negue que produza pessoas criminosas. Em conseqüência, negam o presídio. Porém, os presídios estão por toda parte. Só no Estado de São Paulo, temos 144 unidades prisionais distribuídas por todo o Estado. Temos cidades em que o número de presos é superior ao número de cidadãos livres.

Mesmo com esse cenário, sou otimista em relação ao futuro. Percebo o crescente número de ações e debates voltados para questões que envolvam o meio ambiente e a exclusão social, estendendo-se, também, para o público encarcerado e egresso prisional.

Site - Como conseguir que o preso mantenha a dignidade própria do ser humano?

Solange Senese - O sistema penitenciário tem como dever manter o prisioneiro em condição de dignidade. Primeiro é importante esclarecer que o aprisionamento é a pena em si. O resto é considerado sobrepena, devendo ser evitado e banido do Sistema Prisional. Castigos físicos, despojamento do eu, padronização de condutas, isolamento, afastamento da família provocado pelo distanciamento das unidades penais da origem do preso, representam exemplos de sobrepena. Essa última gestão do Sistema Penitenciário Paulista promove um movimento constante na busca por um cumprimento de pena mais digno.

Para isso, os Agentes Penitenciários recebem formação constante através da Escola de Administração Penitenciária, que é um grupo de excelência que planeja e implementa ações voltadas para a formação dos agentes que atuam no Sistema Penitenciário Paulista.

Como em todas as áreas, as pessoas necessitam de formação contínua, sob pena de sofrerem o processo de institucionalização que é maior no sistema penitenciário.

Site - Em uma prisão considerada modelo, havia uma frase exposta em um mural, mencionando que o saber contido no acervo da biblioteca tornava as pessoas mais livres do que um alvará de soltura. Como você vê a questão da liberdade do preso?

Solange Senese - "Os corpos estão aprisionados, não as mentes".

Quando comecei a trabalhar no sistema penitenciário, em 1999, atuava como supervisora de educação em 14 unidades penitenciárias. Meu trabalho estava ligado à biblioteca, espaços culturais e na formação dos educadores que lecionavam para os presos. Isso me aproximou muito do público-alvo (presos e presas). Precisava conhecê-los!

Nesse período, um quarteto musical, composto por presas da Penitenciária Feminina da Capital, encantava a massa carcerária local com suas composições. Nos *shows* promovidos na penitenciária, as presas sentiam-se como pessoas livres. Num refrão de uma composição musical, *Asas do Pensamento*, encontrei a razão de um homem preso sentir-se livre:

"Abrindo os braços para a Liberdade.

Abrindo os braços de encontro eu vou...
Eu tenho asas no meu pensamento.
Posso sair ficando onde estou!"
Beatriz Dantas (prisioneira da Penitenciária Feminina da Capital)

Logo, as atividades relacionadas à escola e ao posto cultural são de fundamental importância para essas pessoas não se deprimirem e, acima de tudo, encontrarem momentos de liberdade no meio de tanto sofrimento. Assim, a auto-estima é encontrada e novos planos para a vida começam a surgir, mesmo na condição de encarceramento.

Site - É possível recuperar a auto-estima do preso e renovar nele a esperança de voltar a ser um cidadão como os demais?

Solange Senese - Acredito que sim. Infelizmente, as penitenciárias em sua maioria são muito grandes, abrigando cerca de 800 pessoas em média. Ocorre que o processo de recuperação da auto-estima é pessoal e intransferível e as ações planejadas em uma penitenciária normalmente são feitas de maneira pouco individualizada. Daí a necessidade de oferecermos ao preso atividades como trabalho, educação, leitura, teatro e, principalmente, propiciar o seu contato com a família. À medida que o detento aprende novos conteúdos, reflete sobre sua vida e o mundo que o cerca, trabalha e envia algum recurso financeiro para os seus familiares, ele vai resgatando sua crença no potencial para a vida em liberdade.

As unidades penais menores ampliam as possibilidades de otimização dessas ações. Para isso, o atual secretário de Administração Penitenciária, Dr. Nagashi Furukawa, criou um modelo de unidade penal que permite maior humanização da pena. São os Centros de Ressocialização. Nesses lugares, temos um número de presos pequeno e até a arquitetura favorece a ressocialização. Além disso, uma ONG desenvolve ações administrativas e sociais que visam à otimização na utilização dos recursos públicos, bem como na aproximação dos prisioneiros do convívio com familiares e a sociedade.

Site - Há índices de reincidência no crime? Como lidar com os reincidentes que retornam à prisão?

Solange Senese - Sim. Atualmente os índices de reincidência criminal no Estado de São Paulo caíram de 60% para 55%. Nos Centros de Ressocialização, esses índices são próximos dos 15%, pois o número de presos nesses locais é reduzido e isso propicia uma convivência mais pacífica e um atendimento individualizado.

Atualmente temos emprego para apenas 48% da população carcerária. Logo, mais de 50% dos presos não conseguem renda e isso é muito danoso, pois esses presos não conseguem sequer ajudar a família com o dinheiro do transporte para visita.

Acredito que esse índice de desemprego reflete a dimensão da reincidência carcerária, pois o egresso que não vivenciou o trabalho quando preso, afastou-se da família, torna mais frágil suas relações com a sociedade, ocasionando revolta quando do seu retorno à sociedade. Uma maneira de resgatar esse vínculo e se aproximar da família é adquirindo dinheiro rápido, e isso, só através do ilícito.

Portanto, a lida com os reincidentes deve propiciar trabalho remunerado, educação escolar e proximidade com a família.

Site - Como preparar os cidadãos comuns para aceitarem a reintegração do ex-presidiário na vida da sociedade e conviverem com ele?

Solange Senese - Normalmente o preso, quando libertado, volta para o seio da família. Essa família deve estar preparada para esse retorno. Em geral existe muita expectativa do preso e da família para o momento da liberdade. É como se todos os problemas fossem resolvidos com essa liberdade.

Infelizmente essa acolhida é difícil, pois o egresso representa mais uma boca para comer. Com essa pressão, a auto-estima fica comprometida. Nesse momento é comum os antigos *amigos* se aproximarem desse egresso. Aí tudo recomeça.

A possibilidade de um trabalho remunerado é a melhor solução. Os cidadãos acreditarão que esse egresso não quer mais voltar para o crime e os *amigos* não conseguirão persuadi-lo ao crime.

Logo, é importante o empresariado aceitar e promover a contratação do egresso prisional. Assim, a sociedade como um todo acolherá essa pessoa, que será inserida mais naturalmente no convívio com o cidadão comum. ❖

MARIO ERNESTO HUMBERG[43], consultor de comunicação e de ética empresarial, presidente da CL-A Comunicações e do Instituto PNBE de Desenvolvimento Social, jornalista, autor do livro *Ética na Política e na Empresa*. Coordenador do Pensamento Nacional das Bases Empresariais - PNBE, secretário do Conselho Curador da Fundação Padre Anchieta, conselheiro da Associação de Dirigentes de Vendas e Marketing do Brasil - ADVB, diretor da Associação de Empresas Brasileiras para Integração de Mercados - ADEBIM, e membro da International Society of Business, Economics and Ethics.

SITE: WWW.ETICAEMPRESARIAL.COM.BR

Site - O que caracteriza a empresa ética?

Mario Ernesto Humberg - A empresa ética caracteriza-se primeiramente por valores claros, explícitos num código de ética e que estão incorporados ao seu dia-a-dia, sendo, portanto, seguidos. Além disso, é necessário que a empresa se caracterize por:

- Gestão profissional com foco em resultados.
- Respeito e estímulo aos colaboradores.
- Cumprimento das leis e normas.
- Equidade nas contratações e apoio a minorias.
- Respeito ao ambiente e à comunidade.
- Responsabilidade social e participação.

---

43. Entrevista concedida em novembro de 2005.

Site - Quais as vantagens de se implantar um código de ética nas empresas?

Mario Ernesto Humberg - A implantação de um código de ética deve ser a consolidação de um processo que envolva todos os colaboradores da organização. Ela necessita ser complementada por canais de informação e acesso para questionamentos e obtenção de respostas e esclarecimentos. Quando isso acontece, os principais ganhos da empresa são:

- Atração e retenção dos melhores profissionais.
- Redução de fraudes.
- Maior confiabilidade dos clientes, consumidores ou usuários, fornecedores e demais parceiros.
- Maior facilidade de acesso a recursos (financiamentos, colocação de ações).
- Melhor aceitação social (ONGs, lideranças políticas e sociais).

Site - Como consolidar a cultura ética de uma empresa?

Mario Ernesto Humberg - Uma vez implantado um programa de ética que possibilite um intercâmbio de informações e a consulta sobre dúvidas, e feita a distribuição, de forma ampla, de seu código, interna e externamente, a empresa precisa estabelecer um plano de longo prazo. Esse plano deve envolver a realização periódica (anualmente é o ideal) de uma atualização e rediscussão dos procedimentos, envolvendo todos seus colaboradores, que vão incorporando de maneira crescente os valores adotados pela organização, consolidando assim a cultura ética.

Site - Até que ponto é possível mudar comportamentos e atitudes de pessoas que trabalhavam em locais que não prezavam a ética e passam a trabalhar em empresas que desenvolvem a gestão da ética, oferecendo treinamentos a seus colaboradores?

Mario Ernesto Humberg - Com raras exceções, as pessoas gostam mais de trabalhar em organizações éticas, porque se sentem mais seguras, mais estimuladas e mais respeitadas. Assim, a adaptação é geralmente fácil e deve começar a ser feita no processo de integração da pessoa à nova empresa. Para isso, é necessária a existência de um código de ética escrito, que é entregue e discutido com o funcionário em sua admissão, com a apresentação dos valores e dos procedimentos da nova organização, e a possibilidade de levantar questionamentos e dúvidas no ato, ou depois.

Site - Na sua opinião, as empresas devem adotar e expressar posição política fazendo contribuições para partidos políticos?

Mario Ernesto Humberg - A legislação prevê o apoio de empresas e pessoas físicas às campanhas políticas, o que deve ser feito de modo transparente, seguindo as normas legais. A empresa em si não deve adotar posições partidárias, mas não há nada contra seus dirigentes as adotarem, sempre tomando os devidos cuidados para não comprometer a organização. É importante, quando se dá apoio financeiro, que se explicitem as razões pelas quais ele é dado a determinados candidatos.

Site - Como manter a ética nas relações entre a empresa e o poder público? Nesse aspecto, as empresas estrangeiras podem servir de exemplo às brasileiras?

Mario Ernesto Humberg - O maior problema na ética empresarial localiza-se na relação da organização com governo e políticos, que é viciada por acordos espúrios em muitos países, como é o caso do Brasil. A adoção, nos códigos de conduta ou de ética, de procedimentos como os previstos no *anticorruption act* americano ajuda nesse sentido, embora vá dificultar ou mesmo impedir os negócios com muitas áreas públicas.

Site - Como saber se de fato os programas de ética funcionam nas empresas?

Mario Ernesto Humberg - Para saber se o programa de ética funciona, precisa-se de respostas a algumas perguntas:

- Os empregados conhecem e seguem o programa?
- Os dirigentes cumprem o programa?
- Os consumidores/clientes/usuários acreditam nele?
- Os analistas, ambientalistas e outros grupos profissionais e ativistas confiam nele?
- Os concorrentes respeitam o programa?

Site - Quais as posturas esperadas de um profissional ético?

Mario Ernesto Humberg - O profissional ético é aquele que além de trabalhar de forma eficaz, serve de exemplo aos demais pelo coleguismo, pelo envolvimento, pela busca do bem comum, pelo respeito aos demais. Além disso, se caracteriza por abertura permanente para o diálogo e a negociação, é social e ambientalmente responsável e participa de atividades sociais como voluntário.

Site - A flexibilidade ética sempre foi uma norma, a esperteza um valor. Como reverter esta afirmação para resgatar a integridade do cidadão brasileiro?

Mario Ernesto Humberg - Ética é como água, corre de cima para baixo. Por isso é necessário que os exemplos venham das lideranças, para que a população se sinta estimulada a agir de forma íntegra. Bons exemplos e sua divulgação pela mídia, ao lado de punições para quem age de forma desonesta, são a única forma de generalizar um procedimento ético da população. ❖

MAURICIO BELLODI[44], engenheiro agrônomo pela Escola Superior de Agricultura "Luiz de Queiroz", da Universidade de São Paulo - ESALQ/USP. MBA em Gestão Empresarial pela Fundação Getulio Vargas - FGV, diretor de RH e Relacionamento Corporativo da Bellman Nutrição Animal Ltda.

SITE: WWW.ETICAEMPRESARIAL.COM.BR

Site - Em aulas de ética empresarial, nos cursos de graduação, há alunos que acham impossível montar uma empresa e estabelecer um negócio com ética e obter lucro. Poderia contar-nos como se deu a fundação da empresa Bellman?

Mauricio Bellodi - A Bellman foi fundada em 1991. Eu e o Marcos Mantelato havíamos nos formado em agronomia em 1989 na ESALQ/USP. Ambos estávamos trabalhando em fazendas de pecuária e buscávamos uma alternativa de negócio próprio. Durante a graduação fizemos várias matérias optativas ligadas à bovinocultura de corte e leite. O Brasil já possuía o maior rebanho bovino comercial do mundo, mas com baixas produtividades médias de carne e leite. Vislumbramos que essa produtividade teria que crescer, e que uma melhor nutrição do rebanho seria fundamental para essa melhoria. Ao fundar a empresa, apostamos nesse crescimento e parece que deu certo. Grande parte de nossa postura ética foi herdada de nosso meio familiar, estando presente na Bellman desde a nossa fundação. Nossos 3 sócios fundadores (Mantelato, Valdo Bellodi e eu) sempre foram ardorosos defensores da manutenção da mais elevada postura ética nos negócios da empresa.

---

44. Entrevista concedida em maio de 2004.

Site - Sua empresa está entre as dez maiores empresas de nutrição de bovinos do país. Qual o segredo para atingir este *ranking*?

Mauricio Bellodi - Creio que não há um segredo. Tivemos a felicidade de ingressar no agronegócio pecuário, que nos últimos anos cresceu a uma taxa bem superior ao crescimento médio do país. Houve também um espantoso crescimento qualitativo. A pecuária realizou e está realizando um salto tecnológico. A melhoria da nutrição dos rebanhos é um dos pilares de sustentação desse enorme avanço do setor. Com uma melhor nutrição, conseguimos uma maior fertilidade das vacas, uma maior produção de leite e um maior ganho em peso. Torna-se possível uma fêmea reproduzir mais jovem e machos e fêmeas serem abatidos mais rapidamente, encurtando o ciclo do negócio e melhorando sua rentabilidade. A Bellman tem oferecido aos seus clientes alternativas nutricionais com excelente benefício/custo, o que tem sido fundamental para a conquista e manutenção de clientes.

Site - Qual a missão, visão e valores da Bellman?

Mauricio Bellodi - Nossa missão é "Ampliar a satisfação do pecuarista através da nutrição animal, gerando benefícios para todos os envolvidos".

Nossos valores são: "Ética, Equipe, Inovação, Qualidade, Resultado, Relacionamento e Reconhecimento". Nossa visão está em fase de redefinição.

Site - Como surgiu a idéia de se implantar um código de ética[45] na empresa?

Mauricio Bellodi - Quando iniciamos a empresa em 1991, contávamos com oito colaboradores num só local. Era muito fácil a transmissão da cultura dos fundadores para esse pequeno grupo. Diariamente tínhamos um contato direto com todos. Hoje, 13 anos mais tarde, contamos com uma equipe de 130 colaboradores com bases de trabalho em mais de 50 cidades de nove estados. Esta pulverização torna mais difícil a transmissão de nossa cultura aos novos colaboradores. O nosso contato direto com cada colaborador individualmente é menor. Esse novo contexto exige que utilizemos novas ferramentas de comunicação. Elaborar um código de conduta ética escrito é parte de nosso esforço para transmitir às novas gerações de colaboradores uma espécie de *mapa do tesouro,* mostrando com

---

45. *Vide* código de ética no Anexo II.

clareza o caminho que deve ser seguido. Esta foi a razão principal para a elaboração do código. Evidentemente que o código sinaliza nossa postura para todos os envolvidos com a empresa, o que inclui clientes, sócios, fornecedores, concorrentes, meio ambiente, governo e comunidade. Entretanto, com o nosso crescimento, a capacidade de decisão e ação está bem mais pulverizada, na mão de um número cada vez maior de colaboradores. Por esta razão, os colaboradores são o primeiro alvo do código. À medida que os colaboradores aplicam o código, automaticamente estamos atingindo os clientes, os fornecedores, enfim, todos os envolvidos com a empresa.

Site - Como foi desenvolvido o código de ética?
Mauricio Bellodi - O primeiro passo para o desenvolvimento do código foi dado pelos seis sócios diretores, que colocaram individualmente no papel o que entendiam ser a ética aplicada à empresa (em 2002, admitimos como sócios três diretores contratados, que se juntaram aos três sócios fundadores). Eu coordenei o trabalho de juntar as idéias, resumi-las e agrupá-las por consumidor da empresa. Na seqüência, o trabalho foi enviado para nossos 12 supervisores e mais 12 pessoas-chave do nosso operacional, que ofereceram suas contribuições. Finalmente, submetemos o código a quatro especialistas no tema: a doutoranda da Pittsburg University, Adele Queiroz, o Prof. A. S. Andriani, da Consultoria Diagrama, os advogados Carlos Aurélio Mota de Souza e José Roberto Bottino, do Tribunal de Ética da OAB. A contribuição dos especialistas foi fundamental para aumentar a confiança no trabalho que estávamos realizando. Um ponto comum entre eles foi reforçar alguns conceitos e questionar outros. Entretanto em nenhum momento eles influenciaram no conteúdo do código.

Site - Que processos foram desenvolvidos em sua implantação?
Mauricio Bellodi - A implantação do código propriamente dita foi iniciada com a confecção de sua versão de bolso. Essa versão foi entregue a todos os nossos colaboradores ao final das reuniões de divulgação do código. Eles assinaram um termo de adesão ao código, declarando conhecê-lo e comprometendo-se a cumpri-lo. Foram enviadas cópias de bolso para todos os clientes e para os principais fornecedores, muitos dos quais nos responderam elogiando a iniciativa. O código foi incluído em nossa página da Internet no endereço http://www.bellman.com.br/condutaetica.htm.

Site - Qual foi a adesão dos colaboradores?

Mauricio Bellodi - A adesão aparente dos colaboradores ao código foi muito boa. A adesão real será medida ao longo do tempo, à medida que os colaboradores cumprirem integralmente o código. O que já deu para notar após 45 dias de implantação é que não tomamos conhecimento de casos de não-cumprimento do código.

Site - Como é o dia-a-dia do empresário que pretende implantar e desenvolver um clima ético em sua empresa?

Mauricio Bellodi - Penso que é muito parecido com o dia-a-dia dos demais empresários. É necessário estar bem informado em relação ao ambiente externo, ter uma visão geral de toda a empresa e focar os esforços nas prioridades do momento. Creio que o mais importante é se esforçar para dar um bom exemplo de conduta ética. Como somos os principais referenciais culturais da empresa, a equipe aprende muito mais com os nossos exemplos do que com o que falamos ou escrevemos.

Site - O que recomendaria às empresas para evitar que entre seus integrantes haja desvios de conduta?

Mauricio Bellodi - É difícil recomendar algo, uma vez que também estamos tentando encontrar o caminho. O que conseguimos enxergar até agora é que é importante deixar claro à equipe o que é uma boa conduta. Tentamos fazer isso nesta primeira versão de nosso código. É óbvio que o contrário desta boa conduta é a má conduta. Ao mesmo tempo temos deixado claro à equipe que a má conduta é inaceitável. Está escrito com muita clareza em nossa Política de Recursos Humanos que a má conduta é um dos motivos de demissão de colaboradores.

Site - Que mensagem gostaria de deixar para os jovens empresários que são assediados pelos contra-valores?

Mauricio Bellodi - Acho que ainda estou novo para dar conselhos... Tenho aprendido que não há jeito certo de fazer coisas erradas. O jeito certo é fazer certo da primeira vez. Este caminho que às vezes parece mais longo acaba sendo mais curto e melhor, mais duradouro. ❖

NURIA CHINCHILLA ALBIOL[46], professora do IESE Business School, da Universidade de Navarra, Espanha. Diretora do Centro Internacional Trabalho e Família. Autora do livro *La Ambición Femenina: cómo reconciliar trabajo y familia.*

SITE: WWW.ETICAEMPRESARIAL.COM.BR

Site - Já se ouviu falar muito em empresa socialmente responsável, mas familiarmente responsável é novidade. Gostaria que você explicasse o que é uma empresa familiarmente responsável.

Nuria Chinchilla - É aquela empresa que considera como primeira responsabilidade social o cuidado das condições de vida e trabalho de seus empregados, concretamente, facilitando políticas de conciliação entre trabalho e família: flexibilidade no tempo e no espaço, ajuda na trajetória profissional tendo em conta a realidade familiar e serviços à família.

Site - É possível conciliar o trabalho profissional de um executivo ou de uma executiva e a família? É possível conseguir um equilíbrio entre a vida profissional e familiar tanto para homens quanto para as mulheres que trabalham fora do lar?

Nuria Chinchilla - É muito difícil, fundamentalmente porque as condições de trabalho que se tornaram cultura já são antiquadas: reuniões de última hora ao final do expediente, viagens que poderiam ser substituídas por uma videoconferência, resistência a facilitar o teletrabalho em alguns casos e em determinadas situações, longas jornadas de presença no trabalho, em lugar de se trabalhar por objetivos, e,

---
46. Entrevista concedida em março de 2006 – Tradução de Maria do Carmo Whitaker.

finalmente, o pensamento de que o bom profissional é aquele que está disponível para a empresa as vinte e quatro horas do dia. São crenças falsas, superadas somente por poucas pessoas, que são mais produtivas e equilibradas.

Site - Há uma rivalidade muito grande entre o homem e a mulher no mundo do trabalho. Muitas mulheres se comparam aos homens e reivindicam os mesmos direitos. Essa competição é saudável?

Nuria Chinchilla - Somos iguais enquanto pessoas. Mesmos direitos, educação, voto..., mas somos diferentes no modo de trabalhar e de entender o mundo. A maternidade é uma realidade enriquecedora –pessoal e socialmente–, mas que empresarialmente e sob o ponto de vista do Estado não foi ainda assumida. A mulher não quer ser como um homem no mundo laboral, quando isto supõe abandono da vida privada e familiar, porque a ambição da mulher é mais ampla: reconciliar a vida profissional, familiar e pessoal.

Site - A educação dos filhos, a saúde dos pais idosos e doentes, a divisão de tarefas entre marido e mulher, às vezes, são questões que angustiam a mulher. Trocar idéias ou pedir conselhos a colegas de trabalho sobre esses assuntos pode aliviar essa angústia? Assuntos familiares devem ser comentados na empresa?

Nuria Chinchilla - A empresa tem uma função: criar riqueza e dar emprego. Isso primariamente, mas, devido ao fato de que o Estado foi diminuindo suas funções, a empresa é cada vez mais *o lugar onde acontecem as coisas e onde as pessoas vivem intensamente.* As preocupações familiares, conjugais e a educação dos filhos demandam um novo protagonismo e muitas empresas oferecem cursos a seus empregados sobre esses temas.

Site - Como pode a mulher executiva eliminar as barreiras que a impedem de se converter em verdadeiro agente de mudança na sua vida pessoal, familiar, social e profissional?

Nuria Chinchilla - Em primeiro lugar tendo claro que não pode ceder sempre à cultura empresarial. A mulher executiva tem, além do mais, poder para enfrentar essas mudanças e propor modelos produtivos flexíveis, trabalho por objetivos e um traçado de carreiras profissionais com distintas velocidades dentro da própria vida de uma pessoa ou de um trabalhador(a).

Site - Que prioridades deve estabelecer a mulher executiva, esposa e mãe de família?

Nuria Chinchilla - Sem dúvida alguma a gestão do tempo e um perfeito uso de sua agenda, tendo, como prioridade, arrolar aquilo em que é insubstituível. Depois, aprender a delegar.

Site - Pode a mulher realizar-se como profissional, renunciando a um cargo de alta direção na empresa, para atender aos reclamos da família, por exemplo?

Nuria Chinchilla - Certamente, mas há que ter muito claro que essa decisão – que também pode ser tomada por um homem, por esse ou outros motivos – não tem por que ser para sempre. Estaciona-se por um tempo e retoma-se a carreira profissional quando for mais conveniente.

Site - No seu livro *Ambição Feminina*, você fala de carreira e trajetória profissional. Qual a diferença entre ambos?

Nuria Chinchilla - Carreira é correr contra alguém, é um termo que remete só ao trabalho e à competição constante, o que gera angústia contínua. Trajetória supõe ir fazendo caminho, segundo o ritmo mais conveniente para cada caso, tendo em conta, também, a vida familiar e pessoal, planejando-a em harmonia com a do cônjuge.

Site - É possível afirmar que o papel da mulher no mundo empresarial é tão importante quanto o do homem?

Nuria Chinchilla - Ainda não, somos minoria, mas uma minoria que cresce. Trinta por cento de cargos de diretoria são ocupados por mulheres. Esta cifra há alguns anos era simplesmente impensável. Sem dúvida avançamos, agora se trata de ajudar a que ocupem esses postos, aquelas que os desejam e sejam capazes, além de procurar que as culturas rígidas do passado não prejudiquem esta realidade. O ponto de vista feminino supõe humanização das estruturas empresariais e é este, cada vez mais, o estilo de direção requerido para as empresas do século XXI. ❖

PETER NADAS[47], um dos instituidores da Fundação Fides, ligado a ela há mais de 20 anos. Atuou como seu superintendente e como seu presidente executivo e foi, até final de 2005, o presidente do seu Conselho de Curadores. Administrador de empresas com experiência no setor privado em empresas nacionais e multinacionais, no setor público municipal e estadual, com passagem pela área de comércio internacional. Conferencista e autor de vários artigos ligados ao pensamento social cristão.

SITE: WWW.ETICAEMPRESARIAL.COM.BR

Site - Poderia contar-nos sobre os objetivos da Fundação Fides e qual o seu envolvimento com a ética empresarial?

Peter Nadas - A Fundação Instituto de Desenvolvimento Empresarial e Social - Fides vem, desde 1986, atuando em quatro grandes vertentes que *visam mobilizar a sociedade civil brasileira na busca do bem comum*: o Balanço Social, a Ética na Atividade Empresarial, o Diálogo Social e a Formação de Novas Lideranças.

A Ética na Atividade Empresarial é uma dessas vertentes. O tema vem sendo desenvolvido desde o primeiro Simpósio Internacional que a Fundação organizou, em 1987, sob o título *Aspectos Éticos da Dívida Internacional*, seguido pela publicação do livro com o mesmo nome.

Posteriormente, a Fides realizou ainda outras atividades sobre Ética, entre as quais destacam-se:

---
47. Entrevista concedida em maio de 2003.

1. *Um simpósio internacional* sobre ética na empresa, com a presença de dirigentes de empresa norte-americanos e brasileiros, seguido da edição do livro *Ética no mundo da Empresa*.
2. Um *seminário* e uma seqüência de *workshops sobre ética empresarial*, com a presença da Professora Laura Nash, da Universidade de Boston, EUA, em São Paulo e em Salvador.
3. Uma *pesquisa* nacional, realizada em conjunto com a Arthur Andersen e a Gazeta Mercantil, sobre *Ética na Atividade Empresarial*, com consulta a 1.000 empresas e publicação dos resultados no *Documento Fides nº 1*.
4. Uma *nova pesquisa* com o mesmo objetivo foi levada a efeito no final de 1999; os resultados foram debatidos em Seminário realizado em janeiro de 2000 e o *Documento Fides nº 2*, com esses resultados, foi publicado em maio de 2000. Além do apoio da Arthur Andersen, a Fides contou ainda com a parceria do Serasa e do Conselho Regional de Administração de São Paulo.
5. Um ciclo de conferências e seminários foi realizado, em final de abril de 2001, sobre *Ética, o Desafio para as Organizações do Século XXI*, com a presença da Professora Laura Nash, atualmente pesquisadora sênior da Universidade de Harvard, nos EUA.

Para a maior efetividade das ações no campo da ética empresarial, a Fides mantém um Convênio de Cooperação com o Centro de Ética nas Organizações - CENE da Fundação Getulio Vargas.

Pessoalmente, estou convencido de que, além de estar na origem de qualquer ação voltada para a responsabilidade social empresarial, tão comentada nestes tempos, a vivência de uma ética empresarial é absolutamente indispensável para que o Brasil possa participar de forma positiva do processo de globalização que está em curso.

Neste sentido, a Fundação Fides está se associando a uma rede internacional de Institutos de Ética Empresarial, liderada pelo Ethics Resource Center, de Washington, com membros localizados principalmente nos países em desenvolvimento, tais como a África do Sul, a Turquia, a Colômbia, a Rússia e outros. A troca de experiências a respeito de projetos e práticas deverá enriquecer sobremaneira a ação da Fides.

Site -É possível desenvolver pesquisa para avaliação do clima ético das empresas? Como se dá a participação delas? Suas respostas são confiáveis?

Peter Nadas - As pesquisas específicas sobre clima ético têm sido conduzidas, até agora, pelo CENE. Com bastante sucesso, por sinal. Em função do Convênio que a Fundação Fides e a FGV assinaram recentemente, as próximas pesquisas sobre clima ético serão desenvolvidas em parceria.

As pesquisas que a Fundação Fides fez no passado – em 1993 e 1999 – dizem respeito mais diretamente à ética das empresas no seu relacionamento com seus diversos públicos, ou *stakeholders* (funcionários, acionistas, fornecedores, clientes, comunidade). As duas pesquisas coincidiram num aspecto: tanto os respondentes entre as 1.000 empresas consultadas em 1993 quanto os de 1999 (quando o total consultado foi de 2.000 empresas) vêem como aspecto mais importante de uma conduta ética o cumprimento das leis.

Devo dizer, entretanto, que a participação não passou de 10% em nenhuma das duas ocasiões em que a pesquisa foi feita. Isso, a meu ver, demonstra que há pouca disposição para aprofundar o assunto da ética na maioria das empresas. Por outro lado, introduz um certo viés no resultado, pois as respostas só foram dadas pelos mais interessados no assunto e que, portanto, devem praticar uma abordagem mais ética nos seus relacionamentos. Assim mesmo, para essas empresas, ser ético significa ser cumpridor das leis.

Site - Soubemos que o senhor trouxe para o Brasil, duas vezes, a Professora de Harvard, especialista em ética nas empresas, Laura Nash. Como se tornou possível esta empreitada? Valeu a pena?

Peter Nadas - Em 1993 estávamos realizando a primeira pesquisa da Fides sobre ética na atividade empresarial. Estávamos procurando uma personalidade americana, especializada no tema, que pudesse fazer uma análise e a apresentação dos resultados. Justamente nessa época, Milton Mira de Assumpção, diretor da Makron Books, solicitou-me que fizesse a revisão da tradução do livro *Good Intentions Aside*, de autoria de Laura Nash (traduzido com o título *Ética nas Empresas – Guia prático para solução de problemas éticos nas empresas*). Indagamos, então, do Serviço Cultural dos Estados Unidos - USIS, se poderiam nos ajudar a trazê-la ao Brasil. Junto com o pessoal do Consulado Americano, desenvolvemos toda a programação da visita, que continha eventos em São Paulo, Salvador e Rio de Janeiro. E tudo acabou se concretizando em novembro daquele ano, quando aquela programação acabou sendo realizada.

Tornamo-nos bastante amigos e nunca deixamos de trocar cartas. Trabalhamos juntos num projeto internacional da Boston University, em 1995. Quando a Fides cogitou de um novo conjunto de eventos sobre ética empresarial, o nome de Laura Nash, já agora integrando o corpo docente da Harvard School of Administration, surgiu naturalmente. E graças às parcerias e aos patrocínios, desta vez sem ajuda da USIS, conseguimos realizar também este segundo programa em abril de 2001.

Se valeu a pena? Creio que partilhar as informações sobre ética com alguém do nível de Laura Nash, que já presidiu a Society of Business Ethics nos Estados Unidos, é extremamente enriquecedor para todos os que têm essa oportunidade.

Site - Para o empresário brasileiro, é possível ser ético e ter lucros?

Peter Nadas - Acredito que no Brasil como em qualquer outro país, é possível ter lucro e continuar sendo ético ou vice-versa, ser ético e continuar tendo lucro. Ouvi uma vez uma comparação muito interessante entre o lucro e o ar que se respira. É impossível uma pessoa sobreviver se parar de respirar, como é impossível uma empresa sobreviver sem ter lucro. Mas ninguém vive só para respirar, respirar é simplesmente uma necessidade da sobrevivência. Assim também o lucro: nenhuma empresa vive só para ter lucro, o lucro é um instrumento para a sobrevivência da empresa. Diria que para as empresas que vivem só para ter lucro chegará o momento em que se tornará difícil ser ético, pois estará em jogo uma hierarquia de valores. Ou seja, se o lucro é o valor mais elevado, tudo é permitido em nome dele.

Mas se eu olho para a finalidade da empresa não simplesmente como sendo a *produção de lucros, mas principalmente a própria existência da empresa como comunidade de pessoas que, de diversas maneiras, buscam a satisfação de suas necessidades fundamentais e constituem um grupo particular a serviço da sociedade inteira,* então tudo muda de figura. E o lucro passará a ser um subproduto, extremamente importante, é claro, da minha maneira de gerir a empresa.

Já fui pequeno empresário e, como todos, já passei por situações que exigiam escolhas de natureza ética. Chegar no fim do mês e, com o dinheiro curto, ter de escolher entre pagar impostos ou pagar os funcionários é uma dessas situações que todo pequeno empresário conhece. E a pergunta é: qual dos dois pode esperar? O funcionário que depende do salário para comer e sustentar a família, ou o Estado? Não estou dizendo que não se deve pagar o imposto, mas que protelar o seu pagamento é menos grave do que protelar o pagamento dos salários. ❖

RENATO MULLER DA SILVA OPICE BLUM[48], advogado e economista; professor da FGV, PUC, IBTA/IBMEC e outras. Árbitro da FGV e da Câmara de Mediação e Arbitragem de São Paulo - Fiesp, presidente do Conselho de Comércio Eletrônico da Federação do Comércio/SP, fundador e ex-presidente do Comitê de Direito da Tecnologia da Câmara Americana de Comércio - Amcham. Autor/colaborador de diversas obras.

SITE: WWW.ETICAEMPRESARIAL.COM.BR

Site - Como se deu a especialização do seu escritório na área do direito eletrônico?

Renato Opice Blum - Começou em 1993, quando fiz estágio com um juiz que tinha grande interesse pela área de informática. Trabalhei com *software e hardware*. Logo depois surgiu o *bug* do milênio e tivemos que nos preparar para atender as demandas. Atualmente 95% do nosso trabalho gira em torno do direito eletrônico.

Site - Quais os principais benefícios trazidos pela Internet para o universo empresarial e qual o mais significativo?

Renato Opice Blum - Velocidade da informação e rapidez.

---
48. Entrevista concedida em novembro de 2004.

Site - Quais os principais problemas jurídicos e éticos decorrentes do emprego das ferramentas eletrônicas?

Renato Opice Blum - Tudo que é novo gera dúvidas. A Internet é rápida e abrangente. Não há tempo para absorver a tecnologia. Tudo o que acontece no mundo físico, também acontece no mundo virtual. A prova eletrônica é fundamental e deve ser preservada adequadamente para a eficácia judicial. Os aspectos legais crescem na proporção das conseqüências do uso de novas tecnologias.

Site - Muitas empresas estão implantando políticas de segurança de uso da Internet. Conhece algumas que estejam elaborando, paralelamente às políticas de segurança, programas de ética para uso da Internet?

Renato Opice Blum - A maioria das empresas elabora regulamentos ou políticas de segurança. Paralelamente, proporciona aos seus empregados palestras de conscientização e normas éticas envolvendo questões de proteção dos sistemas e senhas, sigilo, além de propriedade industrial e direito autoral. A ética confere maior transparência às regras constantes das políticas. Ambas devem caminhar juntas.

Site - Dentre os assuntos elencados a seguir, quais os que ensejaram maior número de decisões do Judiciário Brasileiro?
- Privacidade do empregado e uso do correio eletrônico.
- Privacidade e composição de informações por cruzamentos de dados obtidos em bancos de dados.
- Apropriação de identidade de outra pessoa (uso de senha de terceiros).
- Uso de ferramentas da empresa para realização de tarefas pessoais dos colaboradores.
- Direito autoral de produção de trabalho científico por Internet (aulas virtuais, pareceres técnicos).
- Uso pelo empregado de computador da empresa para consultar sites inadequados.

Renato Opice Blum - Os assuntos que mais ensejaram decisões do judiciário foram privacidade eletrônica, além de questões relacionadas a direito autoral e trabalhos científicos.

Site - Que outros assuntos relacionados a esses têm sido levados ao Judiciário?
Renato Opice Blum - Outros assuntos levados ao Poder Judiciário referem-se a fraudes e violação de segredos.

Site - Como o senhor entende o pedido de confirmação de recebimento da mensagem eletrônica?
Renato Opice Blum - É muito importante para provar que a pessoa recebeu uma manifestação de vontade, necessária para constituir um ato jurídico. Assemelha-se ao *AR* (Aviso de Recebimento) emitido pelo correio tradicional. Gera a presunção de que a mensagem foi recebida.

Site - Qual é a segurança que os provedores fornecem aos seus clientes, no que diz respeito à privacidade dos dados que trafegam por seu intermédio?
Renato Opice Blum - Os provedores podem ser comparados à empresa telefônica. Eles não têm o controle sobre o conteúdo do mundo virtual, mas podem e devem ter o controle sobre os dados dos seus clientes.

Site - Qual a principal garantia da certificação digital?
Renato Opice Blum - As principais garantias são integridade e autenticidade.

Site - Que outras certificações existem a respeito de informática e que garantia oferecem?
Renato Opice Blum - A Fundação Vanzolini oferece um parâmetro nacional de certificação. A Norma de Referência de Privacidade *On line* abrange a

legislação brasileira e as diretrizes internacionais de defesa do consumidor e privacidade dos cidadãos.

A NBR 17799 refere-se à segurança da informação e assemelha-se a uma norma ISO (*International Standards Organization*). Era a BS7799 (*British Standart 7799*), que em 2000 ganhou *status* internacional com sua publicação na forma da ISO/IEC 17799:2000. Em setembro de 2001, a Associação Brasileira de Normas Técnicas - ABNT homologou a versão brasileira da norma, denominada NBR ISO/IEC 17799. A ISO17799 cobre os mais diversos tópicos da área de segurança, possuindo um grande número de controles e requerimentos que devem ser atendidos para garantir a segurança das informações de uma empresa.

Há, ainda, o *Control Objectives for Information and Related Technologies* - Cobit, que pode ser traduzido como Objetivos de Controle para a Informação e Tecnologia Relacionada. Publicado pela *Information Systems Audit and Control Foundation* - Isaca em 1996, o Cobit está em sua terceira edição, marcando sua transferência para o *IT Governance Institute* e acrescentando em sua estrutura as guias de gerenciamento requeridas pela governança corporativa.

Há de se mencionar o *Committee of Sponsoring Organizations of the Treadway Commission* - Coso, que em português é conhecido como o Comitê de Organizações Patrocinadoras da Comissão *Treadway*, cuja certificação advém de auditoria baseada no risco. ❖

RICARDO CHUAHY[49], engenheiro mecânico, gerente de geral da Solectron Brasil. Pelos últimos oito anos[50], foi presidente da Cummins Latin America, onde teve a oportunidade de gerenciar negócios tanto no Brasil como também em outros países latinos.

SITE: WWW.ETICAEMPRESARIAL.COM.BR

Site - Nessa época de mudanças, a empresa pode exercer o papel de agente transformador e contribuir para a disseminação da cultura ética entre os brasileiros? Na prática, como isso se concretiza?

Ricardo Chuahy - As empresas devem contribuir para a disseminação da cultura ética na sociedade. Elas devem ter valores éticos claros, divulgados entre os funcionários, clientes, fornecedores e todos aqueles outros que fazem negócios com elas.

Esses valores éticos devem ser seguidos sem desvio mesmo que pequenos, pois quaisquer desvios estimularão outros, maiores.

Não deve haver tolerância por parte das empresas a quaisquer desvios e todas as atitudes dos que as comandam devem representar o exemplo a ser seguido.

---

49. Entrevista concedida em setembro de 2005.
50. Foi presidente da Cummins Latim America até janeiro de 2005.

Esses valores deverão ser constantemente citados em todas as oportunidades, além de estarem acessíveis e visíveis a todos. As atitudes devem espelhar os valores. A atitude e a prática valem mais que qualquer outra coisa.

Site - A empresa pode, sem lesar a ética, destacar verbas de seus orçamentos para campanhas políticas?

Ricardo Chuahy - Sim, as empresas podem destacar verbas para campanhas políticas sem lesar a ética. É claro que essas verbas destinadas a campanhas políticas deverão ser destinadas de forma clara e transparente com propósitos bem definidos.

Afinal de contas, quando estamos votando em algum candidato não estamos fazendo nada diferente do que contribuir para sua eleição acreditando que ele fará o melhor por nosso interesse e pelo interesse da comunidade. Esses interesses devem, porém, ser reconhecidos como lícitos e necessários pela comunidade onde as empresas estão situadas.

Site - Em palestra proferida durante a realização do Fórum Líder RH 2005, o senhor deu grande demonstração de firmeza ao revelar que preza uma hierarquia de valores: entre a empresa e a família, pesou mais a família. Como foi administrado esse conflito?

Ricardo Chuahy - Todas as pessoas devem ter na vida uma hierarquia de valores que seja bastante clara, de forma a dirigir a tomada de certas decisões. Em meu caso, eu não me sentiria à vontade para trabalhar e render aquilo que eu posso e o que é esperado de mim caso minha família não estivesse satisfeita com a situação. Minha energia estaria dirigida a tentar fazê-los felizes e não ao trabalho e, não estando felizes, eles não poderiam me dar o apoio necessário que sempre me deram para eu ser bem sucedido no trabalho.

Quando os membros de um time não estão entrosados, o time perde. Quando o time perde, todos sofrem as conseqüências. Esse seria o nosso resultado.

Site - Que valores devem ser cultivados na empresa? Como identificá-los?

Ricardo Chuahy - Os valores que devem ser cultivados na empresa devem desde cedo ser definidos pelos seus dirigentes.

Claro que existem aqueles valores que são obrigatórios na condução de negócios, como por exemplo honestidade, ética comercial etc., que devem ser definidos pelos associados ao negócio e que deverão então ser disseminados. Dentre esses, posso mencionar a responsabilidade social, a diversidade etc.

A identificação não é difícil, mas requer um trabalho concentrado, pois queremos que isso se perpetue e dirija o comportamento da empresa. Normalmente uma discussão entre os dirigentes e também os funcionários levantando o que essas pessoas pensam é uma boa medida. Após colher as opiniões de todos e filtrar os resultados, devemos ter uma lista dos valores que entendemos ser importantes para as pessoas e para o negócio. Isso então deve ser incansavelmente divulgado e praticado até que passe a ser algo natural no comportamento das pessoas.

Site - Considerando a unidade e coerência que devem caracterizar a pessoa humana, qual a receita para buscar relações significativas e duradouras?

Ricardo Chuahy - A receita para buscar relações significativas e duradouras é ter um conjunto de valores éticos e morais aceito pela sociedade e aplicá-los sempre, independente da situação. Isso fará com que as pessoas entendam sua coerência de atitudes e confiem que estas serão tomadas sempre em prol da sociedade.

Site - Certa vez alguém comentou que ética na empresa não existe e entre os concorrentes é utopia. O que o senhor diz?

Ricardo Chuahy - A ética na empresa existirá sempre independente dos concorrentes ou do ambiente em que a empresa se encontra.

A falta de ética não substituirá a competência na venda e entrega de um determinado produto ou serviço. Essa competência será determinante na conquista da preferência dos clientes.

Se um negócio não for ético, é melhor não fazê-lo, mesmo que seja para perder temporariamente.

Eu já enfrentei casos onde recebemos na empresa, por engano, informações que deveriam ter ido para o nosso concorrente. Pois essa informação não somente não foi lida nem copiada, como também foi enviada ao concorrente com uma recomendação de maior cuidado com informações confidenciais.

Site - Considerando que a fonte da ética é a própria realidade, que episódios de sua trajetória profissional causaram maior impacto em sua vida ou na vida de pessoas de seu relacionamento?

Ricardo Chuahy - Ao longo do tempo em minha carreira profissional já me deparei com diversas situações inapropriadas que me marcaram e reforçaram que a atitude ética sempre leva a um final feliz:

1. Pessoas que fraudaram certos processos de empresas para benefício próprio e que foram descobertas e mandadas embora ficando marcadas para sempre.
2. Negócios que foram perdidos por não serem lícitos e que futuramente provaram ser maus negócios.
3. Pessoas com futuro promissor e grandes profissionais que tiveram que ser dispensados por assédio sexual.

Isso e muitas outras situações que são muito tristes, mas ajudam a reforçar os conceitos de ética nas empresas. ❖

RODOLFO LEIBHOLZ[51], engenheiro mecânico formado pela Unicamp, com especialização em metalurgia. Diretor da Fundição, Engenharia e Máquinas Ltda. — Femaq. Participa de uma empresa de saneamento básico em Vargem Grande Paulista (rotomoldagem em polietileno) e da Recibloco, empresa que atua com a Femaq no tratamento do meio ambiente.

SITE: WWW.ETICAEMPRESARIAL.COM.BR

Site - Qual a sua empresa e em que ramo de atividade se desenvolve?

Rodolfo Leibholz - Nossa empresa é a Femaq, que produz aproximadamente 7.000 t/ano de peças fundidas para a indústria automobilística. Produz para o mercado nacional e exporta para a Argentina, México, EUA, Alemanha e outros.

Site - Qual a missão, visão e valores da empresa?

Rodolfo Leibholz - A missão da Femaq é produzir para a sociedade bens de produção para desenvolvê-la de maneira equilibrada e sustentável. E a visão de seus valores consiste em que sua ação seja sempre analisada sob sete aspectos, que são:

---

51. Entrevista concedida em março de 2004.

a) Garantir sempre a missão para a qual a empresa nasceu.

b) Produzir, garantindo a harmonia interna do ambiente de trabalho, promovendo confiança e respeito entre a equipe.

c) Comunicar-se com todos, revelando uma administração transparente.

d) Promover a formação da equipe e incentivar a pesquisa.

e) Relacionar-se com o meio ambiente saudável.

f) Relacionar-se com a comunidade.

g) E, finalmente, manter a empresa lucrativa e financeiramente com índices positivos (este último é o foco único do capitalismo).

Site - Sua empresa adota um código de ética?

Rodolfo Leibholz - Encarando a Ética como o relacionamento saudável com o ser humano e suas estruturas, poderíamos dizer que nosso código de ética analisa qualquer ação da empresa sob a ótica dos sete aspectos referidos. O respeito a todos eles é imprescindível para que não ocorram distorções, como acontece hoje em dia, em que o sistema só dá valor para o aspecto financeiro e o lucro.

Site - Os dilemas éticos são tratados com muita reserva. Porém, uma vez solucionados, podem ser partilhados com outras pessoas, até mesmo para servir de troca de experiência. Lembra-se de algum caso, que possa ser contado, que foi solucionado de modo satisfatório e engrandeceu os envolvidos?

Rodolfo Leibholz - Após 38 anos de vida da empresa, poderíamos dizer que uma organização que atua sem valores ou ética perde muito, porque a sociedade perde a confiança e seus produtos não são mais aceitos. Lembro-me de uma empresa cliente, cujo comprador exigia suborno. Não demorou muito, ele foi dispensado e nós voltamos a vender, recuperamos a cliente porque somos transparentes em relação a não entrar no esquema. Quando fornecemos um produto que é produzido levando em conta esses valores, ele toma um significado diferente, ele vem carregado de bens relacionais que fazem a diferença. Poderíamos citar vários exemplos onde o produto é quase uma desculpa para as pessoas tomarem consciência do verdadeiro valor das coisas e passarem a entender bem a diferença entre o ter e o ser. Quando presenteamos uma pessoa com uma rosa, ela chega a se emocionar, porque vê, naquele presente, bens relacionais que vão muito além de uma flor.

Site - Que mensagem gostaria de deixar para os jovens líderes empresariais que enfrentam toda espécie de assédio dos contravalores que grassam a sociedade atual?
Rodolfo Leibholz - A mensagem que deixaria para os jovens é que eles precisam despertar para uma nova realidade. Os paradigmas que a economia pratica hoje são incompletos. E se entrarem no conformismo de não mudar, jamais contribuirão com a sociedade para um mundo melhor e jamais serão felizes, porque o sistema hoje não se ocupa deste objetivo.

Site - Como é o dia-a-dia do empresário que pretende implantar e desenvolver um clima ético em sua empresa?
Rodolfo Leibholz - Quais as pressões que mais causam preocupações, as que vêem dos acionistas ou dos empregados? O empresário que tem essa visão nova é uma pessoa que trabalha muito, mas realizado. Aquele que não se preocupa com a ética é uma pessoa cansada e estressada, porque existe o conflito no seu interior. Em relação aos funcionários e acionistas, acho que elas ficariam felizes se soubessem que o trabalho e seu capital produzem mais frutos do que o retorno financeiro. Com efeito, quando consideramos os valores contidos nos sete aspectos citados, além do financeiro, estamos indo ao encontro das necessidades dos seres humanos e devolvendo, ao trabalho e à vida, a dignidade que possuem. ❖

SÉRGIO DE OLIVEIRA E SILVA[52], economista, especialista em Gestão de Organizações do Terceiro Setor. Coordenador de Investimento Social do Senac, em São Paulo.

SITE: WWW.ETICAEMPRESARIAL.COM.BR

Site - Nesta época em que presenciamos o crescimento do número de entidades não governamentais, quais seriam os grandes desafios para o terceiro setor?

Sérgio de Oliveira - São vários os desafios das Organizações do Terceiro Setor. Dentre eles podemos destacar, em primeiro lugar, o desafio da Legitimidade. As organizações, em sua maioria, são desconhecidas de nossa sociedade, a maioria dos beneficiários das organizações desconhece o significado do Terceiro Setor. Além desse fato, somente nos últimos anos é que a legislação foi atualizada, a partir da criação do marco legal do Terceiro Setor, com a lei das Organizações da Sociedade Civil de Interesse Público -

52. Entrevista concedida em março de 2006.

OSCIPS, entretanto, grande parte desconhece essa legislação. Creio que esse é o primeiro desafio a ser superado.

Em segundo lugar vem a sustentabilidade. Como as organizações conseguirão os recursos para sustentar a sua causa, prestar seus serviços, pagar salários de seus funcionários, etc. No Brasil são pouco difundidas as formas de mobilização de recursos, inclusive as ONGs estão despreparadas para mobilizar recursos, principalmente pela falta de conhecimento. Já fizemos muito, mas ainda temos muito a fazer.

Outro desafio é a profissionalização. Muitas pessoas abraçam uma causa e depois de um tempo vêem-se à frente de uma organização com vários funcionários e a necessidade de gerenciar recursos humanos, financeiros, materiais. Qual o preparo que essas pessoas tiveram para estarem à frente de um projeto? A alternativa é a profissionalização em busca da eficácia.

Site - A criação de ONGs que tenham como objeto ações que seriam da alçada do governo, que por diversas razões deixa de cumprir o seu papel social, não o eximiriam de agir nas áreas de saúde e educação, para citar as mais prementes?

Sérgio de Oliveira - Creio que esse tipo de ação não exime o governo de agir nessas áreas.

É um erro pensar que o público é uma prerrogativa do governo, é sim do governo, com também o é da sociedade civil organizada. O que não pode acontecer é um abandono por parte do governo e repassar toda a responsabilidade para a sociedade civil organizada. A chave para essa situação é a criação de parcerias intersetoriais, onde o governo tem o importante papel de criar condições para que a Sociedade Civil Organizada, junto com as empresas e o governo, possa buscar soluções para nossos principais problemas, em especial nas áreas da saúde e da educação.

Site - Como deve ser a atuação de uma ONG que pretende corrigir as desigualdades e as injustiças sociais e ao mesmo tempo integrar a diversidade?

Sérgio de Oliveira - Primeiramente não existe uma ONG que vá realizar essa façanha sozinha, se nossos governos não conseguem, não podemos jogar essa responsabilidade para as ONGs. Por outro lado, as ONGs podem contribuir muito para a melhoria dessa situação. O primeiro passo é definir um foco, claro, preciso, e desenvolver tecnologias sociais que contribuam para a mudança de uma determinada realidade. Isso somente será possível se esta ONG tiver uma postura que possibilite a integração da diversidade durante o seu processo de intervenção social. Caso contrário ela corre o risco de reproduzir o modelo vigente onde cada um pensa e atua a partir da sua perspectiva, na maioria das vezes não levando em consideração toda a diversidade.

Site - Qual o papel que a pessoa (o ser humano) deve ocupar na definição dos focos de atuação das ONGs e nos seus projetos?

Sérgio de Oliveira - O primeiro papel que a pessoa deve assumir é o da isenção, atuar num projeto numa ONG requer uma nova abordagem. Muitas vezes a causa se confunde com o agente da intervenção, pois às vezes colocamos à frente da causa nossos interesses, nossos desejos, e esse é um dos grandes erros que não podemos cometer. Por isso temos de entender a real necessidade, assim teremos condições de definir nosso foco com mais clareza.

Site - Como desenvolver o potencial de pessoas que sequer descobriram a dignidade do ser humano?

Sérgio de Oliveira - Temos de trabalhar a partir da plataforma da educação, que é a base para o desenvolvimento humano. A partir do momento em que as pessoas começam a perceber suas potencialidades, o primeiro passo foi dado, daí pra frente é só criar as oportunidades que elas farão o resto.

Site - Considerando que no terceiro setor há muito trabalho voluntário, como conseguir o comprometimento das pessoas, de modo que os projetos não sofram solução de continuidade?

Sérgio de Oliveira - O trabalho voluntário é importante, mas não para todas as funções de uma ONG. Alguns postos devem ser supridos por profissionais, senão a questão da continuidade se perpetuará. Por isso, ao planejar o trabalho de uma ONG, faz-se necessário definir quais atividades podem ser realizadas por pessoal voluntário e que não interferirão na continuidade do projeto. Eis por que o desafio da profissionalização tem de ser superado.

Site - Quais são os fundamentos do desenvolvimento social e qual o papel do cidadão comum que deseja contribuir para esse desenvolvimento?

Sérgio de Oliveira - São vários fatores que implicam o processo de desenvolvimento social, mas podemos resumir o papel do cidadão no exercício da cidadania ativa, em especial no que diz respeito à participação, pois sem participação fica difícil, senão impossível, investir em capital social, que é a base para o desenvolvimento social. ❖

WILBERTO LUIZ LIMA JUNIOR[53], bacharel em Administração. MBA em Gestão Empresarial, pelo Amana-Key (1990), Gestão de Negócios, pela Fundação Dom Cabral (2000), Communications Strategy, pelo Kellogg Institute, Northwestern University, EUA (1996), e em Marketing Communications, pela School of Business Administration, Michigan University, EUA (1995). Diretor de Comunicação e Responsabilidade Social da Klabin S.A., desde maio/2002. Coordenador do Grupo de Comunicação da Associação Brasileira de Celulose e Papel - Bracelpa. Membro do Conselho do Instituto Brasileiro de Saúde Ocular Helen Keller e membro do Conselho da organização não governamental Instituto Pró-Natura. Membro do Comitê de Corporate Affairs da Câmara Americana de Comércio de São Paulo.

SITE: WWW.ETICAEMPRESARIAL.COM.BR

Site - Qual o maior problema enfrentado por indústrias como a Klabin em face dos ambientalistas?

Wilberto Lima Jr. - O principal problema enfrentado pela Klabin não difere do das outras empresas de papel e celulose em nosso país. É a idéia mal concebida de que as empresas do setor desmatam e poluem em seu processo produtivo, quando, na verdade, utilizam apenas florestas plantadas e têm um ótimo desempenho ambiental. Mas o problema existe e, diante dele, nos cabe sempre informar da melhor maneira possível nossas ações nesta área, mantendo uma transparência total com todas as partes envolvidas

---

53. Entrevista concedida em maio de 2006.

em nosso negócio a fim de esclarecermos o que e como fazemos. É preciso deixar claro para toda sociedade brasileira que a Klabin realiza suas ações de forma economicamente viável, socialmente justa e ambientalmente correta e que nosso modelo de gestão está em linha com os preceitos do desenvolvimento sustentável.

Prova disso é que a Klabin tem obtido importantes prêmios e certificações nacionais e internacionais. Em 1998, a companhia foi a primeira do setor de papel e celulose do Hemisfério Sul a conquistar a certificação do Forest Stewardship Council - FSC. Trata-se da mais respeitada e exigente certificadora florestal do mundo, cujos integrantes pertencem a ONGs como Greenpeace, WWF e Amigos da Terra, entre outros. No ano seguinte, a Klabin tornou-se a primeira empresa do mundo a obter a certificação FSC para o manejo de plantas medicinais e cadeia de custódia de fitoterápicos e fitocosméticos. Em agosto de 2005, conquistamos o selo FSC para a cadeia de custódia de produção de papel-cartão e *kraftliner* (papéis para embalagens), sendo a primeira e única empresa do mundo a obter essa certificação conjunta. E agora, em 2006, a empresa obteve o certificado FSC para as cadeias de custódia de produção de papel-cartão e *kraftliner*, em Angatuba (SP), de sacos industriais, em Lages (SC) e *sackraft* e *kraftliner* (papéis para embalagens), em Correia Pinto e Otacílio Costa (SC). Com essas certificações e a obtida em 2005 pela Unidade de Monte Alegre, no Paraná, a companhia passa a ter o selo FSC para todas as cadeias de custódia de produção de papéis e cartões de fibras virgens.

Site - O que significa sustentabilidade para a Klabin?
Wilberto Lima Jr. - A Klabin tem um compromisso histórico com o desenvolvimento sustentável, conceito que seguimos na prática em todas as nossas atividades. Como disse, esta postura tem garantido à empresa reco-

nhecimento e premiações nacionais e internacionais. Sustentabilidade é o equilíbrio entre os eixos ambiental, econômico e social, e a Klabin é uma das pioneiras no País na adoção e prática desse conceito. Um exemplo prático de nosso compromisso é a nossa Política de Sustentabilidade, que diz o seguinte:

"A Klabin S.A. é uma empresa que produz madeira, papéis e cartões para embalagem, embalagens de papelão ondulado e sacos. Atua nos mercados interno e externo e se fundamenta nos seguintes princípios de sustentabilidade para todas as atividades relativas aos seus produtos e serviços:

1. Buscar a qualidade competitiva, visando à melhoria sustentada dos seus resultados, aperfeiçoando continuamente os processos, produtos e serviços, para atender às expectativas dos clientes, funcionários, acionistas, comunidade e fornecedores.
2. Assegurar o suprimento de madeira plantada para as suas unidades industriais, de forma sustentada, sem agredir os ecossistemas naturais associados.
3. Praticar e promover a reciclagem de fibras celulósicas em sua cadeia produtiva.
4. Evitar e prevenir a poluição através da redução dos impactos ambientais relacionados a efluentes hídricos, resíduos sólidos e emissões atmosféricas.
5. Promover o crescimento pessoal e profissional dos seus colaboradores e a busca da melhoria contínua das condições de trabalho, saúde e segurança.
6. Praticar a Responsabilidade Social com foco nas comunidades onde atua.
7. Atender à legislação e às normas aplicáveis ao produto, meio ambiente, saúde e segurança."

Site - A Klabin mantém um trabalho de gestão da ética nos negócios e na empresa?

Wilberto Lima Jr. - Temos uma grande preocupação com esse assunto e em permear uma cultura e política de ampla transparência com nossas partes interessadas em todas as comunidades onde estamos presentes. Temos como objetivo constante praticar transparência com o mercado, promover o efetivo entendimento de quais valores a empresa privilegia com o público interno e externo nas suas relações, e promover um ambiente positivo e sadio com a cadeia produtiva. Somos comprometidos também em atender a evolução das normas e condutas éticas, e em sermos uma referência no mercado, atuando de acordo com os princípios de nossa Política de Sustentabilidade.

Gostaria de lembrar que a Klabin é, desde 1979, uma empresa aberta e é, desde dez./2002, nível 1 de Governança Corporativa.

Site - Há muitas empresas que adotam códigos de ética e consideram este item muito importante na gestão da ética. Outras entendem que a ética deve permear todas as ações da companhia, como governança corporativa, meio ambiente, responsabilidade social, sustentabilidade etc. Qual a perspectiva da Klabin em relação a esses temas?

Wilberto Lima Jr. - Acreditamos que a ética deve permear todas as ações da companhia e, como disse anteriormente, procuramos uma gestão ética em relação a todos os públicos com quem lidamos. Como empresa líder em todos os setores que atuamos, temos convicção de que somos referência para vários fornecedores e parceiros e temos um potencial expressivo em impactar a maneira de pensar e agir de outras empresas no mercado.

Site - Que certificações existem na área do meio ambiente e como a Klabin conseguiu conquistá-las?

Wilberto Lima Jr. - Como disse anteriormente, a Klabin foi a primeira empresa do setor de papel e celulose das Américas a ter, em 1998, suas florestas certificadas pelo *Forest Stewardship Council* - FSC, mais exigente organização certificadora do mundo, confirmando que a empresa desenvolve suas atividades dentro dos mais elevados padrões de conservação ambiental e de sustentabilidade socioeconômica. Hoje, temos o selo FSC para quase 100% de nossas florestas, para a cadeia de produção de papéis e cartões para embalagens e de sacos industriais. Somos também a primeira empresa brasileira a ser premiada pela organização internacional *Rainforest Alliance* como "empresa criadora de tendências de desenvolvimento sustentável", em razão do manejo de nossas florestas do Paraná, Santa Catarina e São Paulo.

A Klabin também foi a primeira empresa brasileira a entrar na bolsa de créditos de carbono de Chicago (CCX) para comercializar créditos de carbono com instituições de todo o mundo que precisam limitar a emissão de gás carbônico. Desde junho de 2005, a companhia possui o *status* de *Full Membership*, com o compromisso espontâneo de redução de emissões de gases de efeito estufa.

A companhia tem obtido as mais importantes certificações industriais, atestados idôneos do atendimento aos requisitos da norma em análise. Os Sistemas de Gestão são certificados com reconhecimento internacional, utilizados nas melhores companhias do mundo para a adequação e a avaliação de desempenho de qualidade, meio ambiente, segurança e saúde ocupacional. Ao empregar tecnologias de ponta e estratégias de gerenciamento bem definidas, a Klabin integra este seleto grupo, destacando-se continuamente no cenário nacional e mundial. Temos o certificado de Gestão Ambiental ISO 14001, que evidencia a postura ambiental adotada pela Klabin de bom gerenciamento dos recursos naturais, minimizando os impactos e garantindo a preservação do meio ambiente. Recentemente obtivemos a certificação OHSAS 18001 (*Occupactional Health and Safety Assessment Series*), que leva em conta as rígidas normas internacionais de Gestão de Saúde Ocupacional e Segurança (SSO).

Outro quesito importante diz respeito à nossa matriz energética, fortemente baseada em recursos renováveis ou *energia verde*, que melhorará ainda mais com a expansão prevista no uso de biomassa na geração de vapor e energia elétrica para o processo produtivo.

Tudo isso se resume na postura que adotamos.

Site - O senhor concorda que o grande eixo das preocupações dos ambientalistas deve ser a pessoa humana com suas características de ser único, insubstituível, irrepetível, incomparável? Como manter essa preocupação sem desviar o eixo para aspectos institucionais e lucrativos?

Wilberto Lima Jr. - A trajetória de 107 anos tem nos mostrado que é possível compatibilizar as dimensões sociais, ambientais e econômicas com bons resultados. Dentre vários projetos da Klabin voltados para o desenvolvimento humano, destaco o *Programa Qualidade de Vida*, que visa à saúde física e mental dos colaboradores, incentivando uma relação harmoniosa entre a vida profissional e pessoal. As ações englobam medicina ocupacional preventiva, atividades físicas com foco na integração dos colaboradores com seus colegas e terapias alternativas. Inicialmente o projeto foi lançado nos escritórios localizados na cidade de São Paulo, mas o objetivo é estender o programa às outras unidades da empresa.

Temos também o Projeto Fitoterapia, que promove o uso múltiplo racional e sustentado dos recursos naturais disponíveis e reforça o posicionamento de sustentabilidade da empresa, atestando que a atividade florestal pode diversificar-se, sem prejuízo de seus objetivos básicos, pelo investimento no homem e no meio ambiente. O projeto fez o inventário de 240 espécies, das quais 130 apresentaram potencial interesse terapêutico, de onde são produzidos cerca de 50 produtos intermediários. O laboratório de manipulação produz cerca de 30 produtos básicos (fitoterápicos) que são utilizados pela equipe de saúde da empresa em Telemaco Borba, no Paraná .Concebido para colaboradores e seus familiares, o programa direciona atendimento para cinco doenças básicas, que representam praticamente metade de todos os problemas de saúde apresentados: gripes e resfriados, ferimentos e lesões de pele, dispepsias, diarréia e hipertensão arterial leve. Temos ainda a *Terra Viva Associação de Voluntários*, cuja missão é a de promover ações de assistência social que diminuam as carências de pessoas menos favorecidas e, ao mesmo tempo, de conscientizar a comunidade sobre a importância do trabalho voluntário. Um grupo de colaboradores da Klabin criou a *Terra Viva Associação de Voluntários* em outubro de 2003. Ela foi transformada em ONG em 2005, e hoje conta com 270 voluntários. Os programas que citei são bons exemplos de como a Klabin valoriza seus colaboradores, contribuindo para o desenvolvimento do capital social e humano das comunidades onde está presente.

Site - Há possibilidades de a Klabin instituir parcerias com as empresas que trabalham, por exemplo, com papel reciclado?

Wilberto Lima Jr. - Somos os maiores recicladores de papel da América Latina e temos interesse em estudar parcerias que possam promover o desenvolvimento sustentável nas comunidades onde estamos presentes. Essa filosofia faz parte do modelo de gestão da Klabin, e a reciclagem é fundamental dentro desse processo. Como exemplo, lembro que Klabin, Tetra Pak, Alcoa e TSL Ambiental investiram em uma planta com nova tecnologia para reciclagem de embalagens longa vida. A planta foi inaugurada em maio de 2005, na cidade de Piracicaba, em São Paulo, e é a primeira do mundo a fazer uso da tecnologia pioneira do Plasma para separar o alumínio e o plástico que compõem a embalagem cartonada. O processo revoluciona o modelo atual de reciclagem das embalagens longa vida, que até então separava o papel e mantinha o plástico e o alumínio unidos, para depois transformá-los em peças e utensílios como vassouras, placas e telhas. O processo de Plasma chega como mais uma opção de reciclagem, permitindo a completa separação dos três componentes da embalagem, que voltam para a cadeia produtiva como matéria-prima. O projeto foi desenvolvido com o objetivo de estimular a reciclagem das embalagens longa vida pós-consumo. Tem como premissa a valorização da cadeia de reciclagem como forma de gerar emprego e renda, ao mesmo tempo evita que toneladas de material plástico e alumínio sigam para aterros industriais. A expectativa é de um aumento de 30% no valor pago às cooperativas de catadores. A tecnologia já está sendo exportada para vários países europeus.

Site - As ações adotadas pela Klabin relacionadas com ética, governança corporativa, meio ambiente, responsabilidade social, sustentabilidade, trouxeram alguma vantagem competitiva, ou de algum modo ajudaram no aumento dos lucros da empresa?

Wilberto Lima Jr. - Evidentemente, nossa postura de sustentabilidade trouxe e continua trazendo bons frutos para a Klabin. Dentre eles destaco a abertura de novos mercados, a fidelização de clientes, a atração e retenção de novos talentos, o fortalecimento da marca Klabin, o valor das ações da empresa na bolsa de valores e um melhor relacionamento com nossas partes interessadas. Somente para dar um exemplo, a crescente conscientização do público sobre a destruição e a degradação das florestas tem levado consumidores de vários países a exigir que suas compras de madeira e outros produtos da floresta não contribuam para esta destruição, mas ajudem a assegurar os recursos florestais para o futuro. A certificação, pelo FSC, das florestas plantadas, resultou, no Brasil, no aperfeiçoamento do manejo das destas florestas, com benefícios sociais, econômicos e ambientais, com efeito multiplicador. A Klabin orgulha-se de ter sido pioneira nesses quesitos e acredita que o reconhecimento que vem obtendo nacional e internacionalmente é a maior prova de que trilhamos o caminho correto.

Quanto ao aumento dos lucros, não há reflexo direto ainda, pela adoção de todos esses quesitos. Mas acreditamos que o mercado consumidor vai se tornar cada vez mais demandante nesse sentido. Então, mais uma vez, a Klabin estará preparada para esse futuro. ❖

PARTE II
ENSAIOS

ÉTICA E RESPONSABILIDADE SOCIAL: uma questão de estratégia empresarial

ALBERTO AUGUSTO PERAZZO

O ambiente empresarial tem visto nos últimos anos um crescimento muito grande na discussão de temas relacionados à Ética, Responsabilidade Social e Governança Corporativa. Além dos escândalos sobejamente conhecidos que têm levado grandes empresas a desaparecerem do mercado, há um sentimento partilhado e mais profundo sobre a necessidade de transformação da sociedade. A organização empresarial é o agente mais dinâmico da sociedade, em conseqüência, não podemos deixar a empresa fora desse processo.

Como a empresa pode contribuir decisivamente nesse processo de transformação, mantendo-se competitiva e sustentável, é o grande desafio a vencer.

Os temas que nos preocupam estão absoluta e definitivamente ligados à criação de uma identidade empresarial, dessa forma deveremos encontrar um ponto de partida sólido para incorporá-los à visão estratégica integrada da organização, e não tratá-los como temas de oportunidade ou conveniência.

Responder à pergunta: Como queremos que nossa organização seja reconhecida como participativa, ética e socialmente responsável? Implica um maduro processo de busca de consenso, definição de prioridades, indicadores de evolução, comunicação, verdadeira participação interna e externa com todos os públicos da empresa onde a função de RH assume um rol fundamental.

A atividade humana, e, por conseqüência, a empresarial, sempre tem uma dimensão ética. O *agir ético* não será uma *simples* ação produtiva, mas necessitará sempre de uma especulação, de uma ação reflexiva que oriente as ações diante de escolhas ou caminhos a seguir. Essa reflexão terá como referenciais o conjunto de valores que podemos identificar como *saber ético*.

Será importante reconhecer sempre esses dois elementos – saber e agir ético –, que se complementam e se enriquecem mutuamente. Em qualquer ação, não se referir ao saber ético poderá nos orientar a uma solução relativista – qualquer decisão poderá ser boa ou má, dependendo das circunstâncias – ou utilitarista – tomar uma decisão em função da utilidade pessoal.

No intuito de demonstrar o compromisso com a sociedade e seus públicos, muitas empresas vêm elaborando códigos de conduta ou de ética, que podem se converter em um poderoso instrumento contrário à própria empresa no caso de esses públicos, interno e externos, não poderem constatar a coerência entre o discurso e a prática, entre o código e as ações concretas.

Um eficaz processo de reflexão ética na empresa implica a adoção de algumas práticas claramente definidas e conhecidas por todos os colaboradores.

A criação de um ambiente ético permite compreender e implantar um processo de Responsabilidade Social Corporativa, que como tal esteja integrado na visão estratégica da empresa e por meio do qual a mesma tem consciência e assume as responsabilidades de sua gestão, nos campos econômico, social e ambiental e na cadeia completa de suas atividades, mantendo um permanente diálogo com todos os agentes interessados.

Prestar contas: disponibilizar de forma oportuna, correta e transparente as informações da gestão empresarial que tem impacto na sociedade, se converte em um dos desafios da empresa que quer ser perene e conquistar a confiança e fidelidade de seus clientes. E isto vai muito além de oferecer bons produtos e serviços.

Este enfoque não se aplica a determinadas empresas conforme seu tamanho ou área de atuação, é aplicável a todas as empresas, de todas as áreas e de qualquer tamanho, desde a microempresa até a grande corporação transnacional, pois todas formam parte da sociedade.

O mercado, como expressão da sociedade, está cada dia mais consciente e crítico das atitudes empresariais e disposto a *premiar* ou *condenar* praticas éticas e socialmente responsáveis, ou sua negação. Da mesma forma, também, os investidores analisam cada vez com maior atenção a forma na qual as empresas realizam seus lucros e oferecem retornos a seus acionistas e investidores.

Nenhuma das considerações feitas sobre a empresa partiram da *coisa*, senão do homem, sujeito e objeto de sua razão de ser, ser humano com sua dignidade e personalidade própria, indivisível e específica.

Somente serão duradouras neste século as empresas que souberem criar uma nova sociedade, as organizações empresariais que possam ser reconhecidas como ética, social e ambientalmente responsáveis, por isso, esta discussão não é uma questão de moda, trata-se de uma necessidade de estratégia empresarial.

ALBERTO AUGUSTO PERAZZO, filósofo e economista, presidente da Fundação Instituto de Desenvolvimento Empresarial e Social - Fides.

UMA QUESTÃO DE VALORES

ANTONIO DE PADUA LANZETTI TAVARES

Vivemos, no mundo, e particularmente em nosso país, um momento marcado por grandes escândalos envolvendo o universo corporativo e político.

Entristece, especialmente os mais conscientes, que muitos dos envolvidos nesses episódios escapem ilesos, instalando-se, em cada um de nós, a consciência da impunidade crescente.

Nessas horas difíceis aflora à minha mente a agradável lembrança de algumas passagens por mim vivenciadas ao longo de 48 anos de atividade em empresas, todas de grande porte, sendo uma nacional e quatro multinacionais.

Poderia citar comportamentos éticos marcantes vividos em cada uma delas. Para não ser redundante, preferi concentrar-me na Kibon, empresa subsidiária da Kraft General Foods, onde exerci a função de Diretor de Recursos Humanos e Relações com o Mercado.

Tão logo ingressei na Kibon, na época líder de mercado em seu segmento de atuação, chamou minha atenção um quadro existente em minha sala de trabalho que expressava a visão, a missão e os valores da empresa.

Como missão, destaco, entre outras características principais:

-Reputação insuperável de integridade, idoneidade e responsabilidade em todos os aspectos de sua operação.

A busca dessa missão dirige-se a atender ao enriquecimento:

- de nossos acionistas;
- da vida de nossos funcionários; e
- das comunidades onde operamos.

O estilo de negócios caracterizar-se-á, entre outros aspectos, por:

- um compromisso global de qualidade,
- conduta ética, moral e legal e
- honestidade e transparência.

Sabe-se que, muitas vezes, esses quadros que expressam os valores da empresa são meros objetos de decoração, conhecidos apenas pelo corpo diretivo, mas pouco disseminados para os demais níveis da organização. Além disso são pouco perseguidos quanto ao cumprimento.

Para minha satisfação, não era esse o caso da Kibon.

Nossas reuniões, em nível da direção e gerência, envolviam não somente a discussão de negócios, desenvolvimento de produtos, qualidade e resultados, mas a permanente discussão dos nossos valores.

O presidente da empresa, em nível mundial e local, enfatizava sempre sua crença de que aqueles valores se constituíam no nosso grande diferencial, requerendo portanto o comprometimento de todos no seu efetivo cumprimento.

Uma passagem marcante ocorreu quando o vice-presidente mundial da empresa visitou todas as subsidiárias, em diferentes países, para informar que em uma delas a diretoria praticou atos ilícitos e conflitantes com nossos valores por julgar que assim estaria contribuindo para a melhoria dos resultados daquela subsidiária.

Tão logo a matriz soube do fato, não só tomou imediatas providências para saná-lo, assim como exonerou todos os envolvidos.

Disse-nos o vice-presidente: "Conheço-os e respeito a cada um de vocês por seu profissionalismo e sua conduta, mas quero enfatizar que em nenhuma circunstância se utilizem de qualquer prática que conflite com os nossos princípios. Somos uma empresa multinacional que precisa e deve respeitar as leis locais, ainda que elas possam parecer injustas ou exorbitantes".

Eis uma passagem do mundo corporativo que ficou positivamente marcada em minha memória.

ANTONIO DE PADUA LANZETTI TAVARES, cursou Filosofia na USP e graduou-se em Direito pelas Faculdades Metropolitanas Unidas. Foi gerente de Recursos Humanos da Ford Brasil S/A e da Cia. Cimento Portland Itaú. Foi diretor de Recursos Humanos da Kibon S/A e da ThyssenKrupp Metalúrgica Campo Limpo. Foi diretor do Centro das Indústrias de Osasco e presidente da Associação Brasileira de Recursos Humanos - Seccional São Paulo.

ÉTICA: ciência do autoconhecimento e do autogoverno

CÉSAR FURTADO DE CARVALHO BULLARA

Conta a história que a origem da Filosofia clássica é a resposta ao "conhece-te a ti mesmo", que, segundo a tradição, estava inscrito no dintel do oráculo de Delfos. A partir disso, Sócrates descobre a *psyché* e começa a levantar o véu sob o qual se esconde a dimensão mais profunda do homem.

Convencido da existência de um sentido e de uma verdade a respeito do mundo e do homem, Sócrates tratou dos principais interrogantes da vida humana. Procurava a verdade no interior do homem, daí o nome do método por ele criado, a maiêutica.

Tal convencimento tornou-se, então, a base da Ética clássica, que se manteria inabalável até o século XIII, quando, à causa do nominalismo de Guilherme de Ockam, sofreu um grande golpe. A confiança na razão debilita-se, e com ela a capacidade de conhecer o mundo e a si mesmo. Dá-se lugar ao subjetivismo e a Ética perde sua objetividade.

Para salvá-la dos caprichos e arbítrios dos homens, Descartes recorre a Deus; Kant, ao imperativo categórico. Outros, como David Hume, Jeremy Bentham, Hegel, Nietzsche e Sartre, simplesmente negam o seu direito à cidadania.

O resultado de todos esses acontecimentos traduz-se numa certa incapacidade para tratar os temas mais profundos da existência humana. Perdendo-se o conhecimento do homem, perde-se a capacidade de conhecer-se a si mesmo. A filosofia torna-se um labirinto no qual os que estão dentro não conseguem se desvencilhar e os que estão fora não se atrevem a entrar.

Se tudo é subjetivo, esfuma-se o conceito de verdade. E quando se perde o conceito de verdade, o homem perde a sua identidade. A Ética transforma-se num conjunto de regras que dizem respeito a um certo grau de dignidade e de paz social. À luz dessas idéias, entende-se por que a Ética transformou-se nos últimos séculos numa filosofia política cujos representantes mais ilustres são Maquiavel, Hobbes e Rousseau. Uma Ética sem verdades que a suportem não existe! Falar de Ética é falar de verdades que dizem respeito ao que há de mais íntimo e elevado no homem.

Voltemos ao "conhece-te a ti mesmo" socrático. Esse é o ponto de partida necessário para qualquer estudo aprofundado sobre o homem. Colocar-nos esta pergunta é encarar-nos com a nossa verdade. Ricardo Yepes, em uma de suas obras, fala da verdade como fonte de inspiração para a nossa vida. Diz que quanto mais abrangente for a nossa verdade, mais inspiradora será para nós.

De fato, todos notamos que a força das nossas convicções e sua ressonância na nossa vida advém da força da verdade da qual estamos imbuídos. A experiência mostra que uma pessoa alcança um alto grau de conhecimento próprio quando tenta ser maximamente coerente com as suas verdades. Uma pessoa desprovida de verdades é uma pessoa desprovida de ideais, uma pessoa sem esperança, uma pessoa que não encontrou o sentido do seu estar aqui. A conseqüência prática disso é um vazio existencial que desemboca na tristeza. Foi o ponto de chegada de Nietzsche e Sartre, filósofos para quem o mundo era desprovido de um sentido, de uma verdade.

É impossível ao homem viver sem a verdade; todos temos as nossas. No entanto, não basta que as nomeemos como tal; devem sê-lo de fato.

O encontro com a verdade é algo essencial! Justamente por isso, torna-se uma tarefa para cada um de nós e da qual não nos podemos evadir. Viver implica ter a cargo essa tarefa. No entanto, uma coisa é a tarefa, a missão, e outra o seu cumprimento. Infelizmente, nem todos conseguem realizá-la de um modo satisfatório.

Podemos interpretar essa tarefa como a realização da felicidade em nós mesmos. A esse respeito, Sêneca afirma que a felicidade consiste em algo bom não em aparência, mas de modo consistente e duradouro. Acrescenta que uma vida feliz é aquela que está de acordo com a própria natureza. Nisso também estão de acordo, entre outros, Sócrates, Platão e Aristóteles.

A felicidade consiste na realização de algo que levamos dentro e guarda uma relação direta com o nosso dia-a-dia. A este conjunto de ações realizadas damos o nome de Ética. Esta nada mais é do que a realização da verdade na ordem prática.

Entendidas as coisas deste modo, vemos que a verdade não é algo que se inventa; é, antes de tudo, algo que se descobre. Não é uma mera teoria, é algo que compromete todo o nosso ser.

Encontramo-nos diante da força da verdade e seu poder de persuasão. Deste modo se entende na sua plenitude aquele "conhecereis a verdade e ela vos libertará". Somente a verdade tem esta prerrogativa: libertar-nos das garras do nosso próprio eu.

Somente a verdade nos propicia o real conhecimento de nós mesmos, ponto de partida da Ética. E somente à medida que a aceitamos estamos em condições de chegar a ser aquilo que ainda não somos.

Aceitar o que somos para chegar a ser aquilo que não somos: esta é a tarefa que temos e que somente é levada a cabo quando alcançamos o seu cumprimento. Possuir o conhecimento de si mesmo é o ponto de partida para realizar a grande missão de atingir a perfeição humana a qual cada um de nós está chamado. Deste modo, a vida humana é concebida como uma missão pessoal e intransferível a ser realizada.

Neste momento se compreende com mais propriedade a necessidade do autogoverno. Ser senhor de si mesmo, dominar-se a si mesmo, estas são as aspirações mais elevadas da nossa liberdade. Uma liberdade que se realiza plenamente à medida que se encontra com a verdade sobre si mesmo e sobre o mundo ao seu redor.

Aqui está a verdadeira sabedoria definida pelos clássicos. Um olhar para si mesmo e para o mundo que nos coloca como protagonistas da nossa própria existência. Somos os artífices da nossa própria felicidade ou infelicidade. Cada decisão ou ação nos aproxima ou afasta da realização da felicidade em nós mesmos. Nisso consiste a Ética, em ajudar-nos a encontrar as respostas mais adequadas aos nossos anseios mais profundos, levando-nos a agir de modo coerente com a verdade sobre nós mesmos. A Ética leva-nos a conhecer e amar a verdade.

CÉSAR FURTADO DE CARVALHO BULLARA, administrador de empresas formado pela FEA-USP. Doutor e mestre em Filosofia formado pela Pontificia Università della Santa Croce, Roma. Professor do Departamento de Comportamento Humano nas Organizações no Instituto Superior da Empresa - ISE. Professor do Master em Jornalismo para editores no Centro de Extensão Universitária. Professor visitante do Instituto de Estudos Empresariais de Montevideo – IEEM, Uruguai. Coordenador de projetos de pesquisa na Área de Responsabilidade Social.

RESPONSABILIDADE SOCIAL OU CORPORATIVA?

CIBELE DE MACEDO SALVIATTO

Muitos dos artigos que saem na mídia sobre Responsabilidade Social mostram a grande confusão que paira sobre o assunto. A análise mais freqüente é que as empresas têm exercido sua Responsabilidade Social ou sua cidadania através de parceria com ONGs ou apoio a projetos desenvolvidos por elas. Também se observa, ao lado do enorme crescimento de ONGs e entidades não-governamentais, uma proliferação de fundações e institutos de empresas com essa mesma finalidade, ou seja, projetar e estruturar investimentos sociais. Assim, as empresas entendem que estão fazendo seu papel de contribuir positivamente na busca da transformação da sociedade. Seria isto Responsabilidade Corporativa?

A questão é que parece que essa confusão interessa a ambos os lados. O crescimento de organizações não-governamentais não significa apenas entidades idôneas cujos fins são apenas benevolentes. Significa um contingente de pessoas que perceberam que este é um ótimo caminho para oferecer serviços com impostos mais baixos, ter caixa dois, conquistar marketing e poder pessoal, um trampolim político mais *nobre* que o caminho convencional e, por fim, uma boa desculpa para buscar recursos onde eles existem – na iniciativa privada.

Por outro lado, há as empresas que ainda não entenderam, ou não querem entender, que responsabilidade não significa doação ou terceirização de investimento social. Significa, sim, gestão, atitude. Estar atento ao consumo de insumos, buscar constantemente melhorar seus processos e seus produtos e adequá-los à realidade ambiental, cuidar dos relacionamentos para que eles sejam frutíferos e construtivos para todos os partícipes, ser ético e transparente para garantir que a empresa poderá continuar a exercer seu papel no futuro, trabalhar para garantir a sustentabilidade de seu negócio e, ao mesmo tempo, do ambiente e da sociedade em que está inserida. No entanto, em vez de estarem empenhadas em seguir por esse caminho, algumas empresas preferem acreditar que são responsáveis e cidadãs através da criação de um instituto que terceiriza os seus investimentos sociais e apóiam organizações e projetos sociais e ou ambientais.

É evidente que o terceiro setor traz muitos benefícios à sociedade e existe muito espaço para o trabalho de muitas dessas entidades, bem como para as fundações e os institutos oriundos de empresas. O trabalho de entidades sérias e críveis é muito bem-vindo e necessário, principalmente num país com tantas carências e sem políticas públicas claras e o apoio financeiro imprescindível. Certamente a abundância de recursos está na iniciativa privada, que não pode nem deve se eximir, em especial se escolher campos de atuação afins com o negócio da empresa. No entanto, é importante ficar bem claro que isso não é Responsabilidade Corporativa nem é só por esse caminho que as empresas encerram seu exercício de cidadania.

Infelizmente esse tipo de atitude, não inserida num contexto mais amplo e estratégico, apenas tira o foco do que realmente é importante e das ações que efetivamente levariam a sociedade, o planeta e as pessoas a uma transformação positiva. Também impede que as empresas olhem para esse assunto com a devida importância, uma vez que passam a acreditar que já estão fazendo seu dever e não percebem que estão incorrendo em riscos futuros irreversíveis e perdendo grandes oportunidades de negócio: riscos associados à não-obtenção ou perda de licença para operar, de perder a credibilidade perante clientes e público em geral, de ter passivos ambientais ocultos; oportunidades de perceber nichos de mercado, de conhecer melhor o cliente, de ter fidelidade e relacionamento de parceria com fornecedores e colaboradores, de inovar em processos e produtos que podem reduzir custos e criar novos mercados. Sustentabilidade é um assunto estratégico e a Responsabilidade Corporativa é o caminho de gestão que leva a empresa a ser sustentável.

As empresas, mais precisamente os dirigentes de empresas que ainda acham que montar fundações ou instituições, ou qualquer outro tipo de terceirização, é a forma de direcionar seus atos de responsabilidade, cometem um grande equívoco. Os benefícios são tão frívolos e de curto prazo quanto as festas de premiação. Não se enganem: fundações, institutos e maravilhosos projetos sociais não eximem a empresa de sua responsabilidade – Responsabilidade Social não é Responsabilidade Corporativa.

CIBELE DE MACEDO SALVIATTO, formada em Administração de Empresas pela Fundação Getulio Vargas e sócia da Consultoria Atitude – Gerando Resultado Sustentável.

O QUE É IMPORTANTE AQUI?

CYNTHIA MARIA CIRILLO JOBIM

Está acontecendo tão rapidamente, que mal dá tempo para refletir. Uma nova maneira de fazer negócios está surgindo. As empresas têm sido obrigadas a mudar e desenvolver mecanismos para assumir responsabilidades morais com todos os agentes envolvidos nas suas operações. O fenômeno, de tão radical, está trincando a própria definição de empresa: o que era visto como entidade puramente econômica passou a representar um organismo de múltiplos propósitos.

À medida que cresce a complexidade do cenário, aumenta o risco que as organizações correm de enviar sinais confusos para seus funcionários, estabelecendo critérios e prioridades dissociados de sua estrutura e seus reais princípios e práticas. Assim como as organizações devem ser entendidas a partir do contexto externo, é necessária também uma análise dos processos sociais que dão estofo ao ambiente interno.

Foi com essa preocupação que realizei recentemente uma pesquisa[54], com o apoio da Fundação Getulio Vargas, para estudar o *clima ético* das organizações que têm programas de responsabilidade social. *Clima ético* é um importante componente da cultura e do ambiente interno.

---

54. Dissertação (Mestrado) apresentada à Escola de Administração de Empresas de São Paulo da Fundação Getulio Vargas, em janeiro de 2005.

Ele representa a percepção compartilhada dos empregados sobre os padrões éticos – valores, práticas e procedimentos – da empresa, e como eles são aplicados no relacionamento entre os indivíduos dentro da organização e na interação dela com os seus *stakeholders*. Reflete tanto o conteúdo moral das decisões – *o que deve ser feito* – quanto o processo e a prática de tais decisões – *como deve ser feito*.

A análise dos dados mostrou que o *clima ético* das empresas pesquisadas é significativamente acima da média. Sugere que organizações com programas de responsabilidade social experimentam níveis mais altos de comprometimento dos empregados com os diversos *stakeholders*. Isso parece coincidir com o caminho das empresas éticas.

Interessante notar que, entre as empresas pesquisadas, os níveis mais altos de comprometimento ocorrem com o *stakeholder governo/órgãos públicos*, seguido dos *competidores*. Por outro lado, os níveis mais baixos de comprometimento ocorreram com *funcionários* e *liderança*. Não é que os dois últimos tenham sido relegados. Simplesmente os dados mostraram níveis mais baixos para eles, quando comparados aos dos demais *stakeholders*.

Os resultados também indicaram semelhanças significativas na análise das dimensões *sistema de gestão* e *liderança*, o que faz pensar que o aprofundamento dessas duas dimensões nas organizações poderá direcionar melhor os esforços das empresas interessadas em fazer da ética um elemento forte da sua cultura, incorporado aos objetivos empresariais de forma consistente e duradoura.

O conceito de *clima ético* propicia um rico e inovador debate sobre ética empresarial segundo a perspectiva dos empregados. É um contraponto necessário ao discurso pronto das empresas, pois a resposta à pergunta *o que é importante aqui?* vem dos comportamentos e ações concretas de reconhecimento e apoio aos empregados. Não vem do discurso da alta administração nem da documentação oficial.

CYNTHIA MARIA CIRILLO JOBIM, mestre em Administração de Empresas pela Fundação Getulio Vargas e pós-graduada pela University of Michigan Business School, economista e administradora. Consultora na área de Recursos Humanos e Ética nas organizações. Professora em cursos de pós-graduação. Diretora da Be Ethical Assessoria Empresarial.

ÉTICA GERENCIAL

EDIBERTO TADEU PEDROSO

Segundo Stephen Robbins & Mary Coulter[55], a Ética refere-se às regras e aos princípios que definem a conduta certa e errada. Muitas decisões tomadas pelos administradores exigem que sejam levadas em conta as pessoas que serão afetadas, tanto em termos do resultado como do processo.

QUATRO DIFERENTES VISÕES DA ÉTICA

A ética de um administrador é influenciada por quatro diferentes visões ou perspectivas da Ética:

1ª) Visão utilitarista da Ética, em que se tomam as decisões com base em resultados ou conseqüências dos resultados.

O objetivo do utilitarismo é extrair os maiores benefícios para a maior quantidade possível de pessoas. Seguindo esse ponto de vista, um administrador poderia concluir que demitir 20% dos trabalhadores de uma fábrica é justificável, pois vai melhorar a lucratividade da fábrica, aumentar a segurança dos outros 80% e atender aos interesses dos acionistas.

---

55. ROBBINS, Stephen, COULTER, Mary. *Administração*. 5. ed. Rio de Janeiro: Prentice-Hall do Brasil, 1998. p. 70.

2ª) Visão legal da Ética, em que se procura respeitar e proteger os direitos básicos dos indivíduos.

3ª) Visão da teoria da justiça da Ética, em que se procura impor e fazer cumprir as regras de forma justa e imparcial.

4ª) Visão da teoria integrativa dos contratos sociais, em que se reconhecem os contratos implícitos entre as organizações e os padrões éticos das comunidades nas quais elas operam.

Estudos comprovam que a maior parte dos homens de negócio continua a apresentar uma atitude utilitária em seu comportamento ético. Isto significa que o comportamento ético do administrador é o resultado de uma complexa interação entre o seu estágio de desenvolvimento moral, suas características individuais, o projeto estrutural da organização, a cultura organizacional e a intensidade da questão ética.

Concluindo, Robbins & Coulter sustentam que um programa de ética abrangente deveria incluir a seleção para eliminar candidatos eticamente indesejáveis, um código de ética e regras de decisão, o comprometimento da administração de topo, objetivos de trabalho claros e realistas, treinamento ético, amplas avaliações de desempenho, auditoria social independente e mecanismos formais de proteção.

A abordagem ética apresentada por Stephen Robbins & Mary Coulter é inconsistente e deficiente. Dizer que a "Ética se refere às regras e aos princípios que definem a conduta certa e errada" é uma afirmação puramente empírica, desprovida de qualquer fundamento científico. Robbins & Coulter incorrem no mesmo vício conceitual, qual seja, o de confundir Ética com lei, quando apresentam as quatro diferentes visões da Ética (utilitarista, legal, da teoria da justiça e da teoria integrativa).

Robbins & Coulter fazem questão de evidenciar que a preferência do tomador de decisões recai sobre a visão utilitarista da Ética, uma vez que o objetivo do utilitarismo é extrair os maiores benefícios para a maior quantidade de pessoas, o que significa dizer que a dignidade humana de uma respeitável parcela dos ex-colaboradores é simplesmente desprezada, o que representa um deplorável comportamento administrativo.

Para manter elevado padrão ético na organização, Robbins & Coulter insistem na absurda recomendação de fazer uma seleção preliminar de candidatos eticamente indesejáveis. A seleção preliminar de candidatos eticamente indesejáveis só pode significar a inclusão de um abominável programa de racismo, para impedir a seleção de profissionais negros e latinos, no mínimo. Esta é uma forma mais vil e sorrateira de introduzir na organização a ética da exclusão social. Esta política ética é execrável e precisa ser combatida. Mas, como?

Tendo em vista que, do ponto de vista da Ética, o tomador de decisão deve sempre considerar as pessoas que serão afetadas, tanto em termos do resultado como de processo administrativo, surge então, no campo das decisões éticas, a questão fundamental: que sugestões oferecer ao administrador profissional?

Considerando que em um regime de capitalismo selvagem, a Ética utilitarista é, por natureza, contraditória e conflitante, fica caracterizada, nitidamente, a premente necessidade de introduzir-se *um novo estilo de agir econômico, estilo este* com as características da gratuidade, da abertura ao outro, aos valores éticos, especificamente as organizações que atuam em setores econômicos com fins lucrativos. Só assim será possível superar aquela visão enraizada no pensamento e na práxis econômica, que vê o mercado como o reino da conveniência individual, e as atividades sem fins lucrativos como o reino do altruísmo e da solidariedade.

Esse *novo estilo de agir econômico* é fruto de experiências vivenciadas pelas empresas que aderiram ao projeto da *Economia de Comunhão*[56] e que, atuando normalmente no mercado, utilizam-no como instrumento para a partilha da riqueza.

Desta maneira, na medida em que os trabalhadores se tornam conscientes de que não trabalham somente para o próprio bem-estar ou o da empresa, mas por uma finalidade social que tem dimensões mundiais, os objetivos organizacionais passam a constituir um incentivo à produtividade, trazendo, em contrapartida, substanciais progressos no relacionamento entre empresários, trabalhadores e empresa. E este progresso só acontece se no centro da empresa está a pessoa humana, não o capital, tornando assim possível o me-

---

56. Para saber mais sobre *Economia de Comunhão*, cf.: PEDROSO, Ediberto T. *Humanizar a Administração com Sabedoria e Competência*. RJ: Qualitymark, 2006. p. 209 segs.

lhor aproveitamento dos talentos de cada funcionário, favorecendo a criatividade, a responsabilidade e a participação de cada um, passando a *transformar a empresa numa verdadeira comunidade*.

No que tange ao relacionamento com clientes, fornecedores, sociedade civil e terceiros, através deste *novo estilo de agir econômico*, além de a empresa se comprometer em oferecer bens e serviços úteis e de qualidade a preços justos, os seus membros passam a relacionar-se com os concorrentes de forma leal. Com isso, a empresa se enriquece de um capital não material gerador de desenvolvimento econômico, constituído de relacionamentos de estima e de confiança com responsáveis de empresas, fornecedores ou clientes e administração pública. E desta maneira, ao cumprir integralmente os compromissos perante o fisco e procurar não denegrir a própria imagem, a empresa passa a manter relacionamentos eticamente corretos com os organismos de controle, como os sindicatos e as associações.

EDIBERTO TADEU PEDROSO, conferencista, pesquisador e especialista em Comportamento Organizacional. Criou a Tecnologia de Discernimento, na qual se baseiam seus seminários, palestras e obras. É autor de livros de administração e titular do site cujo domínio tem o seu nome.

POSTURA NO AMBIENTE PROFISSIONAL

FLAVIA MARINA UTIYAMA

A maneira como cada um dos homens e mulheres vivem a complementaridade dos sexos e o respeito mútuo às suas peculiares características poderia beneficiar mais a harmonia da sociedade. No ambiente de trabalho, a mulher pode e deve influenciar todas as tarefas e relações humanas, enriquecendo-as com suas contribuições. Por outro lado, estas também podem aprender dos homens algumas posturas, como, por exemplo, serem mais discretas e menos intrigantes.

O TOM DO AMBIENTE

Uma primeira contribuição feminina é impor o tom humano do ambiente. Apesar de ser cada vez maior a presença da mulher na vida profissional, em muitos lugares, e em algumas áreas específicas, a mulher deve atuar mais incisivamente para criar um ambiente elevado e digno. É decadente a situação em que as mulheres tentam se impor com expressões carregadas de palavras inconvenientes. Com essa atitude, refletem o modo de falar de alguns homens sem perceberem que, se querem demonstrar mais vitalidade e provar que podem ser tão competentes quanto eles, são elas que deveriam mudar a maneira de ganhar autoridade, através de atitudes mais educadas e eficazes.

A BUSCA DO EQUILÍBRIO

Um segundo ponto que podemos destacar é a competitividade agressiva que, às vezes, prevalece no ambiente de trabalho. Os homens, por sua tendência um pouco mais dominadora, sentem maior inclinação na disputa pela liderança e auto-afirmação. Nessa busca pelo poder, podem incorrer em erros com posturas individualistas: excluindo os outros em vez de unir forças. Cabe à mulher equilibrar tal situação com suas capacidades mais caracteristicamente femininas de cooperação, consenso e valorização de cada ponto de vista. Nesta matéria, os homens podem ter algo a aprender das mulheres.

O MODO DE VESTIR

Estas, por sua vez, poderiam aprender dos homens a vestirem-se com mais sobriedade. A mulher, muitas vezes, tende a se vestir de forma provocativa e demasiado sensual sem se dar conta que isso provoca uma atenção automática do sexo oposto. Assim sendo, acaba prejudicando sua própria imagem e permitindo que o clima organizacional se volte para um plano impessoal, predominantemente sensitivo, quando não desrespeitoso. Necessitamos maior consciência das diferenças entre as naturezas masculina e feminina, que, se levadas em consideração, contribuirão para uma complementaridade mais rica e produtiva.

AS PRESSÕES DO TRABALHO E A FAMÍLIA

Por último, não se deve esquecer que a família deve ocupar sempre um lugar prioritário em relação ao trabalho. Infelizmente, é muito comum, nas empresas, que os funcionários estejam sobrecarregados, que sejam pressionados com prazos ou incentivados com recompensas financeiras a extrapolar seu horário de serviço, impossibilitando-lhe uma vida saudável. Nem sempre há condições adequadas para que cada um, dentro dos limites de suas capacidades, consiga realizar um bom trabalho no tempo necessário.

São muitos os que cedem diante dessas condições, e acabam se dedicando excessivamente ao seu próprio crescimento profissional, deixando suas famílias, demais relações sociais e outras obrigações em segundo plano. Neste momento, a fortaleza da mulher para defender o tempo, que é da sua família e não do trabalho, deve predominar sobre a tendência comodista ou ambiciosa de se deixar arrastar pelo clima competitivo que transforma o homem em um meio e não um fim. Ela deve ir à frente do homem com o seu exemplo, e sua postura contribuirá para que todos compreendam que *o trabalho é para o homem e não o homem para o trabalho.*

FLAVIA MARINA UTIYAMA, contadora formada pela Faculdade de Economia, Administração e Contabilidade da Universidade de São Paulo e analista contábil da Hamburg Süd.

DAR LUCRO AOS ACIONISTAS NÃO É A MISSÃO DA EMPRESA

FLAVIO FARAH

Reportagem da revista *Exame*[57] indica uma oposição entre as visões da população e de dirigentes empresariais sobre o papel das empresas. Para 93% dos brasileiros, a missão de uma empresa é "gerar empregos". A última opção dos entrevistados foi "dar lucro aos acionistas", com apenas 10% das preferências. Em contraste, presidentes de empresas colocaram o lucro em primeiro lugar, com 82% de citações.

Para um dos autores da matéria[58], esses dados sugerem que a população estaria sofrendo de "miopia coletiva" por reduzir o lucro ao *status* de mal necessário. O jornalista apresenta vários argumentos para justificar o lucro e sustentar sua legitimidade, afirmando ser ele "motor do crescimento", "elemento central do sistema capitalista", e concluindo o texto com a afirmação de que "sem uma crença fortalecida nas vantagens do capitalismo", será difícil para o Brasil atrair investimentos e ganhar competitividade externa.

---

57. GUROVITZ, Helio e BLECHER, Nelson. O estigma do lucro. *Revista Exame*, p. 20-25, 30 mar. 2005.
58. LAHÓZ, André. Sobre direitos e deveres. *Revista Exame*, p. 26-30, 30 mar. 2005.

A reportagem parece considerar que a população brasileira erra duas vezes: primeiro, ao colocar a geração de empregos como principal função da empresa; segundo, ao condenar o lucro, pois isto significa pôr em cheque o sistema capitalista. Essa visão que o povo tem do capitalismo seria uma das causas de nossos atuais problemas econômicos.

As conclusões dos articulistas suscitaram-me dúvidas. Seria errado considerar a criação de empregos como missão das empresas? A opinião dos cidadãos significa efetivamente uma rejeição ao lucro e a condenação do capitalismo? Para responder essas perguntas, pensei que seria bom esmiuçar um pouco o assunto. É o que faço a seguir.

A idéia de que a missão de uma empresa é dar lucro aos investidores constitui o núcleo da *teoria do acionista* (*stockholder theory*), cujo defensor mais célebre é Milton Friedman, economista norte-americano ultraliberal. Segundo essa teoria, os acionistas adquirem ações da empresa com a única finalidade de maximizar o retorno de seu investimento. Em tais condições, o principal dever dos administradores é maximizar o retorno financeiro dos investidores fazendo com que a companhia obtenha o maior lucro possível.[59]

A teoria do acionista decorre do conceito de propriedade privada vigente na época do liberalismo clássico. O direito de propriedade era tido como absoluto e concebido sob um enfoque marcadamente individualista. O liberalismo econômico definia o direito de propriedade como o direito de usar e de dispor das coisas de maneira absoluta. O proprietário, por interesse ou por mero capricho, podia fazer o que quisesse com o bem, inclusive deixá-lo improdutivo, desperdiçá-lo ou mesmo destruí-lo. Essa visão, transposta para a atividade econômica, expressa-se pela doutrina de que a empresa *pertence* aos detentores de seu capital, os quais possuem direitos absolutos sobre o empreendimento, podendo fazer dele o que bem entenderem. Disso resulta que os dirigentes de uma companhia privada têm o dever de privilegiar a vontade e os interesses dos acionistas.

O liberalismo clássico, porém, foi sendo superado pela crescente intervenção do Estado na ordem econômica e social. Esse novo quadro trouxe, como conseqüência, uma mudança notável na concepção do direito de propriedade: este que, de início, era individual, adquiriu um caráter social; e sendo, a prin-

---

59. FRIEDMAN, Milton. *Capitalism and Freedom*. Chicago, IL: The University of Chicago Press, 1962. p. 133.

cípio, um direito, tornou-se um direito-dever. Surgiu, assim, o princípio da função social da propriedade, que busca estabelecer um equilíbrio entre a ordem liberal e a ordem socialista, mesclando elementos de ambas.

Atualmente, prevalece a noção de que a propriedade não deve proporcionar benefícios apenas a seu titular, mas a toda a sociedade. A função social da propriedade limita os direitos do proprietário, que não pode mais usar e abusar do bem como lhe aprouver. O uso da propriedade privada deve compatibilizar-se com o interesse social. Não mais se admite, por exemplo, a aquisição da propriedade com finalidades especulativas ou sua manutenção apenas como reserva de valor, pois estes são usos que contrariam os interesses da sociedade. A propriedade, agora, cria obrigações sociais para o proprietário.

O princípio da função social da propriedade deu origem à doutrina da *função social da empresa* (não confundir com a chamada *responsabilidade social* da empresa). A função social da empresa implica que os bens de produção devem ter uma destinação compatível com os interesses da coletividade. A obrigação do proprietário desses bens é pô-los em uso para realizar a produção e a distribuição de bens úteis à comunidade, gerando riquezas e empregos. Uma empresa geradora de riqueza e de emprego cumpre sua função social.

A afirmativa de que a missão precípua das organizações econômicas é dar lucro aos investidores expressa uma visão da empresa tão individualista quanto a antiga visão da propriedade. Seria como dizer que a sociedade autoriza a constituição de companhias porque os cidadãos teriam um suposto direito de enriquecer. Esta visão está superada. O princípio da função social da empresa derrubou a teoria do acionista. Hoje, o lucro, por si só, não é mais capaz de justificar a existência das organizações econômicas. A missão das companhias privadas não é fazer com que seus acionistas enriqueçam.

A empresa é uma instituição social, é um agente da sociedade criado com a finalidade de satisfazer necessidades sociais. A sociedade concorda com a criação de empresas porque as considera benéficas ao corpo social. Esse é o fundamento moral da existência de organizações econômicas. E mais: as organizações econômicas são autorizadas a funcionar pela sociedade e operam sob formas permitidas por ela.

A razão de ser da empresa não é produzir lucros nem fazer com que seus acionistas enriqueçam. A missão da empresa é produzir e distribuir bens e serviços, bem como criar empregos. Essa é a função social das companhias privadas. O sistema que a sociedade definiu para a operação das organizações econômicas é o da livre iniciativa em regime de competição econômica. Quanto ao lucro, a sociedade considera-o legítimo, entendendo-o como a justa recompensa a ser recebida pelos investidores que aceitam correr o risco de aplicar seu capital em um empreendimento produtivo. Neste ponto, não posso deixar de ressaltar a notável coincidência que a filosofia de uma empresa como a Johnson & Johnson guarda com relação às teses aqui apresentadas. O documento da J & J denominado *Nosso* Credo estabelece que "Os negócios devem proporcionar lucros adequados" e que "Os acionistas devem receber justa recompensa".

As noções expostas até aqui são mais do que teorias à espera de comprovação. São regras. A sociedade brasileira, por meio de seus representantes, inscreveu todos esses preceitos na Constituição e nas leis. O direito à propriedade privada e o princípio da função social da propriedade estão prescritos de forma genérica nos incisos XXII e XXIII do artigo 5º da Constituição Federal, no parágrafo 1º do artigo 1.228 do Código Civil e, de modo específico para a propriedade urbana e rural, nos artigos 182 a 186 da Lei Maior.

O principal dispositivo a expressar a moderna visão do papel das empresas é o artigo 170 da Carta Constitucional:

"Art. 170. A ordem econômica, fundada na valorização do trabalho humano e na livre iniciativa, tem por fim assegurar a todos existência digna, conforme os ditames da justiça social, observados os seguintes princípios:

I soberania nacional;

II propriedade privada;

III função social da propriedade;

IV livre concorrência;

V defesa do consumidor;

VI defesa do meio ambiente;

VII redução das desigualdades regionais e sociais;

VIII busca do pleno emprego;

IX tratamento favorecido para as empresas de pequeno porte;

Parágrafo único. ...

O *caput* do artigo 170 e seu inciso II estabelecem que a ordem econômica é baseada na livre iniciativa, isto é, em uma economia de mercado capitalista, e que sua finalidade é garantir a todos existência digna. Isto significa que a função da atividade econômica é a satisfação das necessidades básicas dos indivíduos, tais como alimentação, vestuário, habitação, saúde, educação, transporte e lazer. Em outras palavras, a função das empresas é atender prioritariamente às necessidades mínimas das pessoas em termos de bens e serviços. Essa regra é reforçada pelo disposto no inciso III, que consagra a função social da propriedade. Ademais, o inciso VIII, ao estabelecer o princípio da busca do pleno emprego, coloca a geração de empregos dentro da função social das empresas. A atividade econômica só se legitima quando cumpre sua finalidade, qual seja, assegurar a todos existência digna.

A Lei das S/A (Lei nº 6.404/76) revoga a teoria do acionista e também afirma a função social da empresa por intermédio dos seguintes dispositivos:

Artigo 115, *caput* – "o acionista deve exercer o direito de voto no interesse da companhia [...]";

Artigo 115, § 1º – "o acionista não poderá votar nas deliberações [...] que puderem beneficiá-lo de modo particular, ou em que tiver interesse conflitante com o da companhia.";

Artigo 116, parágrafo único – "o acionista controlador deve usar o poder com o fim de fazer a companhia realizar o seu objeto e cumprir sua função social, e tem deveres e responsabilidades para com os demais acionistas da empresa, os que nela trabalham e para com a comunidade em que atua [...]";

Artigo 154, *caput* – "o administrador deve exercer as atribuições que a lei e o estatuto lhe conferem para lograr os fins e no interesse da companhia, satisfeitas as exigências do bem público e da função social da empresa".

As prescrições da Lei das S/A reproduzidas afirmam, sem dúvida, que o dever dos administradores não é para com os acionistas, mas para com a empresa. Se houver conflito entre os interesses dos investidores e os da companhia, os interesses desta última devem prevalecer. Tanto os administradores quanto o próprio acionista controlador devem usar seu poder em benefício da empresa, para que esta cumpra sua função social.

A contradição apontada pelos autores da reportagem que deu origem a este artigo é decorrente do desconhecimento que existe em relação a princípios como a função social da propriedade e a função social da empresa. As normas constitucionais e legais indicam que a sociedade brasileira não quer abolir o capitalismo nem o lucro. Seu único desejo é que as organizações econômicas cumpram sua função social. A esse respeito, os cidadãos que responderam a pesquisa mostraram-se mais conscientes do que os dirigentes empresariais.

FLAVIO FARAH, mestre em Administração de Empresas e professor universitário. Autor do livro *Ética na gestão de pessoas: uma visão prática.*

DEMISSÃO: o elo partido

FLORIANO SERRA

Certamente no grande palco do mercado de trabalho, demissões fazem parte da cena. Mas não precisam fazer parte desse espetáculo a falta de respeito e amor para com o lado que está sendo abandonado.

Muitos autores já compararam a equipe de trabalho a uma corrente: para ser forte e servir aos objetivos propostos é preciso que todos os seus elos estejam inteiros e fortemente unidos. Se um desses elos se romper, a corrente, até que seja recomposta, terá perdido sua finalidade.

Há outro aspecto nessa analogia que também se aplica a uma equipe de trabalho: numa corrente, não há um elo-chefe, um elo mais importante que outro. Todos são absolutamente iguais e são igualmente necessários para manter a integridade e a eficácia da corrente.

Assim deveria funcionar uma equipe: uma só cabeça pensante, um só corpo executante e um só coração pulsante buscando os mesmos resultados.

Imaginem a importância da integridade de uma corrente, qualquer que seja seu tamanho. Assim como os grupos humanos, há correntes pequenas e correntes grandes, com poucos ou muitos elos. Visualizem essa corrente segurando, sustentando ou puxando algo enorme e valioso: um navio, uma carga, um foguete espacial, uma pessoa, um piano, uma ambulância, um avião. É fácil imaginar as dramáticas conseqüências causadas pela eventual quebra de apenas um dos elos. E se essa corrente estiver segurando, sustentando ou puxando uma empresa, não serão menores as conseqüências negativas.

Se todos os profissionais aceitassem essa analogia como válida, certamente teriam um cuidado maior para com cada elo e evitariam, a todo custo, que qualquer um deles se rompesse, quebrando a harmonia e a eficácia do conjunto.

Ao transpor esse simbolismo da corrente para uma equipe de profissionais, certamente temos que considerar, neste caso, algumas variáveis especificamente humanas quando ocorre o rompimento: havia um *elo* distorcido ou enfraquecido, comprometendo a harmonia e eficácia do conjunto – e que, para o bem geral devia ser substituído? Ou havia um *elo* descontente em fazer parte daquela corrente e tomou, ele próprio, a decisão de deixá-la?

No primeiro caso, estamos falando da decisão do gestor em demitir um membro da equipe. No segundo caso, quando um colaborador toma a iniciativa do desligamento.

Como o efeito negativo de ambas as ações é o mesmo – a quebra do conjunto –, estas decisões só deveriam ser tomadas, por qualquer das partes, mediante o uso pleno e absoluto da razão, da emoção e do espírito.

Quando ocorre uma união empresa/colaborador, é de se supor que, de início, tenha havido uma admiração mútua e um desejo recíproco de constituir uma parceria harmoniosa e produtiva. A partir daí, muitas boas ações e muitos bons resultados terão sido conseguidos e essa relação pode durar muito tempo. Ou não. Como empresas e pessoas são entidades dinâmicas, sofrem periódicas alterações e transformações das mais variadas causas e motivações. E, a uma certa altura, uma das duas partes pode tomar a iniciativa de deixar o conjunto.

Este é o ponto central deste artigo.

"Que seja infinito enquanto dure", disse o poetinha referindo-se ao Amor e isso faz todo o sentido do mundo. Mas acrescento: quando não mais durar, deixou de ser infinito, mas não perdeu a validade, a intensidade e a dignidade da relação, a lembrança dos bons momentos e a mágica das emoções vividas. E por tudo isso terá valido a pena. E se valeu a pena, merece respeito mesmo na hora de ser desfeita a parceria.

O que quero dizer é que nenhum profissional vira desonesto ou mau caráter de repente, apenas porque deixou o time. Assim como nenhuma empresa vira injusta, desumana ou antiética apenas por ter sido deixada.

Independente de quem tenha sido a decisão de deixar a corrente com um elo a menos, é preciso respeitar os fundamentos e os sentimentos que deram origem à parceria. É preciso que, a todo custo, seja preservada a dignidade, a auto-estima e o respeito de ambas as partes.

Acima de tudo, há o lado humano a ser considerado: poucos acontecimentos abalam tanto a estrutura de um profissional quanto o fato de ser demitido. Misturam-se à dor da perda e da insegurança o sentimento de inutilidade. Isso machuca a razão, a emoção e o espírito – o que nenhum gestor e nenhuma empresa têm o direito de provocar no elo que está sendo afastado. Da mesma forma, quando a iniciativa é do colaborador, a equipe tem sentimentos análogos de perda, abandono, ingratidão e fragilidade.

Certamente, no grande palco do mercado de trabalho, demissões fazem parte da cena. Mas não precisam fazer parte desse espetáculo a falta de respeito e amor para com quem está sendo abandonado.

Portanto, a responsabilidade de manter esse elevado padrão de dignidade e profissionalismo é de ambos os lados.

Que eles compreendam que nenhuma justificativa do mundo poderá ser aceita para as ações que façam com que anos de um produtivo passado de parceria sejam esquecidos e desprezados através de uma simples e fria assinatura que decreta a quebra dolorosa de uma corrente que um dia já foi gratificante.

FLORIANO SERRA, psicólogo, diretor de RH e Qualidade de Vida da APSEN Farmacêutica. Autor dos livros *A Terceira Inteligência* e *A Empresa Sorriso*, Editora Butterfly.

CAPITAL SOCIAL:
o que, diabos, vem a ser isso?
JOÃO MELLÃO NETO

Esqueça tudo o que você aprendeu sobre imperialismo, exploração e abundância de recursos naturais. Após décadas de estudos, os modernos cientistas sociais chegaram à conclusão que o fator determinante do sucesso ou do fracasso de uma nação é a quantidade que ela possui de *capital social*.

O que, diabos, vem a ser isso? Grosso modo pode-se dizer que, no processo de interação econômica entre os membros de uma sociedade, não se acumula apenas capital físico – dinheiro –, mas também capital social, que é o patrimônio de instituições, relações interpessoais e códigos de conduta que a comunidade assimila. Ao final das contas, não é a quantidade de capital econômico, mas sim a de capital social que determina se a comunidade tende ao sucesso ou ao fracasso.

A LIÇÃO DA ITÁLIA

Para entender como isso funciona é necessário que nos reportemos à história recente da Itália.

Desde a unificação do país, no século XIX, os italianos viviam brigando entre si. O Norte da Itália, rico e desenvolvido, queixava-se de Roma, que só privilegiava o Sul, que era mais atrasado. O Sul, por sua vez, culpava o *imperialismo* exercido pelo Norte, por não conseguir se desenvolver. Em 1970, para acabar com a eterna briga, o parlamento decidiu descentralizar o governo, concedendo autonomia virtualmente total a cada uma das vinte províncias.

O INTERESSE DE HARVARD

A experiência despertou o interesse de Harvard, que mandou cientistas acompanhar o processo. A Itália, pelos seus contrastes, era uma amostragem do primeiro e do terceiro mundo. As conclusões, depois de 30 anos de pesquisas, foram surpreendentes.

Todas as províncias tornaram-se autônomas em igualdade de condições. Mas as províncias do Norte, antes acusadas de *imperialistas*, dispararam economicamente, tão logo *deixaram de sê-lo*. Já as do Sul, ao *deixarem de ser exploradas*, deram um enorme passo para trás. O que determinou o sucesso de umas e o fracasso de outras?

CAPITAL SOCIAL: A EXPLICAÇÃO

Capital social é a resposta unânime dos pesquisadores. É ele que possibilita a cooperação mútua, a confiança recíproca e torna viável a ação coletiva. Quanto maior é esse capital, mais eficiente é a sociedade na consecução de seus objetivos. Vamos tentar entender melhor. Por trás de toda sociedade próspera existe um alicerce moral, qual seja, um conjunto de normas e condutas éticas que a ninguém ocorre transigir. Essa cultura não pode ser imposta pelo Estado, mas sim nascer da própria comunidade. Todos agem corretamente, porque todos entendem que, para todos, é melhor assim. Os *malandros* sempre aparecem, mas têm vida curta. A própria comunidade, tão logo os identifica, trata de isolá-los e repudiá-los.

Não há nada de utópico nesse processo. Onde há capital social, as pessoas mostram-se propensas a interagir economicamente. E o fazem através de associações, cooperativas, crédito abundante e comércio. O ato de confiar no próximo faz parte das normas e costumes. Mas isso não se dá por ingenuidade. Fulano confia em Sicrano porque sabe de antemão que Sicrano, pensando na sua reputação, jamais lhe *dará o cano* e cumprirá fielmente o que tiver sido combinado entre eles.

As transações e associações, assim, tornam-se mais comuns, ágeis e abrangentes. E isso amplia o leque de oportunidades e aumenta a prosperidade. O capital social, como o financeiro, multiplica-se pela sua prática. Quanto mais experiências bem sucedidas se dão no presente, maior é o número de outras que se viabilizarão no futuro.

O CAPITAL SOCIAL NA ITÁLIA

Voltando ao caso da Itália, os contrastes históricos e culturais entre Norte e Sul fizeram toda a diferença. O Norte, fragmentado em cidades-Estado desde a Idade Média, possuía uma herança cívica incomparavelmente maior do que o Sul, que sempre vivera em um regime semifeudal.

A sociedade, no Norte, era vibrante e atuante. Já no Sul se dava o contrário. Vivendo por séculos sob o despotismo, a dissimulação e a desconfiança mútua — mais do que costumes — eram regras de sobrevivência. Oportunismo era — e em parte ainda é — visto como virtude. Se Giovanni fraudava Giuseppe, o primeiro era incensado como esperto e o segundo tachado de otário. Sonegar impostos, mais do que um hábito, era uma obrigação. «Quem age direito, morre miserável», reza um famoso ditado calabrês...

Se no Norte o Estado era desnecessário, no Sul ele sempre foi inexistente. Para fazer cumprir os contratos não se recorria à justiça do Estado, mas sim a organizações como a Máfia. Em 1970, depois de instalados os governos provinciais, eles logo se tornaram fontes de privilégios e de clientelismo. Os novos burocratas haviam sido criados na mesma cultura. Como imaginar que no poder eles seriam diferentes?

O exemplo da Itália é um paradigma para entender as diferenças entre o mundo desenvolvido e o resto.

Por que a Europa se recuperou tão depressa da destruição da Segunda Guerra? Porque os seus povos detinham muito capital social. O resto veio por conseqüência.

O CAPITAL SOCIAL NO BRASIL

No caso do Brasil, em termos de capital social, algo já foi conseguido, mas ainda falta um longo caminho a percorrer. E de nada adianta praguejar contra o imperialismo, o neocolonialismo ou o capitalismo internacional. As deficiências, infelizmente, são exclusivamente nossas.

Os cientistas sociais, hoje em dia, são unânimes ao afirmar: a única e efetiva riqueza que um povo possui são os laços sociais e cívicos que ele mesmo constrói.

JOÃO MELLÃO NETO, administrador de empresas formado pela Fundação Getulio Vargas e jornalista formado pela Fundação Cásper Líbero. Empresário do setor agropecuário. Foi deputado federal de 1991 a 1999. Foi secretário de Estado da Comunicação do governo do Estado de São Paulo em 2004. Autor de vários livros, conferencista e palestrante.

A ÉTICA EMPRESARIAL E O NOVO CÓDIGO CIVIL

JOAQUIM MANHÃES MOREIRA

SER ÉTICO NAS RELAÇÕES CONTRATUAIS DEIXOU DE SER UMA OPÇÃO SOB O NOVO CÓDIGO CIVIL

O novo Código Civil tem sido elogiado pela incorporação de preceitos éticos ao seu texto. Tais dispositivos são dirigidos aos praticantes de atos jurídicos, principalmente as partes dos contratos. Muitos contratos são celebrados por pessoas naturais. Outros são estabelecidos entre pessoas jurídicas, ou entre essas e as pessoas naturais. O novo Código Civil dirige-se sempre às pessoas, inclusive àquelas que agem na representação de sociedade (geralmente organizada sob a forma de empresa), associação ou fundação.

Sabemos que a ética empresarial, em sua essência, é a determinação, às pessoas que integram uma organização, de agir sempre em conformidade com os valores da honestidade, verdade e justiça, em todas as atividades nas quais representem essas entidades jurídicas: nas compras, nas vendas, nos empréstimos, nas relações com empregados, com a concorrência, com o governo e com a comunidade, e em quaisquer outras.

A prática dos valores acima implica agir sempre de boa-fé, consistente na prática de cada ato sem dolo e sem incorrer em fraude, revelando a verdade à outra parte e agindo sob a convicção de estar protegido pela lei, tomando também como verdadeiras e justas as declarações e exigências do outro contratante. A boa-fé significa também somente assumir obrigações com a possibilidade e a intenção verdadeiras de cumpri-las no prazo acordado.

Portanto, agir de boa-fé significa acima de tudo agir com ética. Ser ético nas relações obrigacionais (contratuais) deixou de ser uma opção sob o novo Código Civil. Passou a ser um dever cuja violação acarretará responsabilidades para a parte infratora.

Para se ter uma idéia de como o novo código valorizou a matéria, basta verificar que a expressão boa-fé foi nele citado 55 vezes, contra 30 vezes em que era citada pelo repositório antigo, revogado.

O principal dispositivo do novo Código Civil a respeito do assunto é o que estabelece que os contratantes são obrigados a observar a boa-fé tanto na celebração quanto no cumprimento dos contratos (artigo 422). E o código acrescenta também o dever da probidade, assim entendida a honestidade, ou seja, a prática de não lesar a outrem e, em conseqüência, atribuir a cada um o que lhe é devido.

Outros dispositivos importantes que valorizam o aspecto ético e a boa-fé no novo código são:

a) os contratos devem ser interpretados de acordo com a boa-fé e os usos do lugar em que forem celebrados (artigo 113). Esse dispositivo deve ser sempre aplicado em conjunto com o que determina que se deve atentar mais para a vontade das partes do que para a literalidade das palavras com que elas a expressam (artigo 112);

b) no caso de simulação de negócio jurídico, ficam ressalvados os direitos dos terceiros de boa-fé em face dos contraentes (artigo 167);

c) o titular de direito legítimo que ao exercê-lo excede os limites dos seus fins econômicos e sociais ou da boa-fé comete ato ilícito (artigo 187);

d) o devedor que paga a alguém julgando ser este último o credor, baseado em fundadas razões, libera-se da obrigação, mesmo que fique provado que faltava ao recebedor a legitimidade (artigo 309).

Há muitos outros dispositivos que requerem a prática da boa-fé nas diversas relações civis. Alguns deles já existiam nas relações de consumo e já eram vedados pelo Código de Defesa do Consumidor (CDC). Foram eles agora incorporados às demais relações civis e comerciais mantidas pelas empresas, alcançando aquelas que não estão protegidas pelo Código do Consumidor.

Com tais provisões, o novo código certamente desestimula as ações antiéticas, como, por exemplo:

a) a empresa compradora de bens ou contratante de serviços que atrasa o pagamento do fornecedor porque o contrato não prevê multa ou, quando prevê, o valor desta é menor do que os juros pagos pelo mercado financeiro pelo investimento do montante durante o período de atraso;

b) a empresa fornecedora que entrega produto anunciado com características diferentes daquelas que de fato possui e com as quais se comprometeu perante a organização adquirente;

c) o devedor que assume dívida que sabe não poder honrar, ou que de antemão não pretende pagar.

As penalidades pelo descumprimento dos deveres éticos são as previstas para a violação das obrigações contratuais. Em qualquer caso, a empresa que agir com má-fé, deixando de proceder de conformidade com os princípios éticos, como regra fica sujeita ao pagamento de perdas e danos, mais correção monetária e juros (artigos 389/395). As perdas e os danos compreenderão os valores que a parte prejudicada tenha perdido, mais aqueles que razoavelmente tenha deixado de ganhar (artigos 402/405). No caso de descumprimento de obrigações de pagamento em dinheiro, se não houver no contrato previsão de multa, o juiz poderá arbitrar juros a serem calculados por taxa que reflita a perda real do prejudicado, ou seja, aquelas praticadas pelo mercado financeiro.

JOAQUIM MANHÃES MOREIRA, advogado, sócio do Manhães Moreira Advogados Associados e autor do livro *A ética empresarial no Brasil*, Editora Pioneira.

A RESPONSABILIDADE SOCIAL CORPORATIVA COMEÇA EM CASA

JULIO CÉSAR BIN

Há uma pergunta que ronda grande parte das empresas e martela a inteligência dos habitantes do mundo corporativo, em intensidade proporcional ao nível do conhecimento sobre o assunto: o que é e como fazer para ser e permanecer socialmente responsável? Fóruns, debates, seminários e reuniões são cada vez mais comuns entre os que carregam a bandeira da sustentabilidade nas organizações, e também entre os simpatizantes da idéia de usar o poder e a estrutura das grandes corporações com o objetivo de iniciar um processo de melhoria na sociedade e da preservação dos recursos naturais. É impressionante e animador observar como este mesmo assunto, há três anos, era apenas considerado pauta entre um inexpressivo número de profissionais e, mesmo assim, num nível considerado acadêmico. A fundamentação necessária para responder à pergunta talvez esteja concentrada em outra questão que deveria ser anterior a esta, mas que se perdeu no momento em que as alternativas começaram a ser procuradas, quase que apenas dentro do contexto corporativo.

Diferentemente do que muitos pensam, o conteúdo necessário para o desenvolvimento de programas de Responsabilidade Social Corporativa - RSC passa por um raciocínio que, antes de ser coletivo, deve ser individual. Não é possível olhar para o todo sem antes olhar para dentro de nossas casas. Para se criar processos sustentáveis e que tenham uma interferência positiva em nossa sociedade, é preciso que esses indivíduos estejam cientes de seus direitos e de suas responsabilidades enquanto cidadãos e profissionais.

Infelizmente, no Brasil temos exemplos diários de como indivíduos carentes de valores éticos, morais e sociais aproveitam-se de cargos e privilégios para praticar a Irresponsabilidade Social. Vestem chapéus tanto públicos como privados e não pensam sobre a situação insustentável que estão criando para seus descendentes. Constroem palácios de ouro sob um alicerce de areia com vista para um mar de lama.

O que parece ser um império é uma estrutura debilitada que depende de esquemas obscuros e da conivência de muitos. Esses impérios acabam, mais cedo ou mais tarde, ruindo e prejudicando não só a própria família, mas todos a sua volta. É o velho ditado: "um dia a casa cai!"

Essa metáfora serve para que nós, indivíduos interessados em iniciar um real processo de revitalização moral neste País, entendamos a mensagem e realmente a apliquemos em nosso dia-a-dia. A Responsabilidade Social Corporativa não pode ser encarada como mais um *job* ou um projeto. Presidentes, funcionários, colaboradores, fornecedores, enfim, todos os envolvidos na cadeia produtiva das organizações, devem primeiro compreender os resultados e efeitos da sustentabilidade como indivíduos, para então começar a desenvolver programas corporativos.

Essa conscientização passa, de maneira inevitável, por um forte sentimento nacionalista de resgate da cidadania e de reconstrução cívica, no qual o sujeito corporativo entende que antes de ser um profissional, ele é, prioritariamente, um cidadão. Por mais piegas que possa parecer, o segredo de uma sociedade verdadeiramente preocupada com o futuro das gerações que estão para vir se traduz em apenas uma palavra: patriotismo.

O descontentamento e desânimo que muitos de nós sentimos neste momento histórico pelo qual passa o País é, na verdade, uma grande desilusão amorosa com a nossa pátria. Estamos saudosos e carentes de orgulho, de respeito, de confiança e de reciprocidade ética. Aqueles bons exemplos a serem seguidos, que uma determinada campanha publicitária nos pedia e alardeava, já foram assimilados há muito tempo atrás. O que o cidadão brasileiro precisa mesmo é somente de cidadania – e não de ser levado a achar que o bom do Brasil é mesmo o estrangeiro. A Responsabilidade Social Corporativa pode então constituir, antes de qualquer outra coisa, a salvação de milhões de brasileiros que não estão e nunca farão parte do seleto mundo corporativo.

O resgate da dignidade, autoconfiança, moral e cidadania dessas pessoas depende de ações não-governamentais e está nas mãos daqueles que se propõem a fazê-las. A própria moralização de nosso falho sistema administrativo e público pode resultar de exemplos e programas criados e geridos pela iniciativa privada e do terceiro setor. Os recursos intelectuais e financeiros já existem para que os primeiros passos sejam dados, mas continuaremos engatinhando por um longo tempo ainda, caso a principal pergunta não seja assimilada e respondida por cada um de nós: o que devo fazer para que o futuro de minha família seja sustentável?

JULIO CÉSAR BIN, bacharel em Administração de Empresas pela Universidade Mackenzie, em São Paulo, e PGC em Marketing pela Westminster University de Londres. Sócio-diretor da Gecko SocioAmbiental.

ÉTICA E GLOBALIZAÇÃO

LUIZ ALBERTO DE SOUZA ARANHA MACHADO

A exemplo de qualquer categoria profissional, a dos professores também tem o seu jargão próprio, ou seja, um conjunto de expressões que são utilizadas sistematicamente, com uma freqüência muito maior do que em outros segmentos de atividade.

Exemplos típicos são *relação professor/aluno* ou *relação ensino/aprendizagem.* São expressões que muitas vezes são destituídas de sentido se tomadas ao pé da letra, pois há um número considerável de professores que gosta mesmo do espaço acadêmico nos meses de férias – quando não existem alunos. Mas, na sala de aula, frente a frente com os alunos, falam da relação entre professor e aluno como o fator mais importante para o sucesso de sua atividade.

Da mesma forma, só tem sentido falar na relação ensino/aprendizagem quando, de um lado, alguém ensina, e, de outro, alguém aprende. Lamentavelmente, não é exatamente isso que ocorre muitas vezes, pois, de um lado, há um volume significativo de professores que fingem que ensinam, e, de outro, um volume também significativo de alunos que fingem que aprendem.

Outra expressão que professor adora empregar é *paradigma*. Gosta tanto de utilizá-la que ela se tornou uma expressão desgastada, em grande parte, pelo excesso de uso, muitas vezes inadequado.

Não é o caso, por exemplo, de seu uso para explicar as conseqüências da globalização, uma vez que estas representaram, efetivamente, mudanças de paradigmas, com diversos fatores ganhando importância, ao mesmo tempo que outros tinham sua importância reduzida.

Num artigo elaborado para um seminário promovido pelo Instituto de Engenharia[60], o Prof. Eduardo Giannetti abordou esse aspecto de forma brilhante e, dentro do possível, sucinta. É em grande parte com base nessa abordagem e em considerações complementares de ordem pessoal que escrevo o presente artigo. Inicialmente, procuro descrever o que entendo por globalização; a seguir, indico os aspectos cuja importância cresceu e os aspectos cuja importância diminuiu com a globalização; por fim, procuro me aprofundar um pouco mais na relação entre ética e globalização.

O QUE É A GLOBALIZAÇÃO?

A maior parte das pessoas costuma identificar a globalização como um fenômeno predominantemente econômico. Eu, particularmente, discordo desse ponto de vista. Acredito que a globalização é um fenômeno que combina, predominantemente, a comunicação e a tecnologia, embora suas conseqüências econômicas acabem sendo as mais percebidas pelas pessoas.

Num esforço de síntese, a globalização é definida por Giannetti como a conjunção de três forças muito poderosas: a terceira revolução tecnológica (tecnologias ligadas a busca, processamento, difusão e transmissão de informações; inteligência artificial; engenharia genética), a formação de áreas de livre comércio e blocos econômicos integrados, e a crescente interligação e interdependência dos mercados físicos e financeiros em escala planetária.

Só por essa simples tentativa de definição, já se torna possível ter uma idéia de por que a globalização representou uma efetiva mudança de paradigma. Desde que o mundo se reorganizou geopolítica e territorialmente ao final da

---

60. GIANNETTI, Eduardo. *Globalização, transição econômica e infra-estrutura no Brasil.*

Idade Média, o Estado Nacional passou a se constituir na unidade territorial fundamental, cujos interesses eram aceitos como prioritários. Desde então, as pessoas, as empresas, as organizações, os municípios, as províncias e os Estados tinham, é claro, seus próprios objetivos, mas estes não podiam deixar de estar em consonância com os objetivos e interesses mais amplos, que eram os interesses do Estado Nacional. A tentativa de criar áreas de livre comércio e blocos econômicos integrados, tais como a União Européia, o Nafta ou o Mercosul, constitui iniciativas, pela primeira vez em mais de quinhentos anos, que supõem que interesses supranacionais se sobrepõem aos interesses de cada país membro. Evidentemente, isso não está sendo fácil. Mesmo no caso da experiência mais adiantada, a União Européia, ocorreram – e continuam ocorrendo – numerosas dificuldades. Imaginar que isso não ocorreria é, no mínimo, mera ingenuidade. Afinal, não se esquece de uma hora para outra um conjunto de idéias e instituições que foram se consolidando por mais de quinhentos anos...

Graças a essas três forças poderosas que configuram a globalização, percebe-se uma mudança na percepção de dois fatores básicos que fazem parte da nossa vida: o tempo e o espaço. A primeira sensação que se tem é a de que houve uma aceleração do tempo e uma integração do espaço. Em outras palavras, tempo e espaço deixaram de ser obstáculos no mundo globalizado, de tal forma que estaríamos, finalmente, entrando naquilo que o famoso comunicólogo canadense Marshall McLuhan anunciou com tanto alarde há algumas décadas: uma aldeia global.

Na verdade, essa primeira sensação esconde um enorme paradoxo, já que, principalmente quem vive em grandes metrópoles, sabe que estamos ainda muito longe de viver numa sociedade em que o tempo e o espaço deixaram de ser obstáculos. A rigor, o que se percebe nessas cidades é exatamente o oposto, pois é crescente (e não decrescente) a quantidade de pessoas que se queixa cada vez mais do pouco tempo de que dispõe para fazer tudo aquilo que gostaria de fazer. E o pior é que isso começa a ocorrer cada vez mais cedo na vida das pessoas, sendo possível encontrar crianças, por absurdo que possa parecer, com agendas sobrecarregadas!

O SOBE-E-DESCE DA IMPORTÂNCIA DOS FATORES

Com essa verdadeira mudança de paradigma, alguns fatores ganham importância no mundo globalizado, ao mesmo tempo em que outros, simultânea e quase simetricamente, têm sua importância reduzida.

Assim, ganham importância no mundo globalizado:

1) a estabilidade e a previsibilidade macroeconômicas – num mundo em que as relações econômicas são estabelecidas, muitas vezes, entre blocos de países, quem é que vai querer ter como parceiro um país que não consegue manter a estabilidade de sua moeda e onde não há condição de se fazer qualquer tipo de previsão a não ser de curtíssimo prazo?

2) o investimento em capital humano, entendido não apenas no seu componente cognitivo, necessário para interagir com as novas tecnologias, mas também no que diz respeito à ética e à confiabilidade interpessoal;

3) a agilidade e a flexibilidade empresariais – no mundo globalizado e altamente competitivo, acesso à informação deixou de ser *handicap* favorável, uma vez que ela se encontra disponibilizada para todos. Sendo assim, o que se torna essencial é saber como processar as informações e, com base nisso, tomar as decisões no momento adequado, se possível antecipando-se aos concorrentes. Portanto, a inovação é uma ambição de todos os atores desse novo cenário e, para obtê-la, cresce cada vez mais a importância da criatividade, definida por Charles "Chic" Thompson[61] como "a capacidade de olhar para a mesma coisa que todos os outros, mas ver algo de diferente nela".

Por outro lado, perdem importância no mundo globalizado:

1) a noção de Estado nacional soberano e o ativismo macroeconômico keynesiano – a formação de blocos econômicos representa, ainda que parcialmente, algo que põe em dúvida os antigos papéis desempenhados pelos Estados nacionais. Além disso, é preciso ressaltar que as transformações de ordem tecnológica e organizacional identificadas no item anterior interferiram significativamente nos padrões internacionais de competitividade. A propagação dessas novas bases tecnológicas só se viabilizou, porém, graças

---

61. THOMPSON, Charles "Chic". *Grande idéia! Como desenvolver e aplicar sua criatividade*. São Paulo : Editora Saraiva, p. 24.

ao processo de desregulamentação e da progressiva diminuição das fronteiras nacionais. Em razão disso, a capacidade de os Estados nacionais implementarem políticas compensatórias com eficiência mínima torna-se cada vez mais questionável;

2) a mão-de-obra barata e os recursos naturais abundantes como fatores de competitividade e atração de investimento direto estrangeiro – com todos os avanços da terceira revolução tecnológica, tem sido cada vez mais fácil produzir artificialmente, sem perda de qualidade e com preços significativamente mais baixos, substitutos para matérias-primas que, até algum tempo atrás, constituíam-se nos principais itens da pauta de exportações de uma série de países subdesenvolvidos ou em desenvolvimento;

3) a auto-suficiência econômica como objetivo nacional – considerando, de um lado, o tempo e a distância deixando praticamente de se constituírem em obstáculos às transações internacionais, e, de outro, o elevado custo em P&D para se produzir em condições mínimas de qualidade e preço artigos cada vez mais sofisticados, torna-se verdadeiramente incompreensível imaginar um país que estabeleça como objetivo nacional a auto-suficiência econômica. A par disso, as mudanças apontadas no item anterior trouxeram, entre outras conseqüências, um nível muito mais alto de automação e integração entre as atividades de concepção, produção, gerenciamento e comercialização de produtos e serviços, exigindo, inevitavelmente, novas estratégias empresariais.

O FORTALECIMENTO DA ÉTICA NO MUNDO GLOBALIZADO

Propositalmente, deixei um único fator sem comentário no rápido exame feito sobre o sobe-e-desce da importância dos fatores na parte anterior deste artigo. Foi justamente o que trata da importância do investimento em capital humano, aqui entendido, repito, não apenas no seu componente cognitivo, necessário para interagir com as novas tecnologias, que é o aspecto normalmente enfatizado nos textos sobre a sua importância, mas também no que diz respeito à ética e à confiabilidade interpessoal.

Ora, num mundo em que os acontecimentos são divulgados praticamente em tempo real, qualquer deslize mais grave condena seu autor a uma desconfiança generalizada. Um bom exemplo nesse sentido pode ser observado com o ex-presidente Fernando Collor de Mello, cuja imagem se encontra irremediavelmente associada aos desmandos e à corrupção que conduziram ao seu *impeachment*. Quem, aliás, se utilizou desse fato para demonstrar que com a globalização e a imediata divulgação das notícias em escala mundial a questão ética passaria a ser vista noutra dimensão, com sua importância sendo bastante valorizada, foi John Naisbitt[62], no *best seller Paradoxo Global*.

Apesar de absolvido pelos crimes supostamente cometidos naquela época, Collor não conseguiu se eleger em 2002 nem sequer para o governo de Alagoas, Estado de onde partiu em sua vertiginosa escalada rumo à Presidência da República nas eleições de 1989. Sua eleição para o Senado agora em 2006 mostra que a retomada da trajetória política pode ter que se dar num patamar muito inferior ao que se encontrava anteriormente.

Exemplos como o de Fernando Collor podem ser vistos em grande quantidade, quer no Brasil quer no exterior, com conseqüências semelhantes. Os autores de desvios éticos no exercício de funções públicas de grande visibilidade têm tido enorme dificuldade para recuperar sua reputação e de dissociar seus nomes dos escândalos a que ficam permanentemente atrelados.

Nós, brasileiros, tivemos agora uma interessante oportunidade de verificar até que ponto o cipoal de denúncias de corrupção que assolou o País nos últimos meses deixou como herança, com a não reeleição de expressivo percentual de parlamentares envolvidos nos variados e sucessivos escândalos amplamente divulgados. E minha observação não se refere apenas ao resultado das eleições, mas sim ao futuro político de longo prazo reservado aos mensaleiros, sanguessugas e demais envolvidos em atos de corrupção e enriquecimento ilícito, a maior parte dos quais, lamentavelmente, absolvidos na *pizzaria* nada ética do Congresso Nacional.

LUIZ ALBERTO DE SOUZA ARANHA MACHADO, economista formado pela Universidade Mackenzie, 1977, com especialização na Boston University, na Creative Education Foundation, na International Alliance for Learning e na Fundação Armando Alvares Penteado. Vice-diretor da Faculdade de Economia da Fundação Armando Alvares Penteado - FAAP, na qual é professor titular e coordenador dos cursos *in company* FAAP-Pós Graduação. Conselheiro do Instituto Fernand Braudel de Economia Mundial. Conselheiro da Fundação Brasil Criativo e membro do Conselho Superior da Ordem dos Economistas do Brasil.

---

62. NAISBITT, John. *Paradoxo global*. Rio de Janeiro: Editora Campus.

ÉTICA E CIBERNÉTICA

MARCO ANTONIO IASI

O foco desta abordagem procura mostrar a forma pela qual a vivência da Ética influencia diretamente na História da Humanidade, partindo-se de uma visão que leva em conta os Princípios Cibernéticos como paradigmas excelentes. A nossa postura ética é tão relevante que se poderia afirmar ser ela a determinante principal do nosso destino como espécie viva, portanto do futuro da Humanidade.

Ética, já sabemos de que se trata. Há quem saiba mais, quem menos, mas todo ser humano tem sua noção básica. Alguns a levam mais a sério, outros nem tanto como seria desejável.

O conceito original vem do grego *ethos*, que se refere aos "usos e costumes de uma comunidade".

O objeto material da Ética é o ato humano, o seu objeto formal é a moralidade desse ato. Portanto, como se vê, a Ética lida com questões do bem, do direito, da justiça, da honestidade, sinceridade, bem comum etc., mas que, no entanto, poderiam ser resumidas numa palavra-chave universal que engloba tudo em si: o Amor.

O Amor com sua regra de ouro "faça (ou não faça) aos outros o que gostaria que fizessem (ou não) a ti".

Esta certamente não é uma abordagem completa, mas próxima do aceitável por se tratar de uma colocação rápida.

Uma vez mencionada a Ética, qual é a sua correlação com a Cibernética?

Se você pensa que sabe por intuição o que é Cibernética, acho que seria melhor confirmar sua opinião no texto a seguir, para não haver precipitação no entendimento.

Em primeiro lugar, não é cibern-ética. O fato de ter a mesma terminação é pura coincidência, apenas uma rima po-ética, mas sem poesia.

Desta forma, aqui estou eu, pela enésima vez, tentando explicar em tom meio professor que Cibernética nada tem a ver com esse negócio de computação eletrônica.

O pai da Cibernética foi Norbert Wiener, um cientista norueguês que muito provavelmente nem deve ter se dado conta do alcance do seu trabalho e descoberta, tão grande foi a importância dos recentes desdobramentos da sua Ciência nos campos da Sociologia, da Antropologia e até mesmo (talvez principalmente) no campo da Religião, ou seja, da "Fé conforme a Razão"[63].

A Cibernética é uma ciência fundamentada em alguns princípios, que por sinal são muito luminosos, do tipo *farol alto*, que nos faz enxergar muito longe, em dimensões que nem sequer supúnhamos existir.

O primeiro Princípio Cibernético é o da *Unidade e Transcendência*[64], que diz o seguinte: as *partes* que se relacionam em condições de reciprocidade (unidade) podem juntas e relacionadas gerar um novo *todo* (transcendência), que não é a soma ou justaposição das partes, mas um *novo ser*, transcendente portanto, que não existia antes de haver esse relacionamento de unidade.

Esse *todo*, portanto, é superior às partes, porque é mais complexo que as partes que o compõem, é uma *sociedade*, um *todo social*. A condição fundamental para que ocorra um fenômeno cibernético de transcendência é que de alguma forma haja perfeita unidade. No exemplo clássico, Hidrogênio e Oxigênio morrem (sem morrer) naquilo que são individualmente, para gerar

---

63. Segundo o pensamento de Chiara Lubich, fundadora e atual presidente da *Obra de Maria*.
64. Na verdade são dois princípios, mas indissociáveis porque são simultâneos.

uma nova *comunidade relacional*, a Água, cujas qualidades são totalmente diversas das partes que lhe são componentes.

Esse novo ser gerado pela experiência de *unidade* entre as partes, unidade esta que somente se realiza quando existe uma perfeita e contínua reciprocidade de relacionamento, é o produto resultante de um fenômeno de transcendência material, cujas matérias-primas são as partes e sua inter-relação.

Não é um conceito muito complicado, mas a sua importância não tem limites. Basta pensar que todo o Universo material e biológico é uma expressão direta desse Princípio, e sem ele o Universo simplesmente não teria existido, pelo menos assim como ele é hoje.

No instante exato do surgimento do Universo, no *Big Bang*, a grande explosão, a Energia que estava toda concentrada haveria de se espalhar pelo espaço e se transformar imediatamente em Matéria, deixando de ser um plasma de *Quarks* e *Léptons* para se transformar em partículas de Prótons ou Nêutrons e partículas de Elétrons, respectivamente.

Embora existam seis tipos de *Quarks* e seis de *Léptons*, nenhum deles existe por si só, ou seja, somente existem estavelmente se estiverem em relacionamento recíproco com os seus pares, transcendendo-se ciberneticamente em partículas elementares. Isso significa que não há matéria sem relacionamento *social*. Se ampliarmos uma laranja até o tamanho da Terra, veríamos um enorme vazio, com átomos em relacionamento, todos do tamanho de uma cereja. E se ampliarmos esses átomos até o tamanho de uma sala, ainda assim não veríamos seus núcleos a olho nu.

Formados então os primeiros átomos, daí em diante a transcendência cibernética não mais se deteve, e como todos sabemos, surgiram diversos tipos de átomos, depois com a relação destes surgiram as moléculas, e destas as células vivas, depois os organismos, os seres vivos, os animais e, entre eles, finalmente nós, os seres humanos, um maravilhoso edifício formado de vazios e complexíssimos relacionamentos progressivos.

São cerca de 15 bilhões de anos de evolução, e também esta, a Evolução, não teria acontecido sem a atuação de um Segundo Princípio Cibernético, chamado de Princípio da *Finalidade e Retroação* (ou *feed back*)[65].

---

65. Da mesma forma também são dois, indissociáveis.

A *Finalidade* é uma causa que não existe ainda, isto é, é uma causa colocada no futuro: *Quarks* relacionam-se para formar prótons. Prótons, nêutrons e elétrons relacionam-se para formar átomos. E assim por diante para formar homens.

Mas o que assegura às partes-em-relação que elas estão no caminho certo, rumo a sua Finalidade? É a Retroação. Ela busca sempre as melhores formas de relacionamento, por tentativas até a otimização suprema do processo, tendo como referência a Finalidade.

A Retroação não é algo periférico neste artigo, porque é exatamente aqui que entra em questão a Ética, vindo assim, a completar o círculo do nosso raciocínio.

Assim como é graças à Retroação que conseguimos colocar uma linha no buraco de uma agulha (finalidade), depois de tentativas com erros e acerto, da mesma forma a Retroação colocou veneno nos dentes da serpente que não tem membros para agarrar suas presas. Foi ela que pintou de branco, da cor da neve, a pele do urso polar para proteger sua vida. Aliás, os fenômenos cibernéticos evolutivos atuam sempre em função da vida, pois como podemos intuir, a Vida faz parte da finalidade cibernética limite ou, se quisermos, do Ideal Cibernético.

Sendo assim, podemos falar em Cibernética Social, isto é aplicada à sociedade humana. Embora o Homem seja o ápice da evolução, é bom que se entenda que isso é verdade até o momento, mas não em definitivo. Caso assim fosse, o Homem seria apenas outro animal em extinção e nada mais, um verdadeiro beco sem saída da evolução.

Seguindo sua vocação cibernética, o Homem, o mais refinado produto cibernético, foi convidado a dar o definitivo passo de transcendência, pois é também ele uma *parte* de um novo *todo social* superior.

Para o físico, o *Big Bang* é uma explosão energética. Para o filósofo, talvez seja a explosão da racionalidade. Mas para o místico, aquele que dá a vida por um ideal, a Criação do Cosmos é uma explosão de Amor. Por nós o Amor transborda de si mesmo para nos dar a Vida.

São Paulo poderia ser chamado de sábio cibernético quando disse, *antes de tudo a mútua e contínua caridade...*". E para os cristãos, o Evangelho é absolutamente cibernético, pois o seu Mandamento, o Novo, é o amor recíproco[66]. Assim, nós,

---

66. *Nisso reconhecerão que sois meus discípulos, se vos amardes uns aos outros....*

os cristãos, acreditamos que o ápice do Universo *está entre nós,* quando Deus está presente: *onde dois ou mais estiverem unidos em meu nome, ali estarei Eu no meio deles.*

Acima de tudo, o Evangelho tem uma *finalidade* cibernética explícita, a divinização do ser humano, no *que todos sejam um...,* isto é, a unidade plena e a transcendência final.

E a Ética, como se enquadra nesse contexto da Cibernética Social?

Ciberneticamente falando, a Ética posiciona-se no campo da Retroação.

É a Ética que assegura a evolução rumo à finalidade.

A Ética é o elemento fundamental de retroação social, que coloca o *relacionamento recíproco* pleno como *referencial absoluto* da evolução humana e social.

A Natureza não tem escolha, ela ama sempre. O Homem, porém, destaca-se da Natureza porque tem o dom supremo da liberdade, e nisso é semelhante ao Criador.

Se ele quiser pode amar, e se amar estará sendo fiel a sua própria natureza evolutiva que ama sempre, fiel a sua constituição cibernética, e assim, pela possibilidade que tem de realizar também ele a experiência de Unidade e Transcendência, levará o Universo a sua máxima expressão e de volta ao Amor, onde tudo começou, uma *evolução-retorno* à dimensão original.

MARCO ANTONIO IASI, empresário, engenheiro pela Universidade de São Paulo - USP, administrador e consultor em Gestão Empresarial. Autor dos livros *Reengenharia Social* (LTR) e, em edição, *Teoria dos Princípios de Gestão.*

POR QUE AS EMPRESAS ESTÃO IMPLANTANDO CÓDIGOS DE ÉTICA?

MARIA DO CARMO WHITAKER

"Nossa empresa é ética. Temos uma filosofia de trabalho que prioriza a coerência entre o que se diz e o que se faz. Preservamos nossos valores. Somos reconhecidos no mercado por essa nossa postura. Não transigimos com nossos princípios. Assim, não precisamos de código de ética".

Não raro esse comentário advém de empresários que exercem importante papel de liderança, sem perceberem as reais vantagens de adotar, para suas empresas, códigos de ética ou guias de conduta.

Isso não quer dizer que para ser ética, seja imprescindível que a empresa adote um código de conduta. O importante é que, se optar por adotá-lo, deverá estimular a vivência de seu conteúdo no dia-a-dia.

CÓDIGO DE ÉTICA OU GUIA DE CONDUTA

O código de ética é um instrumento de realização da filosofia da empresa, de sua visão, missão e valores. "É a declaração formal das expectativas da empresa à conduta de seus executivos e demais funcionários."[67]

O código de ética deve ser concebido pela própria empresa, expressando sua cultura. Serve para orientar as ações de seus colaboradores e explicitar a postura da empresa em face dos diferentes públicos com os quais interage. É um instrumento que serve de inspiração para as pessoas que aderem a ele e se comprometem com seu conteúdo. É imperioso que haja consistência e coerência entre o que está disposto no código de ética e o que se vive na organização. Se o código de conduta de fato cumprir o seu papel, sem dúvida significará um diferencial que agregará valor à empresa.

POR QUE AS EMPRESAS ESTÃO IMPLANTANDO CÓDIGOS DE ÉTICA?

As empresas estão implantando códigos de ética porque esse documento tem a faculdade de:

- Fornecer critérios ou diretrizes para que as pessoas se sintam seguras ao adotarem formas éticas de se conduzir.
- Garantir homogeneidade na forma de encaminhar questões específicas.
- Aumentar a integração entre os funcionários da empresa.
- Favorecer ótimo ambiente de trabalho que desencadeia a boa qualidade da produção, alto rendimento e, por via de conseqüência, ampliação dos negócios e maior lucro.
- Criar nos colaboradores maior sensibilidade que lhes permita procurar o bem-estar dos clientes e fornecedores e, em conseqüência, sua satisfação.
- Estimular o comprometimento de todos os envolvidos na elaboração do documento.
- Proteger interesses públicos e de profissionais que contribuem para a organização.
- Facilitar o desenvolvimento da competitividade saudável entre concorrentes.

---

67. ARRUDA, Maria Cecilia Coutinho de, RAMOS, Jose Maria Rodriguez e WHITAKER, Maria do Carmo. *Fundamentos de Ética Empresarial e Econômica*. São Paulo: Atlas, 2003. p.64.

- Consolidar a lealdade e a fidelidade do cliente.
- Atrair clientes, fornecedores, colaboradores e parceiros que se conduzem dentro de elevados padrões éticos.
- Agregar valor e fortalecer a imagem da empresa.
- Garantir a sustentabilidade da empresa.

Eis as razões[68] que respondem à pergunta formulada no título. Elas levam as pessoas a acreditarem na possibilidade de explorar um caminho que abre espaço para que percorram juntos, sem antagonismo, os valores intangíveis e os resultados econômicos.

As pessoas que se dedicam à consultoria podem facilmente identificar, senão todos, ao menos alguns dos efeitos gerados nas empresas e nos seus colaboradores, durante e após o processo de implantação do código de ética ou do guia de conduta.

A CRESCENTE PREOCUPAÇÃO DOS EMPRESÁRIOS

Os líderes empresariais perceberam que a ética passou a ser um fator de competitividade. Por isso é crescente a preocupação, entre os empresários brasileiros, com a adoção de padrões éticos para suas organizações. Sem dúvida, os integrantes dessas organizações serão analisados através do comportamento e das ações por eles praticadas, tendo como base um conjunto de princípios e valores.

Da mesma forma que o indivíduo é analisado pelos seus atos, as empresas (que são formadas por indivíduos) passaram a ter sua conduta mais controlada e analisada, sobretudo após a edição de leis que visam à defesa de interesses coletivos.

TODAS AS PESSOAS QUEREM SER ÉTICAS. E A EMPRESA?

De modo muito simples e resumido pode-se afirmar que é ético aquele que, livremente, com a consciência bem formada, responsabilidade e reta inten-

---

68. ARRUDA, Maria Cecilia Coutinho de. *Código de Ética:* um instrumento que adiciona valor. São Paulo: Negócio Editora, 2002. p. 2-18. (com adaptações).

ção, aplica a inteligência na procura da verdade e a vontade na busca do bem, em todas as circunstâncias. Nessa definição está a referência, o parâmetro da pessoa ética e pode-se afirmar com toda segurança, que existem muitas pessoas que se esforçam por atingir essa meta.

A fonte da Ética é a própria realidade humana, o ambiente em que se vive. Desta forma, o ambiente de trabalho, no qual se convive grande parte do dia, se desenvolve em uma sucessão de escolhas para tomadas de decisões e de práticas de virtudes, que nada mais são do que os valores transformados em ação.

A credibilidade de uma instituição é o reflexo da prática efetiva de valores como a integridade, honestidade, transparência, qualidade do produto, eficiência do serviço, respeito ao consumidor, entre outros. Conclui-se, portanto, que quando se fala em empresa ética, quer-se dizer que as pessoas que nela trabalham são éticas e buscam a excelência. Que os princípios e valores eleitos pelos seus fundadores e que impregnam a cultura da organização são éticos. Que os seus colaboradores, desde a alta administração até o último contratado, zelam pela conduta ética, e procuram exercer a liberdade com responsabilidade, tanto no seu relacionamento interno, como com o público externo.

Em suma, as pessoas são éticas; a empresa é uma pessoa jurídica, uma ficção de direito que, como se disse, refletirá a conduta daqueles que a representam.

VULNERABILIDADE DAS EMPRESAS

Em conseqüência, se a ética é questão de conduta das pessoas não cabe a indagação sobre que tipo de empresas são mais vulneráveis às fraudes e problemas éticos, se as pequenas ou as grandes. Cada ser humano desenvolve um papel na sociedade. São as convicções e comprometimentos das pessoas, que conduzidas pela sua consciência, bem ou mal formada, praticarão condutas éticas ou antiéticas. Qualquer um de nós está sujeito às fraquezas humanas e, portanto, torna-se um imperativo a manutenção de um esforço diário para a prática do bem. Assim, o problema não é das pequenas ou grandes empresas, mas das pessoas que integram as grandes e pequenas empresas.

DOIS GRANDES DESAFIOS

Nessa dimensão ética distinguem-se dois grandes planos de ação que são propostos como desafios às organizações: de um lado, em termos de projeção de seus valores para o exterior, fala-se em empresa cidadã, no sentido de respeito ao meio ambiente, incentivo ao trabalho voluntário, realização de algum benefício para a comunidade, responsabilidade social, sustentabilidade, etc.

De outro lado, sob a perspectiva de seu público mais próximo, como executivos, acionistas, empregados, colaboradores, fornecedores, envidam-se esforços para a criação de um sistema que assegure um modo ético de operar, sempre respeitando os princípios gerais da organização e os princípios do direito e da moral.

São muito pesados os ônus impostos às empresas que, despreocupadas com a ética, enfrentam situações que muitas vezes, em apenas um dia, destroem uma imagem que consumiu anos para ser conquistada. Multas elevadas, quebra da rotina, empregados desmotivados, fraude interna, perda da confiança na reputação da empresa, são exemplos desses ônus.

Daí o motivo de muitas empresas terem adotado elevados padrões pessoais de conduta para seleção de seus empregados, cientes de que, atualmente, a integridade nos negócios exige profissionais altamente capazes de conciliar princípios pessoais e valores empresariais.

GESTÃO DA ÉTICA

Ao lidar com pessoas, é imprescindível considerar a dignidade da pessoa, facilitando e promovendo o seu crescimento integral. Não se pode considerar as pessoas como simples elementos de produção e geração de lucros, que estão a serviço da empresa. Ao contrário, a empresa ética torna-se um instrumento do desenvolvimento econômico, a serviço da mulher e do homem integral, um campo riquíssimo de aperfeiçoamento da pessoa.

O empresário ético, que tem visão de futuro, investe na formação de seus colaboradores e conquista o comprometimento deles; lança desafios para que cresçam e se superem.

Por essa razão, muitas empresas de respeito empreendem um esforço organizado, a fim de encorajar a conduta ética entre seus empregados. Para tanto, implantam códigos de ética, reciclam o aprendizado de seus executivos e colaboradores, idealizam programas (hoje em dia programas virtuais) de treinamento, criam comitês de ética, capacitam líderes que percorrem os estabelecimentos da organização incentivando o desenvolvimento de um clima ético. Nessa perspectiva, servem-se de consultores externos que os assessoram na elaboração de códigos de conduta e no desenvolvimento do clima ético, sensibilizando seus integrantes, mediante cursos e palestras, e participando ativamente de treinamentos, procurando adequar tudo à legislação e aos critérios oferecidos por instituições internacionais de renome.

O EMPRESÁRIO ÉTICO NO SEU DIA-A-DIA

Após inúmeras conversas e entrevistas com empresários que privilegiam a ética foi possível identificar os seguintes itens em suas condutas:
- Certificam-se de que sua consciência foi bem formada.
- Seguem a voz de sua consciência.
- Não transigem com seus princípios.
- Agem com liberdade e responsabilidade.
- Cercam-se de bons assessores.
- Desenvolvem suas próprias competências e estabelecem planos estratégicos.
- Aglutinam e mobilizam pessoas, estimulam iniciativas e novas idéias.
- Conquistam a confiança de seus colaboradores e investem no seu treinamento.
- Respeitam as pessoas, valorizando a dignidade de cada colaborador, cliente, fornecedor, concorrente, e todas as demais pessoas de seu círculo de relacionamento.

ALIAR RESULTADOS ECONÔMICOS AOS VALORES INTANGÍVEIS

Pode-se concluir, portanto, que o código de ética é um facilitador para se aliar lucros, resultados, produtividade, qualidade e eficiência de produtos e serviços, além de outros valores típicos de empresa, com valores intangíveis que advêm das pessoas que a integram, tais como: honestidade, justiça, cooperação, tenacidade, compreensão, exigência, prudência, determinação, entre outros.

MARIA DO CARMO WHITAKER, professora universitária, sócia fundadora e ex-diretora da Associação Latino-Americana de Ética, Negócios e Economia, - Alene. Advogada, membro do Tribunal de Ética da OAB/SP. Membro do Grupo de Excelência em Ética e Responsabilidade Social do Conselho Regional de Administração - CRA/SP, consultora de Ética nas organizações e organizadora do site de ética empresarial do Portal Academus.

ÉTICA NA EMPRESA DE INFORMAÇÃO

MARIA INÊS MIGLIACCIO

A paixão pela busca da verdade e o domínio da técnica de sua transmissão são traços fundamentais de um jornalista, de um bom jornalista, que em seu labor se pergunta: que vale a pena transmitir? Por que? Para quem? Onde? Como? Por sua mente desfilam, constantemente, questões éticas de candente atualidade.

A REALIDADE DIÁRIA DO JORNALISTA

Todos os dias, o profissional da informação julga a bondade ou a maldade, a verdade ou a falsidade dos fatos e coisas. Todo homem faz isto, porque é próprio da natureza humana, é sua forma de ser. Entretanto, o jornalista, quando o faz em sua tarefa profissional, através de um grande meio de comunicação, pode arrojar uma forte luz ou névoa sobre a realidade, e os frutos de sua reflexão movem um mundo: a opinião pública.

A ÉTICA DO JORNALISTA

Este mecanismo, intrínseco da natureza humana, é denominado filosoficamente de Ética, que se refere à moralidade dos atos humanos, aos costumes, ao *dever ser* e implica a formulação de juízos sobre a bondade ou maldade de um ato, a verdade ou falsidade de uma coisa. Tais juízos são formulados pelas potências superiores do homem: a inteligência e a vontade. Mais especificamente pela inteligência, que conhece o objeto e o propõe à vontade, que pode desejá-lo ou descartá-lo. Este juízo da inteligência é o que chamamos de consciência.

VERDADES SÃO VALORES

Quando as verdades descobertas se tornam fim ou critério de conduta de um homem na sua busca de um bem, são denominadas valores, como destaca em seu livro *Fundamentos da Antropologia* o filósofo contemporâneo espanhol, Ricardo Yepes Stork. Segundo ele, a noção de valor sempre está relacionada à noção de bem, que é o conveniente para nós. Os valores valem por si mesmos, o outro vale por referência a eles. É aquilo que nos diz o que cada coisa significa para nós, e pressupõe uma relação constante entre nossa intimidade e o exterior.

A ÉTICA COMO REALIDADE ABERTA

Neste sentido, a Ética é uma realidade aberta, que se concretiza à medida que o homem adapta sua inteligência à realidade das coisas e dos fatos, julgando a bondade, elegendo o bem. Nesta última instância, entra em cena sua liberdade, definida pelo filósofo medieval Tomás de Aquino (séc. XIII) como uma propriedade da vontade pela qual o homem se autodetermina a um fim.

Ancorado nesta estrutura, o homem se faz e se abre ao mundo como um ser capaz de entender-se e de comunicar-se com os demais; de viver em sociedade, pois o homem é um ser social por natureza. Como dizia o filósofo Aristóteles (III a.C.), quem insiste em viver ilhado ou é mais que um homem ou menos que um homem, mas não é um homem. Em sociedade o homem busca o bem, definindo seus valores, que medem a importância que damos a algo.

O DESAFIO DA ÉTICA JORNALÍSTICA

Os meios de comunicação são instrumentos eficazes de manipulação de valores, pelo poder de persuasão que possuem. Quanto melhores sejam os valores implícitos de seus profissionais, desde o último repórter da redação ao proprietário do meio de comunicação e, conseqüentemente, da informação produzida por eles, melhor informarão. Além disso, as mensagens só podem chamar-se informativas se são conformes a verdadeiros valores, senão, no lugar de informar, desinformam. Pelo que se tem dito, o grande desafio está na eleição e uso desses valores, e nisto consiste a ética jornalística.

AS LIMITAÇÕES INERENTES À PROFISSÃO

Entretanto, a objetividade desta prática, a ética jornalística, tem seu limite na subjetividade dos jornalistas e das próprias fontes de informação. Pelo que se entende que a neutralidade absoluta da informação produzida por um meio de comunicação é uma utopia, pois sempre passará pelos olhos, a cabeça e os dedos de um jornalista ou muitos jornalistas, que vêem a realidade de uma forma. Além do que, as próprias fontes de informação apresentam suas restrições naturais ou intencionais. Entretanto, isto não significa que necessariamente transmitem falsidades ou mentiras.

A SUPERAÇÃO DAS LIMITAÇÕES DO JORNALISTA

Neste sentido é imprescindível crer que o homem, neste caso o jornalista, é capaz de conhecer a realidade e transmitir a verdade, senão, simplesmente, não faz sentido comunicar-se e muito menos falar de comunicação. Uma vez admitida essa realidade, podemos dizer que, quanto mais competência possui o jornalista, melhor se comunicará e informará. Mas, em que consiste tal competência?

A COMPETÊNCIA COMUNICATIVA DO AGENTE DA INFORMAÇÃO

A competência comunicativa do jornalista pode ser definida como a boa relação com as fontes de informação, a capacidade de expressar-se gestual, visual, oral e textualmente, com perfeição de linguagem, adequada ao público receptor. Os jornalistas eficazes são homens e mulheres que sabem pensar com lógica, julgar com justiça, falar com precisão, ler com inteligência e escrever com clareza sobre a verdade das coisas.

O REAL EXERCÍCIO DO PODER DE INFORMAÇÃO

"O jornalista é o mediador entre a informação bruta e útil. E um dos fatores de mediação da inteligência humana que agrega valor à informação", como nos recorda o diretor de redação do jornal *O Estado de S. Paulo*, Sandro Vaia, que também destaca que "sua função é captar a informação na sua fonte de origem, contextualizá-la, hierarquizá-la, torná-la compreensível, e disponibilizá-la ao consumidor final numa linguagem clara."

O profissional que assim atua exerce um real poder informativo, de outra maneira, cedo ou tarde, ver-se-á escravo de suas próprias mentiras, pois se *a verdade nos faz livres*, a mentira nos enjaula e amesquinha nosso mundo.

MARIA INÊS MIGLIACCIO, mestre em Jornalismo pela Unimesp e Unicamp. Foi editora da Agência Estado. Diretora da Arte Moda – Associação de Moda e Estilo.

A DISPUTA ENTRE EMPRESAS PRODUTORAS CULTURAIS PERTENCENTES A UM MESMO GRUPO ECONÔMICO E A ÉTICA

MARIA LUIZA DE FREITAS VALLE EGEA

A criação intelectual, não raras vezes, é fruto de um dom que permite ao homem desenvolver belíssimas obras, das mais diversas espécies, que passam a conviver e integrar o conhecimento e a cultura de um povo.

Tal é a sua importância, que ela é festejada, pela doutrina especializada em direito de autor, como a matéria-prima "mais preciosa do que os materiais e metais mais raros: a criatividade, extraordinário e misterioso atributo de que a natureza privilegiou o homem".[69]

A criação intelectual, independentemente dos direitos que atribui ao autor, passa a adquirir maior interesse quando ela alcança valor econômico no mercado. Quer dizer, no momento em que começa um autêntico comércio, vamos assim dizer, de exemplares reproduzidos da obra, origina-se, de pronto, a necessidade de defesa dos interesses pecuniários do autor ou seus titulares e assim também do aspecto moral do direito de autor, ambos garantidos pela legislação que trata a matéria.[70]

---

69. CHAVES, Antonio. *Criador da obra intelectual:* direito de autor, natureza, importância, evolução. São Paulo: LTR Editora, 1995. p. 29.
70. Lei nº 9.610, de 19 de fevereiro de 1998.

EMPRESAS PRODUTORAS CULTURAIS

É nesse momento que nasce a importância do trabalho das empresas chamadas produtoras culturais, porque tornam possível o oferecimento da obra intelectual – literária, artística ou científica – ao conhecimento público, seja mediante a comunicação da obra ao público, sem que consista na distribuição de exemplares; seja mediante a reprodução de exemplares, incluindo o armazenamento permanente ou temporário por meios eletrônicos; seja mediante a venda, locação ou qualquer outra forma de transferência; ou, ainda, nas hipóteses de transmissão ou emissão e retransmissão pela difusão de sons e imagens por meio de ondas radioelétricas, sinais de satélite, fio, cabo, meios óticos ou qualquer outro processo eletromagnético.

Trata-se de relevante papel das empresas, tais como editoras de livros, editoras de música, produtores fonográficos, produtoras cinematográficas, empresas de radiodifusão, produtoras de software, entre tantas espécies, que permitem o acesso da obra ao público, atribuindo-se ao bem material um formato (tangível ou intangível) que permita que sua exploração resulte em retribuição econômica para o titular do direito de autor.

A PROTEÇÃO DA OBRA INTELECTUAL

Como já se disse, a obra intelectual protegida, independentemente do formato em que é expressada, merece tutela legal e, assim sendo, qualquer modalidade de utilização por terceiros dependerá de autorização prévia e expressa do autor ou titular do direito.

CASOS DE VIOLAÇÃO DE DIREITO AUTORAL

Conhecem-se inúmeros casos da prática de atos que implicam violação de direito autoral com conseqüências danosas aos autores/titulares do direito. Tais violações, em geral, atingem os dois aspectos desse direito – patrimonial e moral –, uma vez que os reflexos dos atos ilícitos praticados por terceiros, além de causarem um esvaziamento no aspecto material do autor, pois dele retira a possibilidade de receber retribuição pela utilização, ainda podem atingir os direitos morais que se referem à falta de identificação na obra e às modificações ou transformações que possam afetá-la ou atingir o autor em sua reputação ou honra, entre outros.

PLÁGIO

Um dos casos mais graves de violação do direito de autor é o chamado plágio, traduzido pela doutrina especializada como o furto intelectual.

Uma vez detectado um caso de plágio, os mecanismos estabelecidos pela lei que regula os direitos autorais possibilitam a apreensão dos exemplares da obra fraudulenta, sem prejuízo da indenização cabível sob os aspectos patrimoniais e morais.

Se o aproveitamento indevido de uma obra intelectual por terceiros, mediante plágio, constitui violação de direito autoral, cuja infração tem reflexos especialmente no aspecto moral do direito de paternidade da obra, independentemente do esvaziamento do resultado econômico que acarreta, o que se dizer quando a violação nasce do incentivo de uma empresa, para que um seu autor venha a apropriar-se indevidamente dos elementos essenciais da obra de outro autor que, curiosamente, mantém contrato de edição para publicação da obra com empresa do mesmo grupo econômico?

O que parece ser um paradoxo tem sido prática rotineira nos dias de hoje.

CONCORRÊNCIA DESLEAL

A acirrada concorrência empresarial tem feito com que se percam diversos valores, que muitas vezes escapam do campo da Ética para atingir também a esfera do Direito.

A busca desenfreada de resultados econômicos propicia um desvirtuamento da racionalidade já observado pelos estudiosos quando referem que "na relação entre sucesso e dinheiro, pratica-se um grande desvio de raciocínio nestes tempos".[71]

---

71. VIEIRA, Maria Christina de Andrade. *Cotidiano e Ética*: novas crônicas da vida empresarial. São Paulo: Senac Editora. p. 163.

Maria Christina de Andrade Vieira, no artigo *Idéias no mercado: quem dá mais*, relata diversos casos de apropriação de obra intelectual, cujo papel preponderante neste agir é da empresa que participa mediante incentivo, anuência, aprovação do ato, restando em conseqüência desse comportamento várias perguntas, entre elas: "Ao criativo – Nada?". A ética, ora, a ética, tanto faz.

Essa prática empresarial deixa totalmente ao descaso valores fundamentais, tais como a integridade, o respeito à pessoa e às leis, a responsabilidade, a honradez, a justiça, e coloca em risco a própria credibilidade da empresa, tão essencial no mundo empresarial.

Voltando ao caso em comento, a empresa concorrente, sabendo dos bons resultados financeiros de uma obra intelectual destinada ao ensino fundamental, ela própria motiva outro autor a aproveitar a mesma forma de expressão da criação originária de sucesso para participar *em condições iguais* no mercado.

Pratica-se uma concorrência ilícita, além do plágio, já que a obra concorrente aproveita os elementos essenciais criativos que compõem a criação intelectual protegida.

Os anos de estudo e pesquisa desenvolvidos pelo autor da obra originária, aliados ao dom da criação em externar uma forma própria, particular, originária de expressão, não têm qualquer valor para a empresa concorrente, a não ser pelo sucesso daquela obra que despertou a ganância, levando-a a buscar a produção de outra obra feita à imagem e semelhança da obra originária.

No que respeita a violação do direito autoral, de maneira direta, deverá responder aquele que, em seu nome, assume a *autoria* de uma obra totalmente inspirada em obra de outrem.

De forma solidária, poderá a empresa responder em conjunto com o autor, em especial se se demonstrar que todo o estímulo e apoio à publicação da *nova* obra partiu da empresa, ainda que venha ela a pertencer ao mesmo grupo econômico da outra casa publicadora.

São sujeitos ativos na ação civil tanto o autor, na qualidade de criador da obra originária que sofre diretamente as conseqüências daquela usurpação, especialmente sob o aspecto moral do direito no que diz respeito à paternidade, quanto a empresa que publicou a sua obra, uma vez que realizou investimentos que poderão ser atingidos.

Resta saber, no entanto, por se tratar de empresas do mesmo grupo comercial, quais são os interesses envolvidos e se predominarão os princípios éticos nas relações existentes.

MARIA LUIZA DE FREITAS VALLE EGEA, advogada especializada em direito autoral, diretora da Associação Brasileira dos Direitos dos Autores Visuais - AUTVIS, diretora da Associação Brasileira de Direito Autoral - ABDA, membro da Comissão Especial de Propriedade Imaterial da Ordem dos Advogados do Brasil - São Paulo.

ÉTICA E TERCEIRO SETOR

MARIA NAZARÉ LINS BARBOSA

INTRODUÇÃO

A Ética refere-se especificamente ao comportamento humano que, quando livre, pode ser qualificado como bom ou mau. Ética diz respeito a pensar e agir bem.

A noção de Ética implica, portanto, algumas noções correlatas: a liberdade (faculdade ou capacidade humana de se autodeterminar para um fim que seja bom), a noção de lei interior ao homem (que estabeleceria a referência entre o bem e o mal), a noção de consciência (que aprova ou recrimina intimamente o bem e o mal). Essas noções, tratadas no plano individual, podem ser extrapoladas para a vida social, e tornam-se ainda mais complexas.

O homem é um animal social. A vida social impõe uma série de limites às opções individuais. A liberdade humana é assim relativa ou condicionada. A aceitação desses limites supõe uma formação, uma educação para a vida social. Nessa formação – além da educação familiar – influem a instrução escolar, a comunidade, a mídia. Essa constatação remete-nos à consideração da responsabilidade de pais, educadores, formadores de opinião, responsáveis pelos meios de comunicação: todos, direta ou indiretamente, contribuem para a formação (ou deformação) ética dos indivíduos.

Dado seu caráter normativo, o tema pode assumir um tom antipático e assim é, se perdemos de vista a idéia inicial: Ética diz respeito ao comportamento humano voluntário, livre. O comportamento ético não se impõe: é uma adesão livre ao que se apresenta como bom, e não uma submissão exterior a um conjunto de regras e proibições. Obviamente, na maior parte dos casos essa submissão é necessária – o comportamento ético é também um comportamento *legal*, mas não se reduz a ele. Em determinados casos – tratando-se de leis injustas –, o comportamento ético exige o descumprimento dessas leis.

O presente trabalho apresenta, em sua primeira parte, algumas noções mais gerais, relativas ao conceito e ao fundamento da Ética, no âmbito pessoal e na ação social. Na segunda parte, refletimos sobre alguns aspectos éticos mais diretamente relacionados com o terceiro setor, como a ética e o voluntariado e a ética na gestão das organizações da sociedade civil.

PARTE I – ASPECTOS GERAIS
1. NOÇÃO DE ÉTICA

O homem percebe de modo espontâneo a bondade ou a maldade dos atos livres: qualquer pessoa tem a experiência de certa satisfação ou remorso por ações realizadas. A partir da constatação desse fato, surgem perguntas acerca da qualificação da conduta humana: que são o bem e o mal? por que isto é bom ou mau? A resposta a essas indagações leva ao estudo dos atos humanos enquanto bons ou maus. Assim, a Ética é a parte da Filosofia que estuda a moralidade do agir humano, isto é, considera os atos humanos enquanto bons ou maus em um sentido muito concreto, não extensível aos atos ou movimentos não livres.[72]

A Ética procura sistematizar e fundamentar os princípios do agir humano, sob o aspecto de sua retidão moral ou moralidade. Assim, proporciona as normas necessárias para agir bem. Nesse sentido, a Ética é um saber prático – no dizer de São Tomás de Aquino – "porque não se detém na contemplação da verdade, mas aplica esse saber às ações humanas".[73]

Aristóteles afirma que não estudamos Ética para saber o que é a virtude, mas para aprender a fazer-nos virtuosos e bons, de outra maneira, seria um estudo completamente inútil.[74]

2. ÉTICA PESSOAL

Ética diz respeito a pensar e agir bem. E, como resume Aristóteles, "o homem feliz vive e age bem". A finalidade da vida política seria tornar os cidadãos "bons e capazes de nobres ações".[75]

Mas como educar para a ética, isto é, como favorecer que o homem chegue em sua maturidade a pensar e agir bem? Responde o autor: "Devemos tornar-nos justos praticando atos justos".

Para reconhecer os atos justos, entra em jogo a noção de consciência; para aderir à sua prática, entra em jogo a liberdade; e para fundamentá-los, entra em jogo a noção de lei moral. Assim, consciência, liberdade e lei moral são noções relacionadas à noção de ética. Vamos tratá-las, em apertada síntese.

a) Consciência moral

A consciência é o juízo individual, da razão prática, que aprova as ações boas e reprova as ações más. Ou seja: é o juízo pelo qual uma pessoa reconhece a qualidade moral de um ato concreto.

É um princípio amplamente admitido que o homem deve agir de acordo com a sua própria consciência. O equilíbrio interior do homem exige uma

---

72. LUÑO, Angel Rodríguez. *Ética*. Pamplona (España): EUNSA, 1982.
73. AQUINO, S. Tomás de. *De virtutibus in communi*, q. un. a.6, ad 1. Apud LUÑO, Angel Rodríguez. *Etica*, EUNSA, Pamplona (España), 1982.
74. ARISTÓTELES. *Ética a Nicômaco*. Livro II, cap. 2, 1103b, 27-29.
75. 214 Op. cit. Livro I, cap. 9, 25-30.

coerência entre o que se pensa e o que se faz. Comumente a exigência de uma atitude ética corresponde à exigência de uma atitude coerente.

Há um ditado popular segundo o qual «quem não vive conforme pensa acaba pensando conforme vive». O adágio expressa a dificuldade que o homem tem de agir habitualmente de modo contrário à sua consciência: o desequilíbrio é superado de uma das seguintes formas: ou retificando a conduta, admitindo o erro, se for o caso; ou modificando a norma, passando a considerar como bom ou indiferente uma conduta que, a princípio, por exemplo, era recriminada pela consciência.

Quando a conduta recriminada como má tem reflexos na vida social, é possível que exija sanções até mesmo de tipo penal. Não é incomum, entretanto, que alguns criminosos hajam perdido o *sensor* da consciência e não manifestem especiais remorsos diante de conduta claramente injusta (roubo, homicídio). Possivelmente, encontraram interiormente justificativas para essa conduta, de tal modo que acabaram *pensando conforme vivem*.

Percebe-se, assim, que a vontade humana tem um papel importante na aquisição do saber moral: não é fácil considerar a reta ordem das ações se não estamos dispostos a admití-la ou a aceitá-la.

b) Liberdade

Os atos humanos livres são aqueles escolhidos após um juízo da consciência. Assim, a liberdade consiste na capacidade da vontade humana de mover-se por si mesma ao bem que a razão lhe apresenta. E a liberdade implica responsabilidade, isto é, imputabilidade. As ações boas livremente praticadas merecem aprovação, louvor; as ações más praticadas por um agente livre merecem reprovação, censura. Ou seja: o homem é responsável moralmente pelas ações que livremente pratica.

c) Lei

A consciência age como um juiz que aplica uma determinada lei ao julgar um caso concreto. Que lei é esta? A chamada *lei moral natural*, isto é, uma lei íntima ao homem que lhe dá um padrão de referência acerca do bem e do mal. A lei moral aponta, por exemplo, para a bondade que encerra o amor aos pais. Se no caso concreto, um filho volta-se contra o pai e o mata, a consciência recrimina essa ação concreta como *má*.

Dada a repercussão que determinadas ações contrárias à lei moral natural têm na vida social, as sociedades tendem a legislar a vida social, imputando determinadas ações como criminosas, impondo sanções ou penas, a fim de resguardar determinados valores, como, por exemplo, a vida e a propriedade.

A lei apresenta-se, assim, como um *sinalizador*, uma orientação para o exercício da liberdade. Em outras palavras: o homem possui uma capacidade íntima de aderir com sua vontade ao bem que quiser, o homem é livre. Mas a lei impõe limites à ação exterior. A liberdade não é o mesmo que onipotência: o homem pode querer o que quiser, mas não pode fazer o que quiser, porque a vida social impõe, para resguardar a vida, a propriedade, e a liberdade dos homens, determinados limites à sua ação.

3. FUNDAMENTO DA ÉTICA

A filosofia clássica fundamenta a ética na própria natureza humana e reconhece a existência objetiva de uma lei moral natural, não escrita, não editada, mas impressa no coração do homem, que em qualquer época, lugar e cultura pode reconhecê-la. Exemplos que corroboram essa percepção são uma série de preceitos e normas comuns a diferentes culturas e civilizações, que censuram de maneira muito similar determinadas condutas – o furto, o homicídio, a mentira etc. – e aprovam outras – a consideração para com as autoridades, a confiança etc. Nessa concepção, a lei civil deve reconhecer os princípios da lei moral natural e caso, por qualquer razão, não o faça, o homem pode – e em alguns casos deve – violar as leis civis, pois a lei moral natural é anterior e superior a estas.

A existência de uma lei moral natural – universal no tempo e no espaço, imutável, inscrita no coração dos homens, indicando em seu íntimo o bem e o mal, irregravável pelas leis humanas – foi expressa de uma maneira poética na tragédia grega *Antígona*, de Sófocles (497 a.C. – 405 a.C.). Antígona, por razões de Estado, havia sido proibida de dar sepultura a seu irmão. No entanto, mesmo correndo o risco de ser condenada à morte por haver descumprido essa proibição legal, resolve piedosamente enterrar seu parente, e é então indagada pela autoridade civil (Creonte):

"Creonte: –...Confessas ou negas ter feito o que ele diz?

Antígona: – Confesso o que fiz! Confesso-o claramente!

Creonte: — Sabias que, por uma proclamação, eu havia proibido o que fizeste?

Antígona: — Sim, eu sabia! Por acaso poderia ignorar, se era uma coisa pública?

Creonte: — E, apesar disso, tiveste a audácia de desobedecer a essa determinação?

Antígona: — Sim, porque não foi Júpiter que a promulgou; e a Justiça... jamais estabeleceu tal decreto entre os humanos; nem eu creio que teu édito tenha força bastante para conferir a um mortal o poder de infringir as leis divinas, que nunca foram escritas, mas são irrevogáveis, não são escritas a partir de ontem ou de hoje; são eternas, sim! E ninguém sabe desde quando elas vigoram. — Tais decretos, eu, que não temo o poder de homem algum, posso violar sem que por isso me venham punir os deuses!..."

Coloca-se então um conflito entre o poder político, que esgrime para justificar-se a necessidade da disciplina, e as obrigações derivadas de uma lei moral e religiosa mais elevada. As intenções de Sófocles são claras: o dramaturgo faz ver como Antígona tem razão em face do excesso de autoritarismo. Sófocles quis advertir seus concidadãos em relação ao perigo inerente a uma perda da perspectiva teonômica da lei.

Historicamente, o pensamento político liberal veio, porém, a fundamentar a ética social não mais na *natureza* humana, e sim na *vontade* humana, em especial, na vontade da maioria em uma determinada sociedade. Desloca-se assim um fundamento objetivo, em algo dado — a natureza — para um fundamento subjetivo, em algo eleito — a vontade. Deste modo, o que a maioria admite como bom ou razoável e socialmente aceitável, é ético; o que repugna à *consciência social*, é antiético.

A vontade da maioria expressa-se em grande parte nas leis civis, válidas em uma determinada sociedade. No entanto, o âmbito da ética ultrapassa os limites legais. Por exemplo: ainda que não comporte uma sanção legal, a ação de *furar fila* repugna à maioria, é antiética, ainda que não seja antijurídica.

Essa concepção liberal, entretanto, encontra limites para sua aplicação, e o limite, em última instância, é dado pela *lei moral natural*. O exemplo histórico comumente mencionado diz respeito ao *Julgamento de Nuremberg*, o tribunal internacional que, após a Segunda Guerra Mundial, julgou ou criminosos nazistas e os condenou. Alguns dos criminosos justificavam-se sob o argumento de que "eram apenas soldados", "cumpriam as leis" – e, de fato, Hitler assumiu o poder legitimamente, eleito pela maioria, editando leis e normas válidas de acordo com o processo legislativo estabelecido. No entanto, a única atitude aceitável para os *soldados* seria não cumprir as leis injustas – em suma, estavam diante do mesmo dilema de Antígona.

Esse *dilema* – que em certo sentido é um limite à concepção liberal – tem sido contornado mediante a edição de normas de caráter internacional que os países signatários se comprometem a observar. Dessa índole são as Declarações Internacionais de Direitos Humanos, que sintetizam valores tidos como universais, a serem respeitados em qualquer legislação. Sugestivamente, surgiram, precisamente, após a Segunda Guerra Mundial.

4. ÉTICA E AÇÃO SOCIAL

Em um ensaio de jornalismo econômico, Joelmir Betting faz-nos recuar até o ano de 1900, e propõe a um homem dessa época dois grupos de questões, perguntando-lhe quais deles serão resolvidos no final do século.

No primeiro grupo, encontram-se dificuldades como: transportar um elefante pelos céus a uma velocidade duas vezes maior do que a do som, transmitir instantaneamente a imagem e o som de um acontecimento ocorrido em outro continente, reproduzir para sempre a voz de uma pessoa falecida, e outras coisas do mesmo estilo.

Já o segundo grupo engloba questões como: estabelecer a paz entre os povos, distribuir melhor as riquezas produzidas em um determinado país, erradicar o analfabetismo, a miséria e a fome e assim por diante.

Como afirma o jornalista, o nosso interlocutor certamente responderia que o segundo grupo de problemas poderia estar resolvido em fins do século, já que só exigiria um pouco de bom senso e cooperação, ao passo que os problemas do primeiro grupo exigiriam procedimentos fantásticos e absurdos. No entanto, a realidade foi bem outra; enquanto os problemas *fantásticos* foram resolvidos, os demais não só não encontraram solução, como se agravaram bastante.

Os problemas do primeiro grupo são problemas técnicos, que dependem fundamentalmente do desenvolvimento das ciências físicas, ao passo que os demais dependem de atitudes e decisões éticas.[76]

Ocorre que esses problemas – cuja solução passa por acordos e decisões de ordem ética – são os principais problemas da sociedade atual e os que inquietam a comunidade internacional. Com efeito, os dados disponíveis permitem entrever uma alternativa entre *responsabilidade social ou barbárie*. Neste sentido, anota Oded Grajew:

"Vivemos num mundo absurdamente desigual, um verdadeiro barril, não mais de pólvora, mas nuclear, químico, ecológico e biológico. A diferença entre os 20% mais ricos e os 20% mais pobres do planeta era de 11 vezes em 1913, passou para 30 vezes em 1960, para 60 vezes em 1990 e para 74 vezes em 1997".[77]

As conseqüências desse processo – que inclui também a degradação ambiental – podem ser dramáticas. Continua Oded Grajew: "Com os recursos tornando-se menos abundantes, os alimentos mais escassos, a brecha entre ricos e pobres mais larga e a mudança climática promovendo tensões crescentes e migrações em massa, não é difícil prever cenários que levem, acidentalmente ou deliberadamente, ao conflito nuclear".

Esses e outros fatores têm impulsionado a responsabilidade social dos indivíduos, governos, empresas, sindicatos, partidos políticos, organizações da sociedade civil. As ações socialmente responsáveis, decorrentes de uma formação ética adequada, terão um valor elevado para a sobrevivência dos indivíduos e dos grupos, e para tanto será necessária uma *gramática axiológica comum*, isto é, um conjunto de práticas e valores a serem adotados em âmbitos que ultrapassam as fronteiras nacionais.

A busca de um *sentido* comum abre-nos, segundo Viktor Frankl, um panorama imenso para o trabalho a favor da paz mundial. "Será um trabalho muito mais frutífero do que o eterno falatório acerca de 'potenciais defensivos', pois ficar ruminando clichês desse tipo só leva a pensar que a violência e a guerra fazem parte do destino da humanidade, o que simplesmente não é verdade. O ser humano, ao fim e ao cabo, só pode ter fundadas esperanças de sobrevivência se, mais cedo ou mais tarde – queira Deus que mais cedo –, conseguir

---

76. *Na prática a teoria é outra.* Apud CINTRA, Jorge Pimentel. *Deus e os cientistas*. São Paulo: Ed. Quadrante, 1990.
77. Responsabilidade social ou barbárie. *Valor*, de 02 –out. 2001, p. B2.

chegar a um denominador comum axiológico, moral, isto é, se chegar a ter valores comuns e esperanças comuns, quer dizer, em resumidas contas, se se unir por uma *vontade* coletiva que o conduza a um *sentido* coletivo."[78]

PARTE II - ALGUMAS QUESTÕES ESPECÍFICAS
1. ÉTICA E VOLUNTARIADO

Um fenômeno antropológico fundamental é a transcendência de si mesmo, de que o homem é capaz. Essa autotranscendência do existir humano consiste no fato essencial de que o homem sempre é capaz de *apontar* para além de si próprio, na direção de alguma causa a que serve ou de alguma pessoa a quem ama. E é somente à medida que o ser humano se autotranscende que lhe é possível realizar-se – tornar real – a si próprio.

Vale mencionar, a propósito, os ensinamentos de Viktor Frankl, que foi professor de Medicina e Psiquiatria da Faculdade de Medicina da Universidade de Viena. Esteve preso nos campos de concentração de Auschwitz e Dachau, e, segundo relata, aprendeu pessoalmente a lição de que aqueles reclusos que se orientavam na direção de um sentido para a vida, de um futuro a realizar, eram os que apresentavam maiores chances de sobrevivência.

De acordo com este autor, "a auto-realização é essencialmente um efeito colateral da plenitude de sentido, da transcendência de si mesmo. O ser humano – se quiser ser realmente humano – tem de ser capaz de passar-se por alto. Tem que ultrapassar-se, esquecer-se de si próprio, dedicar-se com um auto-esquecimento positivo a uma tarefa ou a uma pessoa. E é somente à medida que o faz – pois é patente que nem sempre o faz –, que se torna humano e se torna inteiramente ele mesmo".[79]

Os valores são próprios do homem, afirma o psiquiatra Viktor Frankl. Toda a problemática relacionada com o trabalho só pode ser modelada, e até mesmo compreendida, se se partir do princípio de que o ser humano busca em todas as coisas – e, portanto, também no trabalho – uma finalidade, um sentido.

---

78. FRANKL, Viktor E. *Sede de Sentido* (título original: *Neurotisierung der Menschheit* –oder *Rehumanisierung der Psychotherapie?*). São Paulo: Ed. Quadrante, 1989. p. 19.
79. Idem, ibidem. p. 21.

Esse autor afirma que, às vezes, se quer a todo custo enfiar os valores humanos no leito de Procusto – ou no divã de Procusto – do psicologismo. Relata o caso de um jovem casal americano que trabalhou durante dois anos no *Peace Corps*, na África, mas estava profundamente insatisfeito com o seu trabalho. O problema tinha começado numas sessões de terapia de grupo a que todos os voluntários do *Peace Corps* deviam submeter-se antes de viajar: "– Por que é que vocês querem ir para a África com o *Peace Corps*?" – "Gostaríamos de ajudar pessoas que estejam mais necessitadas do que nós." – "Ah, então vocês se sentem superiores a essas pessoas, não é?" – "Bem, obviamente precisamos ter conhecimento e habilidades de que elas não dispõem e que deveremos transmitir-lhes." "– Ah, então vocês estão admitindo que no fundo do seu inconsciente há uma forte tendência que os força a mostrar a sua superioridade sobre as outras pessoas".

De acordo com Frankl, *desmascarar* motivações neuróticas é uma lição correta de Freud, mas o limite para tal *desmascaramento* encontra-se naquele ponto em que atingimos o que é genuinamente humano, pois se não pararmos estaremos apenas desvalorizando, reduzindo o que há de humano no homem.

O trabalho voluntário responde à inquietação natural do homem bom.

"Refiro-me ao homem normal, àquele que não vagou durante anos de psicanalista em psicanalista e de divã em divã; ao homem que não sofreu por anos a fio a doutrinação dos cursos universitários, à pessoa que sabe que o ser humano é algo mais do que o mero cenário de uma guerra civil entre o *id*, o *ego* e o *super-ego*...O ser humano, efetivamente é mais do que um simples produto de uns processos de aprendizagem condicionantes. É mais do que o resultado da interação entre ambiente e carga genética, mais do que o produto de umas relações de produção. E essa verdade, nós a sabemos no íntimo do nosso coração."[80]

Trata-se de uma concepção que permite situar o trabalho voluntário como exemplo de uma ação que pode ser praticada por motivos transcendentes, para além da satisfação, incremento do *curriculum* ou outras motivações de menor alcance.

---

80. Idem, ibidem. p. 32.

2. A APLICAÇÃO DA ÉTICA NO EXERCÍCIO PROFISSIONAL E NA GESTÃO DE OSCS

No plano individual e profissional, a Ética traduz-se em perceber os princípios de moralidade e aplicá-los às circunstâncias concretas e determinadas. É, por assim dizer, um discernimento prático. Essa consciência moral permite assumir a responsabilidade pelos atos praticados.

Segundo Aristóteles, "não há arte ou preceito que abranja todos os casos particulares: mas as próprias pessoas atuantes devem considerar, em cada caso, o que é mais apropriado à ocasião, como também sucede na arte da navegação ou da medicina."[81]

A excelência moral relaciona-se assim com a virtude da prudência, que consiste em encontrar os meios mais adequados para alcançar os fins propostos, nos casos concretos que se apresentam. Assim, não há uma receita de boas ou más ações.

Algumas questões, no entanto, são recorrentes, como por exemplo a vedação de benefícios particulares e os deveres de lealdade para com a organização, que recebem tratamento legal em alguns países.

a) Vedação de benefícios particulares

A não-distribuição de lucros é a característica mais evidente que distingue as ONGs das organizações com fins de lucro.

Deste modo, as leis que regem as ONGs proíbem que os ingressos obtidos pela organização sejam distribuídos a qualquer título, sob a forma de lucro ou participação nos resultados[82]. Tal não se opõe ao pagamento de uma remuneração razoável para o trabalho efetivamente realizado por funcionários e empregados. Porém, só as circunstâncias de cada situação particular podem levar a estabelecer o que constitui uma remuneração razoável[83], gastos razoáveis e o caráter razoável de outros benefícios ou gratificações.

---

81. Op. Cit. Livro II, cap. 2.
82. Ressalte-se que não se trata de vedação de realização de atividades econômicas – desde que as receitas provenientes sejam reinvestidas na finalidade institucional. Por exemplo, nada obsta que os ingressos derivados de uma atividade econômica permitam que uma organização de benefício mútuo ofereça mais e melhores serviços a seus membros, mas não é admissível que distribua lucros enquanto tais.
83. *Razoável* é uma expressão amplamente utilizada e geralmente compreendida no idioma inglês e nos países de direito consuetudinário. Não é, contudo, um vocábulo que tenha significado claramente estabelecido nos países de direito civil.

Embora seja comum a referência ao setor de ONGs como o setor *voluntário* ou *de voluntariado*, e ainda que muitas ONGs recebam valioso apoio de pessoas ou entidades voluntárias, é completamente válido que os empregados de uma ONG sejam remunerados e recebam os benefícios sociais geralmente associados ao salário (férias, aposentadoria, licenças etc.). Há, no entanto, uma forte tradição de que os salários pagos no terceiro setor sejam geralmente inferiores aos salários pagos no setor lucrativo. Existe também a tradição de que membros que participam de juntas diretivas não sejam remunerados.

Contudo, nos casos em que os dirigentes devam participar de freqüentes reuniões, ou assumir responsabilidades específicas, é razoável o pagamento de uma remuneração, compatível com os valores de mercado. Em geral, a melhor solução para problemas desse tipo é verificar em cada caso qual o interesse prioritário da organização. Em determinadas circunstâncias, a prioridade da ONG é atrair indivíduos competentes em gestão mediante uma remuneração mais elevada; em outras, é preferível conservar os fundos da organização.

Coloca-se também a questão do *excesso* na remuneração de funcionários ou de dirigentes. Convém notar que tal questão sequer se coloca para muitas organizações, seja por carecerem de recursos, seja porque têm a tradição de remunerar modestamente. Porém, nos países desenvolvidos, onde há ONGs que contam com vastos recursos, há uma tendência a que os salários pagos no terceiro setor se aproximem dos salários pagos no setor lucrativo. Em tais circunstâncias, é altamente recomendável que as ONGs tornem acessíveis ao público informações relativas às remunerações pagas. Na maioria dos países, a exigência de informação aberta ao público ocasiona um efeito *anti-séptico* que leva as ONGs à moderação nessa matéria.

É também boa prática que as leis aplicáveis às ONGs determinem que os Ativos ou os ingressos recebidos não possam ser utilizados para outorgar, direta ou indiretamente, benefícios pessoais especiais (p. ex. bolsas para parentes) a uma pessoa vinculada com a ONG (dirigente, empregado, fundador ou doador).

No caso de uma organização de benefício mútuo, os benefícios de seus serviços (p. ex. materiais educativos especiais ou planos de seguro) podem oferecer-se a seus membros sempre que sejam extensivos a todos sobre bases não discriminatórias.

Ainda nesse tópico, discute-se a proibição de atuação em benefício próprio (*self-dealing*). As leis que regem as ONGs deveriam dispor que todo contrato (p. ex. venda, locação, empréstimo...) entre uma ONG e uma pessoa a ela vinculada (p. ex. funcionário, dirigente, empregado, fundador, doador) deve ser celebrado como se tratasse de um terceiro (*at arm's length*) e pelo justo valor de mercado (*fair market value*).

Na verdade, atuação em proveito próprio é uma expressão utilizada nos países de direito consuetudinário para descrever situações nas quais as pessoas que estão em posição de influir ou controlar uma organização realizam transações que redundam em benefícios excessivos para elas, freqüentemente em detrimento da organização. Assim, um fundador de uma ONG poderia levá-la a comprar dele um bem por um preço inflado ou a vender-lhe um ativo de propriedade da ONG por valor inferior a seu preço real. Outros exemplos: uma pessoa influente que levasse uma ONG a pagar excessivos gastos de viagem ou de representação para o presidente da organização. Todas essas atuações prejudicam a imagem do setor, e, portanto, deveriam ser vedadas. A atuação em proveito próprio é uma espécie de conflito de interesses.

b) Conflitos de interesse

Merece atenção cuidadosa a possibilidade de a lei prever que os dirigentes e funcionários de ONGs devem evitar situações de conflito entre interesses pessoais e interesses da ONG.

Não é possível elencar todos os tipos de conflitos de interesse que podem haver entre a ONG e seus dirigentes e funcionários. Uma possível aproximação consiste em proibir – em termos genéricos – os conflitos de interesse, e deixar que o Judiciário decida casuisticamente se houve ou não violação à lei. Seria também possível exigir que as ONGs adotem medidas específicas para a prevenção de conflitos de interesse tendo em vista as circunstâncias particulares de cada organização. A obrigação de evitar ou corrigir situações de conflito de interesse é princípio de caráter geral em alguns sistemas jurídicos e se aplica a quaisquer pessoas que se encontrem em posição de confiança.

Com o aparente propósito de prevenir conflitos de interesse, as leis de alguns países proíbem que os membros de juntas diretivas de uma ONG pertençam também à junta de outra ONG que opere em área similar. Embora a participação nas juntas diretivas de organizações que competem entre si possa colocar um dirigente em situação de potenciais conflitos de interesse, tal circunstância não origina necessariamente um conflito de interesses. E, se surgir o conflito, a solução consiste freqüentemente em que o dirigente envolvido o revele a ambas organizações e se inabilite a si mesmo para tomar parte em decisões que poderiam gerá-lo. A renúncia do dirigente seria uma solução em última instância. A proibição absoluta de participar em duas ou mais juntas diretivas de entidades que operem em campos similares é um bom exemplo de uma solução excessivamente simples para um conjunto de problemas sutis e complexos. O Anteprojeto da Lei de Fundações, no Peru, em contraste, reflete um enfoque muito mais sofisticado quando tenta delinear situações susceptíveis de gerar conflito.

Outro exemplo: vários países exigem que uma pessoa eleita ou nomeada para uma elevada posição de governo renuncie a toda posição de funcionário ou dirigente de uma organização com ou sem fins lucrativos, que pudesse ser afetada ou beneficiada por decisões que essa mesma pessoa poderia tomar enquanto desempenha a função pública. Seja ou não requerida legalmente, essa é uma prática sadia, e evita um tipo de conflito de interesses que ocorre freqüentemente em muitos países.

Ainda sobre a estrutura e governo interno, discute-se se as leis deveriam impor a funcionários e dirigentes de ONGs o dever de comportar-se lealmente com a organização, de cumprir com as suas responsabilidades para com ela com esmero e diligência, e de manter a reserva de informação privada da organização.

Na verdade, essa regra é análoga a que se aplica a funcionários e dirigentes de demais pessoas jurídicas. Por isso, pode ser incluída em uma lei geral, distinta das leis que regem as ONGs, ou pode ser estabelecida simplesmente como princípio geral do sistema jurídico.

3. ÉTICA E CAPTAÇÃO DE RECURSOS

Nos países mais desenvolvidos, duas dificuldades ameaçam o terceiro setor: a burocratização e a mercantilização, isto é, converter-se em um agente da Administração (a qual às vezes substituem) ou em uma mera empresa entre outras (com as quais às vezes competem). Para preservar seu espírito e identidade, as organizações devem reforçar sua independência tanto em relação ao Estado como em face de empresas comerciais, buscando sua vinculação com o cidadão, seja como doador (de tempo, de dinheiro) ou como receptor de seus serviços.

Peter Drucker comenta que as instituições sem fins lucrativos necessitam de uma estratégia de marketing e de levantamento de fundos. Em relação à primeira, oferece duas orientações práticas: 1°) a entidade deve focalizar as coisas que tenha competência para fazer: não colocar os recursos, já escassos, onde não irá ter resultados; 2°) conhecer os *clientes*; por exemplo, as organizações de escotismo têm como *clientes* os pais, os filhos, os voluntários, e até os professores de escolas, que poderão facilitar ou impedir sua prática.

Um segundo aspecto diz respeito à estratégia de levantamento de fundos: a fonte de seu dinheiro é provavelmente o que mais diferencia as instituições sem fins lucrativos das empresas e do governo. A instituição deve levantar dinheiro de doadores, que são – em sua maior parte – pessoas que querem participar da causa, mas não são beneficiários.

A finalidade estratégica do levantamento e desenvolvimento de fundos é criar um público que apóia a organização porque ela *merece*. E o dinheiro da instituição sem fins lucrativos não é dela; ela o administra para os doadores. E estes estão se sofisticando: não se pode mais apelar para eles simplesmente porque a educação é boa ou a saúde é importante: é necessário explicitar a quem a entidade educa, e para quê.[84]

Outro aspecto diz respeito aos instrumentos de marketing social de que podem fazer uso os doadores, bem como a possibilidade de deduzir do valor de imposto de renda a pagar uma parcela da doação realizada. Isto é, contribuir para uma causa social pode repercutir positivamente na imagem da empresa-doadora, bem como propiciar um benefício fiscal. Os informes de responsabilidade social e o balanço social podem ser instrumentos úteis para orientar o governo e os consumidores.

---

84. DRUCKER, Peter Ferdinand, *Administração de Entidades sem fins Lucrativos*: princípios e práticas. Trad. Nivaldo Montigelli Jr. São Paulo: Pioneira, 1994, p. 39.

CONCLUSÃO

As organizações da sociedade civil – que se propõem finalidades relevantes para a vida social – devem estar particularmente atentas à coerência entre o seu discurso e sua ação. Mas a pergunta anterior para o apoio a qualquer organização é a identificação de quais princípios e valores as inspiram, concreta e individualmente. Uma reflexão sobre os fundamentos, o alcance e conseqüências das ações dessas organizações deve ser feita antes de prestar-lhes apoio.

Por outro lado, à medida que essas organizações ganham visibilidade e poder, cresce também a sua responsabilidade. Adquirir legitimidade perante a sociedade, seus parceiros, associados, participantes e apoiadores torna-se fundamental para a continuidade do trabalho e até para sua sobrevivência. Tal legitimidade será adquirida e conservada à medida que essas organizações consigam implementar uma gestão socialmente responsável, coerente com seus ideais e seus princípios.

MARIA NAZARÉ LINS BARBOSA, advogada, mestre e doutoranda em Administração Pública e Governo pela Fundação Getulio Vargas - FGV. Professora de Ética e de Legislação do Terceiro Setor na Fundação Getulio Vargas - FGV.

O PAPEL DA EMPRESA NO ATUAL CONTEXTO SOCIAL

MAURÍCIO CUSTÓDIO SERAFIM

O fim último da empresa é gerar lucro para... Para quê mesmo? Qual o propósito que deve ter uma organização econômica? Esse questionamento não é simples de responder, principalmente porque estaremos lidando com crenças e valores que perpassam alguns séculos, desde o advento da Modernidade (século XVI ao XX). Se alguém me afirmar que a finalidade última de uma empresa é gerar lucro para que seu dono, no final das contas, acumule capital, ou que ela deve servir para gerar riquezas aos acionistas, diria a ele que esta idéia seria estranha para os nossos antepassados da Idade Média e da Antigüidade. De acordo com os valores daquelas épocas, o fato de se ter um empreendimento representaria uma certa responsabilidade para que a riqueza gerada servisse para a sobrevivência biológica e autonomização do ser humano em relação à natureza. A idéia da empresa como fonte de obtenção de produtos de luxo era totalmente rechaçada porque se tinha em mente que o que deveriam ser satisfeitas eram as necessidades e não os desejos.

Necessidades são limitadas exigências naturais e culturais sem as quais não sobreviveríamos sadiamente nem seríamos membros ativos no funcionamento da sociedade. Os bens e serviços que satisfazem nossas necessidades correspondem a alimentação, abrigo, vestuário, transporte e alguns serviços elementares de apoio. Os desejos correlacionam-se à aspiração do que não se possui em relação à estrutura de *status*, na tentativa de se expressar o nível pessoal. Diferentemente das necessidades, os desejos são ilimitados. Nesse sentido, eles nunca poderão ser satisfeitos.

Na economia pré-moderna, a unidade produtiva estava imersa na comunidade que a continha, e posuía uma clara função social, qual seja, a de satisfazer as necessidades da família e, com o excedente, as da sociedade. Nessa época, não havia pessoas que passassem fome, a não ser em casos de pragas que dizimavam colheitas inteiras e que, dessa forma, comprometiam toda uma comunidade. A figura do faminto em meio a uma sociedade abundante é uma criação moderna.

E é na Modernidade que há uma mudança significativa no papel da empresa. O indivíduo, que em outras épocas se subordinara à comunidade como um ser existencial, surge como princípio e valor, estabelecendo para si o critério da organização da sociedade. Nesse contexto, o empreendimento é visto não mais como detentor de uma função social, mas de uma função em cujo centro está o indivíduo, com suas necessidades e, principalmente, com seus desejos. A produção, por sua vez, se voltara totalmente para o mercado, e será ele, que daqui por diante, escreverá as regras do jogo da vida. O preceito continua o mesmo até os dias de hoje, *satisfazer as necessidades* das pessoas, que em nosso tempo se chamam clientes ou consumidores. Contudo, o significado é totalmente modificado. Não se buscam as necessidades, que são limitadas, mas os desejos, qualitativamente ilimitados. Se realmente a economia atribuísse a si *satisfazer as necessidades*, estaria voltada mais para os empobrecidos do que para os mais ricos. Em outras palavras, onde se escreve *satisfazer as necessidades do cliente*, deve-se ler *satisfazer os desejos das pessoas que podem pagar*.

O entendimento desse aspecto da Economia é importante para que a responsabilidade social das empresas seja discutida com seriedade. Minha esperança é que esse tema resgate a dimensão esquecida dos empreendimentos econômicos: a função efetivamente social. E social não no sentido de caridade, mas no sentido de *responsabilidade* de suas relações. O termo *responsabili-*

dade surge como conceito em 1787, nas línguas inglesa e francesa, cujo significado atual é *possibilidade de prever os efeitos do próprio comportamento e de corrigi-lo com base em tal previsão*. Assim, a responsabilidade social das empresas exige a ampliação dos interesses organizacionais para além da esfera econômica, incluindo em suas estratégias preocupações com o bem-estar de todos os afetados por suas ações. Com isso, a responsabilidade social vai além de meros projetos: é um estilo de vida e de ação administrativa.

MAURÍCIO CUSTÓDIO SERAFIM, doutorando em Administração de Empresas na Escola de Administração de Empresas de São Paulo da Fundação Getulio Vargas - FGV-EAESP.

REFLEXÕES SOBRE A ÉTICA NA ADMINISTRAÇÃO

ORLANDO BARBOSA RODRIGUES

INTRODUÇÃO

Vivenciamos a entrada em um novo milênio, protagonistas de um momento de transformações na história da humanidade. Avanços na ciência, domínio de novas tecnologias, principalmente, a da informação, ora nos aproximam, ora nos afastam de Deus. Assuntos como clonagem, globalização, novas doenças, guerras, miséria e violência, estão em todas as bocas, não importando a classe econômica ou social. Analfabetos, semi-alfabetizados ou letrados, graças ao poder de manipulação dos meios de comunicação, são capazes de falarem de diferentes maneiras e sobre diferentes pontos de vista, a partir do senso comum, sobre qualquer um dos temas.

A ÉTICA, A INFORMAÇÃO E A MÍDIA

Fala-se muito, hoje em dia, sobre ética. Ética na política, ética no esporte, ética nas profissões e ética nas relações sociais. Fala-se tanto, a ponto de banalizarem seus conceitos. A mídia, através dos meios de comunicação, não se farta de apresentar e incentivar debates sobre temas polêmicos, que envolvam padrões de comportamento, conceitos e modos de vida de uma sociedade, explorando, às vezes de maneira banal, fatos isolados e obtendo, daí, preciosos dividendos. O poder da comunicação de massa materializa o *toque de Midas*, em um *toque de mídia*.

Os diversos veículos de comunicação a todo momento nos colocam em contato com acontecimentos inusitados da vida brasileira, alguns recheados de sensacionalismo, e que num dado momento acabam se transformando em fenômeno social, dada a exploração massificada de episódios da vida real presentes no cotidiano de pessoas comuns.

O *caso Pedrinho* (o garoto roubado de uma família de classe média, numa maternidade em Brasília), por exemplo, poderia ter passado despercebido por todos. Afinal, seria mais um caso de criança desaparecida em maternidade no Brasil, como tantos que existem. No entanto, os meios de comunicação, a pretexto de fazerem jornalismo, usaram e abusaram da imagem do menino de rosto bonito. Focadas no senso comum, as pessoas condenaram veementemente o comportamento ético da mãe adotiva. Acendeu-se, assim, o estopim para novas investigações e novas descobertas em torno do assunto, e a vida daquela mulher se transformou, convertendo-a na mais terrível de todas as vilãs.

Diariamente, centenas de crianças são abandonadas pelas mães que não tendo como cuidar de seus filhos devido às dificuldades econômicas e sociais, deixam seus bebês renegados à própria sorte, nas calçadas, nas portas das casas, em latões de lixo. Muitas dessas mães são adolescentes, solteiras, sem trabalho, algumas dependentes de drogas. Vez ou outra, os meios de comunicação também exploram esses dramas, cujo final não é tão feliz quanto a história do menino Pedrinho, que após conhecer seus verdadeiros pais tem, agora, a chance de iniciar uma nova vida e compartilhar ao lado deles novas experiências.

Nas empresas, falências fraudulentas, falcatruas, sonegação, contrabando, irregularidades diversas, posturas antiéticas, entre outros, também repercutem e são mais ou menos exploradas, ao gosto da mídia, preservando, ou não, os interesses das partes envolvidas. O crime organizado, a corrupção e a fome robustecem as pautas dos telejornais que são preparadas com todo o *cuidado*, ou com o sensacionalismo peculiar, para prender a atenção dos expectadores e elevar os *piques* de audiência.

Escândalos religiosos, crimes passionais, assassinatos e tantos outros dramas povoam jornais, revistas, rádio e TV, sem contar a Internet, onde, em geral, a informação é mais importante que a fonte que a gerou. A vida de pessoas comuns transforma-se em um jogo real e às vezes inescrupuloso. Intimidades desveladas, privacidade ultrajada e muita gente querendo aparecer, fazem o *show da vida real*. Isso é fantástico.

Em minha opinião, ética está ligada à atitude. Está relacionada com a aceitação, pelo outro, de determinadas ações praticadas por um indivíduo ou grupos de indivíduos. A aceitação plena do outro, parece-me algo utópico em sociedades tão desiguais.

As guerras são grandes exemplos. Elas estão aí como sempre estiveram, impregnadas nas mentes, corações e ações de pessoas inescrupulosas e prepotentes, que se acham donas da verdade, ignorando as diferenças, desrespeitando todos os princípios éticos que devem prevalecer nas relações entre os povos. Existiria guerra ética? Fazem parte da história as guerras santas. A guerra no Iraque, no Afeganistão, os ataques de 11 de setembro, entre outros episódios trágicos da história contemporânea, fundamentaram-se em ideais, cujo propósito, ora religioso, ora econômico, garantiria a paz. Que paz?

Estamos assistindo no Brasil, país considerado pacífico, várias *guerras*. A mídia divulga a todo o momento os números da guerra contra a fome, contra a injustiça social, contra o desemprego, contra o narcotráfico, contra a violência, entre outras. Talvez essas sejam guerras éticas. Várias guerras, que a meu ver, são contra um mesmo inimigo, oculto, perigoso e que às vezes se esconde em cada um de nós, fantasiado de hipocrisia, desamor e cobiça. Casos recentes, como a guerra urbana ocorrida em São Paulo, conduzida por grupos ligados ao PCC, e um documentário abordando a triste realidade dos meninos do tráfico em várias cidades brasileiras, ocuparam tempos consideráveis na mídia, desviando, em parte, o foco das atenções em relação a problemas institucionais de nosso País, como a corrupção e a impunidade nas esferas do poder central.

A ÉTICA NAS ORGANIZAÇÕES

Nas organizações, a grande competitividade coloca as pessoas em batalhas sem fim, disputando fatias de mercado e posições de destaque dentro das empresas e fora delas. Na busca desenfreada pelo reconhecimento, manutenção do *status*, prestígio, lucratividade e poder, muitas vezes a ética é deixada de lado. É a guerra da sobrevivência patrocinada pelo mercado.

Nesse cenário mercadológico, conciliar interesse pessoal com objetivos comuns por vezes exige do administrador um comportamento, sobretudo, ético, de respeito ao próximo, respeito à concorrência, ao cliente, às leis etc. Aí está o grande desafio do administrador. No entanto, há ética na administração? O que é administrar? Qual o objetivo da Administração? Há ética nas organizações? Há ética no ensino da Administração? Em que momento somos, ou deixamos de ser, éticos, na sociedade moderna? Há ética na globalização?

Agir de forma proativa em prol dos interesses organizacionais, priorizá-los em detrimento das questões individuais e, ao mesmo tempo, ser honesto, respeitar os clientes, a concorrência, ser cumpridor das leis e saber valorizar as pessoas são palavras de ordem nos códigos de ética das organizações. Quanto a ser e manter-se ético, diante das circunstâncias, vai depender de cada indivíduo, de cada administrador.

Entendo que o administrador em seu processo de formação é brindado com uma série de saberes sociológicos, filosóficos e humanos que o credenciam a agir de maneira ética no exercício da profissão. Cabe ressaltar que as regras são postas e impostas pelo mercado, qualquer que seja o mercado. Ser fiel aos princípios de vida em sociedade; respeitar as opiniões divergentes; ser leal aos objetivos organizacionais; ser coerente e ter a consciência de que é preciso estar sempre procurando aprender mais.

O administrador, dentro e fora das organizações, deve ter perseverança e lutar pelo seu futuro e de sua família, fazendo sua parte enquanto cidadão para que tenhamos um mundo melhor, mais justo, onde todos tenham oportunidades. É necessário, em minha opinião, que o administrador tenha sensibilidade e equilíbrio no momento de tomar decisões e que trabalhe em prol de resultados positivos para as organizações, sem esquecer que estas fazem parte de um sistema aberto, portanto, não são um fim em si mesmas. O administrador não pode se dar ao luxo de desconsiderar tais premissas.

O PAPEL DA ESCOLA

Vejo que as escolas, principalmente as instituições de nível superior, que têm o propósito de formar profissionais para o mercado de trabalho são fundamentais nesse processo. Práticas pedagógicas e atitudes profissionais responsáveis e coerentes com o que é ensinado são elementos facilitadores para a internalização de princípios éticos pelos acadêmicos.

Tenho acompanhado com certa preocupação a banalização do ensino superior e sua mercantilização. A democratização do acesso ao ensino de terceiro grau traz em seu bojo algo de perverso. Colocar à disposição do mercado pessoas com formação universitária sem, no entanto, prepará-las para enfrentar a concorrência e sem desenvolver nenhum programa de encaminhamento dessas pessoas para o mercado de trabalho é adotar a política do *salve-se quem puder*. É contribuir para a formação de uma nova categoria de desempregados. O *desempregado intelectual*, ou *intelectualizado*.

Deve-se considerar que novos modelos de organizações estão surgindo na era do conhecimento e os acadêmicos precisam estar cientes disso. Estará à espera dos novos profissionais um mercado disputadíssimo e volátil, voltado para resultados. As palavras de ordem serão: competência, ambição, poder, profissionalismo, dinamismo, sucesso, garra, superação etc. Ou seja, *terás de matar um leão a cada dia*. O diferencial vai depender de cada um. Cada qual lutando e buscando seu espaço.

Muito do que se aprende sobre princípios e técnicas para uma boa administração está presente nos livros estrangeiros, onde se relatam casos de empresas de sucesso (grandes corporações) e seus modelos administrativos. A partir daí, uma infinidade de bibliografias vai se somando, formando conceitos e padrões para uma boa administração e fazendo da ciência da administração algo meramente mecanicista, ou melhor, um *livro de receitas*.

Muitas publicações brasileiras ligadas à administração de empresas são meramente repetidoras dos modelos teóricos importados, sem muita identificação com a realidade da maioria das empresas brasileiras. Surgem os *gurus*, que vão se tornando cada vez mais populares, vendendo *fórmulas de sucesso* a quem interessar possa.

Desenvolver nos estudantes uma mentalidade crítica, empreendedora, proativa, focada em responsabilidade social, é a sublime missão das instituições de ensino compromissadas com a educação. Só assim será possível continuar idealizando um perfil de profissional que seja considerado ético e que saiba conduzir as organizações para os resultados pretendidos, mas promovendo o equilíbrio, a justiça social e agindo em prol da melhoria das condições de vida das pessoas, cumprindo as leis e respeitando a natureza e o meio ambiente e, sobretudo, reconhecendo as diferenças individuais de cada ser humano.

CONCLUSÃO

As idéias aqui colocadas são meramente reflexivas e representam minha opinião, sem a pretensão de teorizar sobre o assunto ou buscar fundamentos em referências bibliográficas que sirvam de arcabouço para os apontamentos aqui colocados. São impressões particularizadas sobre o que entendo por comportamento ético, a partir de minhas convicções, de minha experiência de vida, de minha experiência profissional e de minha condição de ser humano interessado em aprender.

No entanto, gostaria de compartilhar essas idéias com os leitores deste artigo. Peço que o leitor reflita, questione e articule em torno do assunto, para que possa desenvolver um debate a respeito. Embora a idéia central esteja focada no trabalho do administrador de empresas, isso não impede uma reflexão mais abrangente.

ORLANDO BARBOSA RODRIGUES, administrador de empresas, economiário, professor universitário, mestre em Ciências da Educação pela Universidade Católica de Goiás e autor do livro *Administrador: Perfil e Formação - Das Diretrizes Curriculares Oficiais ao funcionamento real do currículo e da metodologia de ensino*, Editora Corifeu.

BALANÇO SOCIAL

PETER NADAS

Muito se tem falado, nos últimos tempos, a respeito de balanço social. Desde que o carismático Herbert de Souza, o Betinho, levantou a questão, pouco antes do seu falecimento, toda uma série de instituições de todos os tipos tem se debruçado sobre o tema, com os mais diversos enfoques.

Como sempre acontece, quando todos falam juntos, está havendo muita balbúrdia e muita confusão em torno do verdadeiro objetivo e significado do balanço social. De certa forma, todos têm um pouco de razão mas ninguém parece ter atinado para o panorama inteiro.

BALANÇO SOCIAL E NÃO CONTÁBIL

O próprio nome está contribuindo para essa confusão: fala-se em *balanço* e imediatamente se pensa em documento contábil, com os dois pratos de ativos e passivos procurando equilibrar-se. É claro que os valores monetários são importantes no processo de estabelecimento de um balanço social, mas são apenas parte do conceito geral. O que se tem visto é um relatório financeiro de tudo o que a empresa gasta em itens considerados de natureza social, incluindo os encargos sociais obrigatórios e os custos de outras iniciativas tomadas pela direção da empresa nessas áreas. Para dar a esse relatório um arzinho de balanço, faz-se, geralmente, uma comparação com os dados do ano anterior. É a visão que poderíamos chamar de *contabilista*.

VISÃO LEGALISTA

Há uma outra visão bastante comum hoje, que é a *legalista*. Imagina-se que tornando obrigatória a publicação do balanço social, como num passo de mágica as empresas vão despertar para a sua responsabilidade social. Infelizmente, todos sabemos que um balanço elaborado sob a pressão da lei só vai servir mesmo para satisfazer a lei e nada terá a ver com as necessidades dos diversos públicos que vivem na dependência da empresa. Preparado em gabinete, irá apenas aumentar os custos administrativos da empresa, mas em nada melhorará a sorte dos funcionários, dos clientes, dos colaboradores ou das demais comunidades ligadas à companhia.

VISÃO *MARKETEIRA*

Há também a visão *marketeira*, de que se ouve falar sempre mais. Partindo do princípio de que o público exige cada vez mais que as empresas tenham uma preocupação com o *social* – como também com a ética –, procura-se criar essa imagem para atrair os clientes. É o conceito de que *ser social (ou ético) dá lucro*. Entretanto, como a consideração principal neste conceito é para o resultado final, na hora que o *social* (ou o ético) dá menos lucro do que outra ação da gestão econômica, esquece-se rapidamente aquele para implantar esta.

GENUÍNA PREOCUPAÇÃO PELA RESPONSABILIDADE SOCIAL DA EMPRESA

A Fundação Instituto de Desenvolvimento Empresarial e Social - Fides, que está estudando esse tema há mais de vinte anos, vem trabalhando com uma quarta hipótese, que se sobrepõe a essas três. Temos consciência, hoje, de que balanço social só se implanta e só funciona nas empresas em que os dirigentes têm uma genuína preocupação pela responsabilidade social da empresa. Não uma preocupação contábil, não uma preocupação legal, não uma preocupação comercial e *marketeira*, mas uma preocupação que vem do fundo do coração, que envolve toda a percepção que se tem da empresa, que coloca o conceito de bem comum entre os princípios maiores de ação. Só aqueles que tem como prioridade o bem-estar do próximo – daquele que faz parte da *empresa-comunidade-de-trabalho*, daquele que aportou os recursos para que a empresa pudesse funcionar, daquele que compra os produtos e serviços da empresa ou daquele que lhe vende seus insumos, ou ainda daquele que vive na mesma região geográfica e sofre as eventuais conseqüências da poluição provocada pela empresa –, só eles podem falar em desenvolver um verdadeiro balanço social.

BALANÇO SOCIAL E OUTROS BALANÇOS: PONTOS EM COMUM

O que o balanço social tem em comum com outros balanços é que ele mede os resultados de uma ação baseada num planejamento prévio. Os resultados da estratégia econômica e mercadológica da empresa são refletidos pelos números que aparecem em seu balanço contábil. Da mesma forma, o balanço social resulta do planejamento e da estratégia da empresa no campo social. Isto supõe:

1) que houve efetivamente, no início do processo, uma reflexão e um plano de trabalho; e

2) que a satisfação daqueles a quem as ações sociais se destinaram era mensurável e foi medida.

No que diz respeito ao plano de trabalho, é evidente que não se pode empreender tais tipos de ação social a partir de uma reflexão de gabinete. Por isso, a Fides considera o balanço social, em primeiro lugar, como um instrumento de real participação de todos os envolvidos. Já na época em que essa ação era considerada altamente subversiva, nos idos dos anos 70, os balanços sociais implantados pela Fides começavam com a criação de comissões internas, que abrangiam verticalmente todas as áreas da empresa.

Hoje, aos setores internos, aos colaboradores e funcionários, faz-se indispensável acrescentar todos os demais públicos da empresa nesse planejamento social estratégico: clientes, aportadores de capital, fornecedores, membros da comunidade onde a empresa se situa geograficamente, governos etc. Todos têm alguma expectativa em relação à empresa; todos têm de ser levados em conta.

O QUE SE MEDE É O GRAU DE ATENDIMENTO DAS EXPECTATIVAS DE TODO O PÚBLICO QUE SE RELACIONA COM A EMPRESA

E efetivamente, o que vai se medir ao final do ano, ao se montar então um verdadeiro balanço social, é o grau em que tais expectativas foram atendidas. Os indicadores irão refletir a conversão daquilo que esses públicos esperam da empresa em números, que serão então comparados com a sua satisfação. E os resultados permitirão que o empresário e os dirigentes da empresa avaliem o esforço que serão chamados a continuar fazendo... se estiverem realmente interessados e preocupados com a sorte das pessoas que os cercam.

Na verdade, no século XXI, a responsabilidade social não poderá mais ser considerada como um instrumento de criação de imagem para obter lucro. Será uma condição *sine qua non* da sobrevivência empresarial.

"Se a empresa pensa que existe só para dar lucro ela vai sucumbir, não a curto mas pelo menos a médio prazo, porque as exigências sociais vão tornar-se cada vez maiores. Se não liderar o processo de transformação, ela será arrastada por ele. Só as empresas que tiverem uma estratégia social sobreviverão." [85]

Vale a pena pensar nisso.

PETER NADAS, um dos instituidores da Fundação Fides, ligado a ela há mais de 20 anos. Atuou como seu superintendente, como seu presidente executivo e foi, até final de 2005, o presidente do seu Conselho de Curadores. Administrador de empresas com experiência no setor privado em empresas nacionais e multinacionais, no setor público municipal e estadual, com passagem pela área de comércio internacional. Conferencista e autor de vários artigos ligados ao pensamento social cristão.

---

85. A frase é do empresário Philippe de Woot, e vem citada no site da Fides (www.fides.org.br).

GOVERNANÇA CORPORATIVA:
uma questão de sustentabilidade

ROBERTO SOUSA GONZALEZ

Nenhuma empresa pode afirmar ter comunicação empresarial efetiva, quando não permite à sociedade ter acesso a informações relevantes ao seu próprio desenvolvimento.

Desde os primórdios da Revolução Industrial – quando as primeiras estruturas empresariais começaram a se formar – o tema gestão passou a ser obrigatório. Com a formação das primeiras grandes companhias industriais, a discussão sobre as melhores condições de trabalho e a não-exploração dos trabalhadores cresceu. Mas havia também debates sobre como uma empresa deveria fabricar seus produtos e quais as vantagens deles para a sociedade. Ainda hoje a discussão é apaixonante.

A Guerra de Secessão dos Estados Unidos (1860-1864) teve um forte impacto nas relações humanas e nas estruturas empresariais agrárias e urbanas: o Norte, industrializado, necessitava de trabalhadores assalariados; o Sul, agrícola, contava com mão-de-obra basicamente escrava. Nessa região, por óbvias razões, não existia o debate sobre o papel econômico e social das fazendas ou *empresas rurais*.

Enquanto isso, o Norte já discutia o papel social que as estradas de ferro e as indústrias poderiam desempenhar. Notou-se que os habitantes desses Estados estavam mais expostos à educação e ao conhecimento. Pode-se afirmar que foram as empresas que contribuíram para o desenvolvimento socio-econômico dessa região, mesmo que neste início poucos promovessem a valorização profissional dos trabalhadores.

A formação dos primeiros sindicatos, por sua vez, deu início ao debate sobre a qualidade de vida no trabalho, ainda que naquela época ninguém soubesse qual a real dimensão de questões como diminuição da jornada (que, em alguns casos, chegava a 18 horas diárias de trabalho), direito à alimentação, benefícios e outros.

Em 1908, na Inglaterra, foi fundado o Institute of Directors, que reunia os gestores das empresas britânicas, mas que não promoveu avanços significativos. Basicamente, os participantes ordenaram os princípios que deveriam orientar a condução dos negócios e as relações conflitantes existentes.

Quando os sindicatos estavam consolidados (por volta da década de 1960), nos Estados Unidos e na Europa começaram a surgir com muita força as Organizações Não-Governamentais - ONGs. Muitas foram criadas para cobrar das empresas boas relações com a comunidade, especialmente no que dizia respeito a questões sócio-ambientais.

Na mesma época, no mundo todo, começaram a surgir leis específicas, com o objetivo de regulamentar as relações entre as empresas e a sociedade. O movimento ficou ainda mais forte nas décadas subseqüentes, quando também foram criadas diversas instituições de defesa dos interesses do consumidor.

NASCE UM CONCEITO

Seguindo essa tendência, os investidores, que inicialmente entregavam seus recursos interessados unicamente no retorno financeiro e sem a preocupação de como a empresa atuaria para atingir esse objetivo, começaram a alterar suas posturas.

Tornou-se óbvio para todos que organizações com péssimas relações trabalhistas apresentavam um passivo enorme, menor produtividade e baixa motivação, o que refletia negativamente nos resultados operacionais. Além disso, empresas que poluíam o meio ambiente comprometiam o resultado financeiro da organização, graças às autuações dos órgãos reguladores e à própria atitude dos clientes.

Hoje, a sociedade está mais esclarecida e consciente do papel que uma empresa deve representar. Se ela não atende às necessidades do público consumidor e às responsabilidades perante a ocorrência de equívocos, com certeza diminuirá sua participação no *market share*.

Mais uma vez, isso representará resultados financeiros negativos. Ao sonegar impostos, receberá, posteriormente, multas e será cobrada pela quantia que não havia sido paga, com juros e correção, acarretando uma corrosão do lucro.

Assim nasce o conceito de governança corporativa, em que as relações de uma empresa com todos os seus públicos estratégicos (acionistas, fornecedores, clientes, trabalhadores, governos, comunidade etc.) são fundamentais para a execução de uma boa gestão. Essas idéias foram compiladas no final do século XX.

Em dezembro de 1992, o *Cadbury Committee* definiu governança corporativa como "o sistema por meio do qual companhias são dirigidas e controladas. Os conselhos de administração são responsáveis pela governança de suas companhias. O papel dos acionistas na governança é indicar os conselheiros e os auditores e certificar que uma adequada estrutura de governança está sendo implantada".

Neste ano, o *Cadbury Committee* desenvolveu o primeiro código de orientação das relações entre acionistas e gestores de empresas: o *The Cadbury Report*. Pode-se dizer que esse foi o primeiro código de governança corporativa.

Dois anos depois, no Canadá, a Bolsa de Toronto editou o *Dey Report*, que destaca: "governança corporativa significa o processo e estrutura utilizada para dirigir e gerenciar os negócios da companhia, com o objetivo de aumentar o valor dos acionistas, o que inclui assegurar a viabilidade econômica da empresa. O processo e a estrutura definem a divisão de poder e estabelecem os mecanismos para fixar responsabilidades entre acionistas, conselho de administração e direção executiva".

Também em 1997, surge o *The Hampel Report*, que abordou mais as relações dos agentes envolvidos direta e indiretamente com a empresa. Dois anos depois, a Organização de Cooperação e Desenvolvimento Econômico - OCDE elaborou o Código das Melhores Práticas de Governança Corporativa, com ênfase nas relações da empresa com seus *stakeholders* (públicos estratégicos). Abaixo, encontra-se o trecho do Código que trata do assunto.

"STAKEHOLDERS NA VISÃO DO CÓDIGO DA OCDE
O PAPEL DOS STAKEHOLDERS (PÚBLICOS ESTRATÉGICOS) NA GOVERNANÇA CORPORATIVA

A estrutura da governança corporativa deve reconhecer os direitos dos públicos estratégicos *stakeholders*, conforme previsto em lei, e incentivar a cooperação ativa entre empresas e públicos estratégicos *stakeholders* na criação de riquezas, empregos e na sustentação de empresas economicamente sólidas.

A. A estrutura da governança corporativa deve assegurar o respeito aos direitos dos públicos estratégicos *stakeholders* garantidos por lei.

B. Quando os direitos dos públicos estratégicos *stakeholders* são protegidos por lei, eles devem ter a oportunidade de obter reparação efetiva pela violação de seus direitos.

C. A estrutura da governança corporativa deverá permitir mecanismos de melhoria do desempenho para a participação de públicos estratégicos *stakeholders*.

D. Os públicos estratégicos *stakeholders* que participam do processo de governança corporativa devem ter acesso a informações pertinentes.

DIVULGAÇÃO E TRANSPARÊNCIA

A estrutura da governança corporativa deverá assegurar a divulgação oportuna e precisa de todos os fatos relevantes referentes à empresa, inclusive situação financeira, desempenho, participação acionária e governança da empresa.

A. A divulgação deve incluir, sem estar limitada a fatos relevantes a respeito das seguintes questões:
- Os resultados financeiros e operacionais da empresa.
- Objetivos da empresa.
- Principais participações acionárias e direitos de voto.
- Conselheiros e principais executivos e sua remuneração.
- Fatores de risco previsíveis e relevantes.
- Fatos relevantes a respeito de funcionários e outros públicos estratégicos *stakeholders*.
- Estruturas e políticas de governança corporativa.

B. As informações devem ser preparadas, auditadas e divulgadas segundo os mais altos critérios contábeis, divulgação financeira e não-financeira e auditoria.
C. Deverá ser realizada uma auditoria anual por um auditor independente, a fim de proporcionar uma garantia externa e objetiva sobre a maneira pela qual os demonstrativos financeiros foram preparados e apresentados.
D. Os canais para a disseminação das informações devem permitir aos usuários acesso justo, oportuno e de custo aceitável às informações relevantes".

GOVERNANÇA NO BRASIL

No Brasil, em 1995, foi fundado o Instituto Brasileiro de Conselho de Administração - IBCA. Começava, aqui, o debate sobre governança corporativa – praticamente no mesmo instante que nas nações mais industrializadas. Em 1997, o nome da entidade foi modificado para Instituto Brasileiro de Governança Corporativa - IBGC.

O IBGC, no seu nascimento, definia assim o conceito de governança: "sistema que permite aos acionistas ou cotistas o governo estratégico de sua empresa e a efetiva monitoração da direção executiva. As ferramentas que garantem o controle da propriedade sobre a gestão são o conselho de administração, a auditoria independente e o conselho fiscal".

Em 1999, o IBGC apresenta o primeiro código de melhores práticas de governança corporativa *made in Brazil*, focado unicamente no conselho de administração, que considerava sugestões do *Top Management Summit*, realizado em abril de 1997.

Um pouco depois, em abril de 2001, o IBGC lançava a segunda edição desse código, que abordava, além do conselho de administração, questões como propriedade, acionistas, diretoria executiva, auditoria independente, conselho fiscal, ética e conflito de interesses. Também mencionava, pela primeira vez, a relação com os *stakeholders*, deixando claro que o *Chief Executive Officer* - CEO e a diretoria da empresa são responsáveis pela relação com os públicos estratégicos.

Em 2004, o IBGC lançou a 3ª edição do código. Como o tempo passou, atualmente, o Instituto adota a seguinte definição para governança corporativa: "conjunto de práticas e relacionamentos entre acionistas/cotistas, conselho de administração, diretoria, auditoria independente e conselho fiscal, com a finalidade de otimizar o desempenho da empresa e facilitar o acesso ao capital".

Com tantas definições (são mais de 30 em todo o mundo), tomei a liberdade, em abril de 2002, de formatar uma definição conceitual que, acredito, retrata a essência do que deve ser governança corporativa: "é todo o processo de gestão e monitoramento desta que leva em consideração os princípios da responsabilidade corporativa (fiscal, social, trabalhista, comunitária, ambiental, societária etc.), interagindo com o ambiente e os públicos estratégicos, os chamados *stakeholders*, em busca da sustentabilidade para ser perene".

DIFERENÇAS

É importante destacar que a questão da governança corporativa teve início na Europa por um motivo e, nos Estados Unidos, por outro. O Velho Continente – que apresentava uma concentração do capital da propriedade – debateu-se sobre os direitos dos acionistas que não faziam parte do bloco de controle. Ou seja, aqueles que não estavam no grupo com mais de 50% das ações com direito a voto nas empresas.

Já nos Estados Unidos, a grande pulverização das ações fez com que os corpos diretivos das companhias efetuassem aumentos para si – tanto na remuneração fixa, como na variável –, ampliando a participação nos resultados e a blindagem contra riscos, o que contribuiu para que os detentores do capital da propriedade não fossem devidamente remunerados.

Em outras palavras: nos Estados Unidos, a gestão de uma empresa detinha todo seu controle e, praticamente, não ouvia os acionistas. Em muitos casos, o CEO era *chairman*, ou seja, o presidente da diretoria e também presidente do conselho de administração. Eles deveriam defender os interesses da companhia e maximizar os retornos para os acionistas. Entretanto, na prática, defendiam muito mais os interesses dos gestores.

Vale aqui uma explicação: quando me refiro a "defender os interesses da companhia", penso no melhor desenvolvimento da organização, o que envolve as relações da empresa com todos os seus *stakeholders*.

UNIÃO DE IDÉIAS

Todos esses fatos e idéias levaram à união do conceito de governança corporativa ao da comunicação empresarial, que tem início com os que estão *ao lado*. Isto é, sócios, trabalhadores, clientes, fornecedores, acionistas, comunidade, entre outros. Nenhuma empresa pode afirmar ter comunicação empresarial efetiva quando não permite à sociedade ter acesso a informações relevantes ao seu próprio desenvolvimento.

Toda empresa pode ter boas práticas de governança corporativa se adotar procedimentos de transparência, como parte de um sistema estratégico e integrado de comunicação, de forma a facilitar a oferta de informações aos públicos estratégicos. As organizações devem prestar contas de uma forma ágil, eficiente e respeitosa. Ainda, devem não só cumprir à risca toda a estafante legislação nacional, mas também os mais exigentes dispositivos de regulamentação internacionais.

Alguns dizem que o principal benefício da governança corporativa, em empresas de capital aberto, é a segurança decorrente da recomendação de que essas companhias devem ter vários conselheiros independentes. Caso esses conselheiros não façam nada do que foi exposto até aqui, abre-se um precedente para o questionamento: são empresas com boas práticas de governança corporativa?

Mas e no caso de empresas de capital fechado? Os analistas de crédito e todos os demais públicos estratégicos deveriam começar a exigir delas a mesma transparência exigida das companhias abertas. Ou melhor, todas as práticas de governança que estão sendo implementadas nas empresas listadas na Bolsa Brasileira.

Uma empresa de capital fechado (nacional ou estrangeira) não pode ser considerada excelência em comunicação ou em governança corporativa quando se posiciona veementemente contra a publicação de demonstrações financeiras iguais às de uma companhia aberta e, principalmente, da Demonstração do Valor Adicionado - DVA. Esta última é uma demonstração contábil que apresenta a geração de riqueza pela organização e como ela foi distribuída.

Um supermercado brasileiro aberto, listado na Bolsa, publica todas as informações sobre suas operações econômico-financeiras, sociais etc., enquanto que um supermercado estrangeiro, aqui instalado, recusa-se a divulgar demonstrações financeiras de suas operações no Brasil, qualquer informação sobre o desenvolvimento do seu negócio e potenciais ações futuras.

Conclui-se, então, que esta companhia não pratica, na essência, a comunicação empresarial e, muito menos, que tenha governança corporativa. Na verdade, a concorrência é desleal, pois um *player* possui informações sobre o outro, mas este último não possui nenhuma informação sobre o seu concorrente estrangeiro.

As empresas que desejarem dar um salto de qualidade e cumprir os quatro princípios básicos da governança corporativa – transparência, equidade com os públicos estratégicos, prestação de contas e responsabilidade corporativa – devem, com a máxima prioridade, implantar modelos de gestão e programas de comunicação empresarial que, provavelmente, poderão garantir a efetividade dos esforços.

E A LEI?

No Brasil, a nova legislação sobre as Sociedades Anônimas, aprovada em 2001, trouxe alguns avanços em relação à proteção dos acionistas não-controladores. Não se trata de um conjunto de leis ideal, mas é visivelmente melhor do que a que antes vigorava no mercado.

No artigo 140 – que trata sobre o conselho de administração – inciso IV, parágrafo único, temos: "o estatuto poderá prever a participação no conselho de representantes dos empregados, escolhidos pelo voto destes, em eleição direta, organizada pela empresa, em conjunto com as entidades sindicais que os representem".

A partir disso, muitos podem dizer: "mas isso a empresa já poderia ter feito". Com certeza, só que a lei agora lembra desta possibilidade dando um valor maior à questão. Em relação à venda da empresa pelo grupo controlador e aos direitos dos acionistas não-controladores (que antes não tinham direito algum), hoje, o dispositivo garante aos detentores de ações ordinárias 80% do valor pago aos acionistas controladores.

Mas há empresas que foram além da determinação. O Banco Itaú, por exemplo, em abril de 2002, aprovou em assembléia que todos os detentores de ações preferenciais também terão os mesmos direitos. No mesmo mês, a Gerdau propôs 100% do valor que for pago aos controladores a todos os acionistas, sejam eles ordinários ou preferenciais. Essas atitudes tiveram reflexos positivos na variação do valor das ações em Bolsa.

A nova lei também descreve que os membros do conselho de administração que não representarem os controladores poderão vetar a escolha do auditor independente, mais uma prova de boa governança. A legislação vem contribuir para valorizar o decadente mercado de capitais nacional, visto que os investidores institucionais estão dispostos a pagar 23% a mais por um papel de uma empresa com bons níveis de governança corporativa, segundo estudo realizado pela McKinsey e publicado no jornal O Estado de S. Paulo, em 30 de setembro de 2001.

A BOVESPA E O NOVO MERCADO

Algumas delas possuem organizações do Terceiro Setor no seu bloco de controle e o conhecimento da gestão dessas organizações é fundamental para os princípios da boa governança das empresas. Não basta ter acesso às informações da organização se o controlador é fechado e não informa a sociedade sobre sua estrutura de funcionamento, processo de decisão etc. A Bolsa de Valores de São Paulo - Bovespa estruturou o Novo Mercado, que é muito mais avançado do que a lei e está consolidado.

O Novo Mercado divide-se em três níveis e o primeiro é praticamente o que toda companhia aberta deveria fazer. Isto é, no mínimo todas as empresas listadas na Bolsa deveriam estar neste nível.

O Nível 2, além de todas as regras do Nível 1, possui exigências mais rígidas. Por exemplo: a empresa deve concordar que todas suas pendências acionárias sejam julgadas pela Câmara de Arbitragem, o que torna mais ágil o processo, com benefícios diretos à credibilidade do mercado de capitais.

Já no Nível 3, além de todas as regras dos níveis anteriores, as empresas somente podem possuir ações ordinárias.

Amplia-se o debate de que a governança corporativa não deve focar exclusivamente a relação entre os acionistas não-controladores e as companhias, mas sim na relação das empresas com seus públicos estratégicos. O assunto ganhou tanta importância que os países do G-7 escolheram a governança corporativa como o principal pilar da arquitetura econômica mundial.

Entidades financiadoras como o Banco Nacional de Desenvolvimento Econômico e Social - BNDES, o Banco Interamericano de Desenvolvimento - BID e a International Finance Corporation - IFC exigem cada vez mais práticas de boa governança e responsabilidade social para liberarem recursos para os projetos empresariais.

Do ponto de vista da legislação, também é importante citar a lei americana *Sarbanes-Oxley*, que leva os sobrenomes de seus autores – o senador Paul Sarbanes (democrata) e o deputado Michael Oxley (republicano). Além de obrigar a existência do comitê de auditoria, a Sox incentiva a formação do comitê de divulgação dentro do conselho de administração.

CONSUMIDORES E INVESTIDORES

Por tudo isso, a frase "os investidores são uns tolos, porque nos dão seus recursos, e arrogantes, porque ainda querem explicações a respeito", dita por Carl Fürstenberg, banqueiro alemão (1850 - 1933), no final do século XIX, não tem mais espaço no mundo atual. As corporações que assim pensarem estarão caminhando a passos largos em direção à não-existência.

No passado, a empresa atendia somente aos proprietários, cotistas e acionistas. Atualmente, os profissionais das empresas são consumidores e investidores, os fornecedores e clientes são consumidores e investidores etc. No futuro, cada vez mais presente, a sociedade é consumidora e investidora. Isso faz com que a empresa – para sobreviver no mercado – tenha de ter excelência em comunicação e governança corporativa.

ROBERTO SOUSA GONZALEZ, formado em Administração, com MBA em mercado de capitais na USP. É diretor de estratégia social da The Media Group – Comunicação Corporativa, assessor para assuntos de sustentabilidade da presidência da Associação dos Analistas e Profissionais de Investimento do Mercado de Capitais - Apime, membro do Conselho Deliberativo do Índice de Sustentabilidade Empresarial - ISE da Bovespa, professor na Universidade Prebisteriana Mackenzie e na Trevisan Escola de Negócios.

QUANTO VALE A SUA REPUTAÇÃO?[86]

ROGÉRIA OLIVEIRA TARAGANO

Ela pode interferir nas cotações da bolsa, derrubar alguns ministros e nomear outros, alavancar negócios, abrir (ou fechar) portas, enfim, ela dá as cartas e quase move montanhas. Ela pode ser pessoal, aquela que todos nós, queiramos ou não, trazemos agregada à nossa própria carteira de identidade. Pode ser impessoal, vinculada a algum produto ou equipamento, ou também vinculada a grupos, associações, governos e organizações de qualquer natureza. Seja ela pessoal ou corporativa, o que há de comum entre as diferentes modalidades, guardadas as devidas proporções, é sua força. Falamos da reputação, essa poderosa senhora de contornos largos e intangíveis, alcance imensurável e impacto irrefutável.

Em um discurso na Universidade de Harvard em 2000, Alan Greenspan, ex-presidente do Banco Central Americano, destacou o valor da reputao corporativa na economia de mercado:

---

86. Fontes consultadas pela autora: *The Gauge*, v.14, nº.13, Maio/2001, e ELKINGTON, John. *Cannibals with forks*, 1997.

"No mundo de hoje, onde idéias gradativamente substituem elementos físicos na geração de valor econômico, a competição pela reputação torna-se uma força significativa impulsionando a economia. Bens manufaturados podem ser facilmente avaliados antes do fechamento de uma transação. No entanto, para aqueles que vendem serviços, a única garantia a ser oferecida é a própria reputação".

É POSSÍVEL MENSURAR A REPUTAÇÃO?

No mundo dos negócios, já existem tentativas de mensuração do *valor da reputação* das organizações, preocupação cada vez mais fundamentada, visto que dados de uma pesquisa realizada pela Universidade de Oxford em out./2002 indicam que a reputação de uma empresa pode corresponder a cerca de 40% de seu valor de mercado.

ALGUNS ESTUDOS RECENTES:

Na Universidade do Texas, EUA, realizou-se uma comparação entre dez grupos de empresas com níveis similares de risco e de retorno, mas com diferentes níveis de reputação. Os resultados mostraram que uma diferença de 60% no resultado do nível de reputação estava associada a uma diferença de 7% do valor de mercado dessas empresas. Considerando-se que o valor médio das corporações avaliadas era de US$ 3 bilhões, isso significa que cada um ponto de diferença no resultado de reputação (de 6 a 7 numa escala de 10 pontos) equivaleria a um adicional de US$ 53 milhões no seu valor de mercado.

Outro projeto foi conduzido na Universidade de Kansas, EUA, sugerindo que o *capital reputacional* pode envolver retornos ainda maiores. Um grupo de professores estudou a correlação entre valor de mercado, *book value*, rentabilidade e reputação de todas as empresas listadas na revista *Fortune - As mais admiradas empresas*, pesquisadas entre 1983 e 1997. A conclusão foi que cada mudança de apenas um ponto em reputação estaria associada a uma média de US$ 500 milhões em valor de mercado.

Portanto, o que esses e outros estudos têm sugerido é que a reputação corporativa é um valioso ativo, ainda que intangível. E que esse ente intangível, quando abalado para o bem ou para o mal, consegue impactar diretamente inclusive os valores tangíveis da organização. Conseqüentemente, as conhecidas e não pouco freqüentes *crises de reputação* objetivamente alteram o valor de mercado das empresas.

REPUTAÇÃO *VERSUS* IMAGEM CORPORATIVA?

Por todas essas razões, estudiosos do mundo todo têm se dedicado não só a tentar entender o que é a reputação corporativa, mas também a buscar mecanismos para mensurá-la e gerenciá-la. Ao fazer esse esforço, surgem algumas discussões entre os autores em torno de termos semelhantes, tais como imagem e identidade corporativa, entre outros. Para alguns, a identidade corporativa estaria mais vinculada à maneira com que determinados públicos ligados à empresa a conceituam, enquanto que a imagem estaria relacionada à maneira com que a própria organização se apresenta para o público, especialmente em sua comunicação visual. Parece haver relativo consenso de que a reputação é algo maior e que transcende os conceitos de imagem ou identidade. Esses autores a entendem – posição com a qual estamos de acordo – como algo mais amplo, duradouro e que incorpora os dois conceitos anteriores. Ou seja – e aí vai uma interpretação e um paralelo –, qualquer imagem pode ser construída com uma série de comerciais bem feitos com 30 segundos de duração, enquanto que, muitas vezes, 30 anos não são suficientes para a construção e a consolidação de uma boa reputação. De acordo com Charles J.Fombrun, da conceituada Stern University - Escola de Negócios da Universidade de Nova York, "as reputações se formam ao longo do tempo, de acordo com a interpretação que os observadores fazem dos padrões e ações corporativas e uma vez formadas, são resistentes a mudança, mesmo diante de informações discrepantes..."

O parecer acima leva-nos a uma outra característica da reputação. É que ela está baseada na percepção de um conjunto variado de observadores. Esses observadores influentes, que são sensíveis em relação à forma de agir de uma dada organização, podem ser tanto os seus acionistas, funcionários, clientes, fornecedores, comunidade, como a própria mídia e o governo. São públicos que podem possuir uma vinculação direta ou indireta com a organização e são também conhecidos como as partes interessadas ou os stakeholders, em inglês. Entende-se que quanto maior a capacidade da organização de conhecer e atender às expectativas de suas partes interessadas, maior seu grau de reputação. Nesse contexto, a organização passa a ser demandada num escopo mais amplo, o da sustentabilidade. Conceito este que contempla não só sua competência para gerar empregos e pagar imposto, mas também sua capacidade de tentar harmonizar seu sucesso econômico com o equilíbrio social e com a qualidade ambiental, dentro de altos padrões éticos de atuação.

Portanto, com todas essas novas preocupações na agenda, as organizações não podem mais se dar ao luxo de ignorar qual é seu posicionamento junto aos stakeholders. Mais e mais empresas estão cientes de que sua reputação não só influencia a aceitação de seus produtos pelos consumidores, mas também seu próprio padrão de atratividade perante investidores e analistas, nacionais e internacionais. Sem falar na influência sobre seu poder de fogo para contratar e reter talentos. Pesquisas sugerem ainda que a boa reputação resulte mesmo em melhoria da satisfação do cliente e que esta exerce influência na lealdade do consumidor, fator que, por fim, afeta diretamente o bottom line da organização.

OLHOS NOS OLHOS...

Em tempos de crise, vulnerabilidade de reputação, escândalos corporativos e conseqüente abalo da confiança pública perante as corporações, dispor de mecanismos para conhecer a percepção causada, medir a temperatura e ajustar o rumo proativamente pode fazer toda a diferença. Afinal, diz-se que, assim como a beleza, a reputação está nos olhos de quem observa, para quem isso nada mais é que a realidade em si. Fica a pergunta: e se esses olhos estiverem focando, agora, justamente na direção da sua organização? Quanto vale a sua reputação?

ROGÉRIA OLIVEIRA TARAGANO, psicóloga organizacional, mestre em Administração formada pela Carnegie Mellon University, EUA, e diretora da Gecko SocioAmbiental, empresa que idealizou no Brasil o GR® Grau de Reputação, instrumento que avalia a reputação corporativa.

A IMPORTÂNCIA DA ÉTICA NAS ORGANIZAÇÕES

ROSILENE APARECIDA MARTON

A sociedade contemporânea está resgatando comportamentos que possibilitem o cultivo de relações éticas. São freqüentes as queixas sobre a falta de ética na sociedade, na política, na indústria e até mesmo nos meios esportivos, culturais e religiosos.

Um dos campos mais carentes, no que diz respeito à aplicação da ética, é o do trabalho e exercício profissional. Por esta razão, executivos e teóricos em administração de empresas voltaram a se debruçar sobre as questões éticas. Nos Estados Unidos, após o escândalo envolvendo a Enron, a Harvard Business School está mais cautelosa na seleção de seus alunos. O ex-diretor geral da Enron, Jeffrey Skilling, formou-se em Harvard em 1979. A famosa escola de negócios passou a incluir um questionário de ética na prova aplicada aos candidatos a uma vaga no curso MBA. Além disso, cada um dos estudantes aprovados é entrevistado individualmente. Os escândalos da Enron e outras companhias dos Estados Unidos mostraram que se esquecer da ética pode ser um mau negócio.

Nas universidades e escolas brasileiras, nota-se uma modificação gradativa nos currículos com a inclusão e ênfase ao estudo da Ética. Hoje fundações também estão desenvolvendo estudos em ética organizacional.

A Fundação Instituto de Desenvolvimento Empresarial e Social - Fides, desde a sua fundação em 1986, atua em quatro grandes vertentes que visam a mobilizar a sociedade civil brasileira na busca do bem comum: o Balanço Social, a Ética na Atividade Empresarial, o Diálogo Social e a Formação de Novas Alianças.

Para a vertente que busca o Bem Comum pautado na Ética na Atividade Empresarial, é indiscutível que as boas decisões empresariais resultem de decisões éticas.

Uma empresa é considerada ética se cumprir com todos os compromissos éticos que tiver, se adotar uma postura ética como estratégia de negócios, ou seja, agir de forma honesta com todos aqueles que têm algum tipo de relacionamento com ela. Estão envolvidos nesse grupo os clientes, os fornecedores, os sócios, os funcionários, o governo e a sociedade como um todo. Seus valores, rumos e expectativas devem levar em conta todo esse universo de relacionamentos, e seu desempenho também deve ser avaliado quanto ao seu esforço no cumprimento de suas responsabilidades públicas e em sua atuação como boa cidadã.

Percebe-se claramente a necessidade da moderna gestão empresarial de criar relacionamentos mais éticos no mundo dos negócios para poder sobreviver e, obviamente, obter vantagens competitivas. A sociedade como um todo também se beneficia desse movimento.

As organizações necessitam investir continuamente no desenvolvimento de seus funcionários por meio da educação.

A maior parte das organizações, independentemente do porte, pode desenvolver mecanismos para contribuir para a satisfação dos funcionários.

Ter padrões éticos significa ter bons negócios a longo prazo. Existem estudos indicando a veracidade dessa afirmativa. Na maioria das vezes, contudo, as empresas e organizações reagem a situações de curto prazo.

O Center for Ethics, da Universidade do Arizona, concluiu que as empresas norte-americanas que renderam dividendos por cem anos ou mais eram exatamente aquelas que viam na ética uma de suas maiores prioridades.

A integridade e o desempenho não são extremidades opostas de um contínuo. Quando as pessoas trabalham para uma organização que acreditam ser justa, onde todos estão dispostos a dar de si para a realização das tarefas, onde as tradições de fidelidade e cuidado são marcantes, as pessoas trabalham em um nível mais elevado. Os valores ao seu redor passam a fazer parte delas e elas vêem o cliente como alguém a quem devem o melhor produto ou serviço possível.

Bons negócios dependem essencialmente do desenvolvimento e manutenção de relações de longo prazo e falhas éticas levam as empresas a perderem clientes e fornecedores importantes, dificultando o estabelecimento de parcerias cada vez mais comum hoje em dia.

A reputação das empresas e organizações é um fator primário nas relações comerciais, formais ou informais, digam estas respeito à publicidade, ao desenvolvimento de produtos ou a questões ligadas aos recursos humanos.

Nas atuais economias nacionais e globais, as práticas empresariais dos administradores afetam a imagem da empresa para qual trabalham. Assim, se a empresa quiser competir com sucesso nos mercados nacional e mundial, será importante manter uma sólida reputação de comportamento ético.

ROSILENE APARECIDA MARTON, professora universitária em cursos de Direito e de Administração, mestranda em Biodireito, Ética e Cidadania pelo Centro Universitário Salesiano de São Paulo - UNISAL. Advogada do escritório Freitas, Nuzzi, Maschietto Advogados Associados. Foi colaboradora do site de ética empresarial.

UM PEIXE A MAIS...
UM A MENOS

SUELI CARAMELLO ULIANO

Pouco movimento na feira...Não sou freguesa constante no pedaço, mas o peixe estava bonito. Encostei na barraca e pedi em alto e bom som:

– Pesa cinco pescadas brancas destas, por favor.

O rapaz pega um peixe, dois, três, solta e pega outro, vai e pega dois, escolhe e pega mais e torna a trocar, mas vejo com total clareza que pesou seis. Considero que são pescadas pequenas e deixo passar o engano na contagem.

– Faz filé, por favor!

Quem compra seis pescadas, leva doze filés, não é mesmo? Pois em casa reparo que levei apenas dez. Paguei por seis, mas levei cinco pescadas. Ahr... ahr...

Minha empregada não tem dúvidas e toma as minhas dores:

– Vai faltar terra na cova dele!

Relembro a cena e confirmo a preocupação do rapaz em ficar na frente da balança, na parte de trás da barraca. Onde normalmente compro, a balança fica na cara do cliente.

Hoje faz uma semana e daqui a pouco devo ir até a barraca do especialista em aritmética para que de alguma forma ele saiba que eu sei. É o máximo que posso fazer além de não comprar a mercadoria dele.

Entretanto, não posso deixar de pensar nas pequenas e grandes mentiras, na corrupção deslavada, nas calúnias, na atuação dos *hackers* na Internet, no nepotismo que deu emprego a muitos derrotados do partido vitorioso. E para coroar, temos os atentados internacionais, praticamente diários, o terror das guerras para controlar o terrorismo, o preço do petróleo à mercê dos magnatas...E tantas outras façanhas...Às vezes por dinheiro, às vezes por vaidade.

Façanhas? Não estarei usando um vocábulo impróprio? Façanha é ato heróico, é proeza, é feito extraordinário...Posso, é claro, estar ironizando. Mas talvez não! Porque o peixeiro terá comemorado, o caluniador tudo o que quer é fazer alarde da calúnia, espalhá-la, os *hackers* festejam os estragos inimagináveis, cujo alcance nem eles conseguem prever. Aliás, os caluniadores também não conseguem prever os seus estragos. Isso sem falar nas línguas *mal mordidas*: quem conta o milagre, mas não conta o santo, põe sob suspeita todos os santos...

Fica martelando a pergunta: quem vai controlar isso? As "tele-telas" de George Orwell, no seu *1984*? O peixeiro escaparia delas, tranqüilamente. E nem só o peixeiro, não é? Será que funcionam os sistemas de segurança nos aeroportos? Os radares? Os antitudo que são instalados nos computadores? Os detectores de explosivos? De mentiras? De falsas interpretações?

Socorro! O mundo hoje é veneno para todo lado...E, no entanto, a humanidade dispõe naturalmente de um recurso valioso, instalado na intimidade de cada um. Um comando inimitável que pode sensibilizar-se ou endurecer-se. No grande e no pequeno ataque, prima, como principal mentora, a sagrada senhora Consciência. É ela quem pode avaliar, inescrupulosamente: um peixe a mais, um peixe a menos...E é ela quem pode pôr o freio: Não vá faltar terra na minha cova!

SUELI CARAMELLO ULIANO, professora universitária, com Mestrado em Literatura Portuguesa pela Universidade de São Paulo - USP. Publicou vários artigos sobre comportamento em diversos jornais, especialmente no Espaço Aberto d'O Estado de S. Paulo, de 1994 a 1996. Autora do livro *Por um Novo Feminismo*, editado pela Quadrante, Sociedade de Publicações Culturais. Dedica-se especialmente a escrever ficção.

ÉTICA NA ÁREA DE RECURSOS HUMANOS

VALENTIM GIANSANTE

A ética empresarial, como filosofia, tem como um de seus objetivos primordiais definir e expressar de forma qualitativa uma série de princípios relacionados ao exercício do processo produtivo. O que se procura, na verdade, é o aprimoramento das normas de conduta de atos e fatos ligados à atividade econômica.

O homem, desde a década de 60, constitui-se no elemento vital para o desenvolvimento de toda e qualquer atividade, inclusive aquelas consideradas de Estado. Não se pode cogitar de emergir para o sucesso sem valorizar a sua maior riqueza, que é o ser humano. Dessa maneira, a área de recursos humanos de qualquer empresa, não importando as denominações técnicas de seus mais diferentes órgãos, tem por finalidade dois objetivos aparentemente simples: 1) conhecer bem os seus recursos humanos; 2) criar condições motivacionais para desenvolver seus talentos.

Qual seria a realidade da era atual, dita moderna ou pós-moderna, onde o mundo está interligado ou chipado e as informações são conhecidas e estão disponíveis em tempo real, que não admitem defasagem superior a alguns minutos? A resposta, ou pelo menos uma delas, seria que os nossos recursos humanos teriam que estar mobilizados para o projeto de desenvolvimento da empresa. Conseqüentemente, o processo gerencial não pode ser estável nem preso a sistemas ultrapassados, que não levem em consideração a motivação intrínseca para o trabalho.

Pode-se afirmar que as empresas, cujas áreas de recursos humanos negam aos seus empregados, ou ao seu principal capital, a condição de estarem motivados, com vistas a otimizar as suas potencialidades intrínsecas, estão verdadeiramente perdidas no tempo e no espaço. Por conseguinte, tem-se um processo de inibição do desenvolvimento de todo e qualquer trabalhador talentoso. O prazer de trabalhar passa a ser secundário. Sua preocupação está mais voltada para a obtenção de uma boa avaliação. É o mesmo que acontece com o aluno, quando o seu prazer de aprender perde espaço para a necessidade de tirar boas notas. O mesmo vale para os atletas, quando se vêem forçados a lutarem apenas e tão-somente por medalhas.

Portanto, a empresa tem que estar sintonizada com a interação entre os seus funcionários, independentemente de níveis e funções. Os métodos de avaliação devem ajudar a conhecer as pessoas, que são, obviamente, diferentes, que aprendem de maneiras e em velocidades também diferentes. E o gerente, na sua preocupação de obter melhoras qualitativas, tem que estar bem consciente disso. O líder não pode ignorar que quem trabalha com medo, não produz, nada acrescenta, é inseguro, e o pior, cai no ostracismo e perde a sua auto-estima.

Um dos problemas ainda existentes no nosso mercado de trabalho é a falta de objetividade com os critérios de avaliação. A área de recursos humanos, que teoricamente deveria ter o poder normativo sobre esse assunto, falha por omissão ou por desconhecimento. A começar dos processos seletivos, geralmente entregues a firmas terceirizadas que, portanto, ignoram, por completo, o que a empresa de fato precisa e espera do funcionário a ser contratado. Vejam os famosos currículos, que visam, pura e tão-somente, gerar a primeira entrevista, mas que, na prática, soterram muitos e promissores talentos.

As áreas industriais costumam calcular ou estimar os seus custos de produção. Evidentemente, o custo torna-se um padrão ou uma quota de trabalho. Como se trata de uma média, serve tanto para os funcionários que estão acima da média, como aos que estão abaixo. O resultado é a insatisfação e a desmotivação dos que estão sujeitos a críticas e mesmo a perda do emprego. Note-se que a preocupação é com as quotas de trabalho e não com a produção ou a produtividade. Um caixa de banco, por exemplo, não pode ser avaliado apenas pelo número ou quantidade de autenticações feitas ao longo do dia, mas sim e principalmente pela a qualidade do atendimento prestado. Da mesma forma, nenhum trabalho pode depender de esforços isolados, antes, do empenho continuado de todos. Daí a importância de se definir bem os objetivos. O sucesso será melhor caso os funcionários estejam motivados, assumindo, inclusive, responsabilidades pelo que foi planejado.

Vivemos uma época de mudanças rápidas, com um nível de cobranças de resultados também rápidos, especialmente nas áreas de tecnologia de ponta. Alias, são essas as áreas que empregam cada vez mais executivos jovens, que não têm medo do futuro e estão ansiosos para desenvolver suas potencialidades, num mundo de possibilidades infinitas. Que a nossa reflexão se dirija, pois, a determinados vícios comportamentais no que respeita aos critérios de avaliação, não fazendo sentido basear-se apenas em princípios subjetivos, embora saibamos, também, que uma avaliação inteiramente justa pode ser considerada utópica.

O desempenho de qualquer trabalhador é o resultado da combinação de várias coisas, entre elas, as demais pessoas com quem trabalha, o seu cargo, a sua função, o seu chefe (líder), e uma muito importante nos dias de hoje, que são as condições ambientais (barulho, confusão, qualidade de alimentação, condições de trabalho, trajetos estafantes etc.). Uma pessoa que não foi promovida, não consegue entender por que o seu desempenho foi pior do que o do outro. Ninguém, também, tem condições de explicar. Geralmente a culpa passa de um para outro. Sob o ponto de vista eminentemente ético, ignora-se um princípio de extrema importância, que é *dispensar aos seus subordinados o mesmo tratamento que você gostaria de receber*. Ganha relevância, pois, o princípio que *para liderar é preciso servir*, alinhando suas ações com boas intenções.

Para efeito de ilustração, apresento, a seguir, algumas premissas de avaliação que teimosamente ainda persistem em algumas empresas:

- Avaliação de desempenho ou atribuição de mérito baseado no produto final.
- Classificação por mérito, que só premia uns poucos, mas que não leva em conta tentativas para melhorar o sistema como um todo.
- Avaliações tradicionais, sujeitas a respostas imprecisas, que só aumentam as variações de desempenho entre as pessoas envolvidas.
- Necessidade de provas mensuráveis, tangíveis ou numéricas, para dar suporte à recomendação de promoção.
- Existência de propósitos indefinidos ou não conhecidos dos funcionários, mantendo-os céticos quanto à eficácia de seus esforços.

Nossos setores públicos, caprichosamente, extrapolam em procedimentos nada convencionais ou éticos, tanto com os seus próprios servidores, como em relação aos cidadãos em geral. São exemplos disso:
- A moça da zona azul tem sua eficiência medida pelo número de multas que aplica no final do dia, por estacionamento indevido. O mesmo se aplica ao marronzinho do CET, com relação às infrações de trânsito. Se deixarem de multar, para exercer, digamos, a sua real função de auxiliar – ajudar, orientar – o trânsito de nossa cidade, seu desempenho será considerado fraco pelos seus avaliadores. A pergunta que fica no ar é: quem seria mais eficiente – aquele que multa ou aquele que orienta e sabe discernir entre uma infração grave e uma mais simples?
- A Polícia Militar e a Polícia Civil, no uso de suas atribuições e tão cobradas ultimamente, estão sujeitas ao mesmo processo de avaliação. Vale o número de prisões, de mortes de meliantes, de invasões feitas, de disparos dados etc. Policial bom tem que mostrar a que veio, isto é, tem que saber atirar. Por causa disso, muitos morrem precocemente.
- Outras aberrações éticas: sorteio para matrícula de crianças em escola. Sorteio para compra de casa própria. Pagamento de adicional aos professores por jornada extra. Senhas para ser atendido no INSS ou em Postos de Saúde – e por aí vai.

Finalizando essa reflexão, nunca é demais repetir que toda pessoa avaliada por contagem, deixa de ter orgulho (prazer) pelo trabalho realizado.

VALENTIM GIANSANTE, economista, com especialização em Administração Econômica por Objetivos. Foi chefe da Divisão de Análises Econômicas e Financeiras da Fepasa e um dos membros da equipe de trabalho que unificou o sistema ferroviário paulista. Foi, também, assistente financeiro da Cobrasma S/A e Consultor da Serpex Internacional Comercial Ltda.

ANEXO I

CÓDIGO DE ÉTICA DA INDÚSTRIA DA CONSTRUÇÃO[87]

PREÂMBULO

I - O presente Código de Ética representa as Normas de Postura e Comportamento da atividade da construção, devendo ser seguido pela Câmara Brasileira da Indústria da Construção - CBIC e por todas as associações, entidades de classe e empresas do setor a ela vinculadas, as quais, agindo através de seus profissionais, independente do cargo ou função, atuam direta ou indiretamente na indústria da construção nas fases de planificação, de produção, de comercialização e em todas as atividades conexas ou correlatas ao setor.

---

87. O presente Código de Ética foi redigido pelos engenheiros Elias Corrêa de Camargo, Felipe Arns e Luiz Alfredo Falcão Bauer e referido na entrevista concedida por Elias C. Camargo.

II - A verificação do cumprimento das normas deste Código, bem como dos estudos que visem sua permanente atualização, são atribuições da Comissão de Ética da CBIC e dos demais envolvidos.

III - A fim de assegurar o acatamento e o cumprimento deste Código de Ética, a CBIC e as entidades, associações e empresas do setor a ela vinculadas deverão adotá-Io, dando-Ihe ampla divulgação.

IV - A CBIC e as entidades, associações e empresas a ela vinculadas que atuam na construção, em quaisquer de suas fases, deverão comunicar com discrição e fundamento à Comissão de Ética os fatos que caracterizem possível infringência do presente Código.

V - Os infratores do presente Código sujeitar-se-ão às penalidades determinadas pela Comissão de Ética, sendo-Ihes assegurado o direito de ampla defesa.

VI - À vista do caráter de auto-regulamentação e de autofiscalização deste Código, os processos relacionados ao descumprimento de quaisquer de suas normas são sigilosos e não poderão ser utilizados como prova ou instrução de ações nas esferas administrativas ou judiciais.

VII - A implementação deste Código será regulamentada através de Regimento Interno a ser elaborado pela Comissão de Ética, proposto ao Conselho de Representantes da CBIC e por este aprovado.

PRINCÍPIOS FUNDAMENTAIS

Art. 1º - A atividade construtiva é exercida com objetivo de promover o bem-estar das pessoas e da coletividade.

Art. 2º - As construções devem, obrigatoriamente, permitir aos usuários condições satisfatórias de saúde física e mental, higiene, segurança, proteção e conforto.

Art. 3º - A atividade construtiva não pode ter objetivo de lucros desproporcionais aos riscos inerentes à atividade e ao capital investido e nem decorrer de procedimentos aéticos, ilegais ou imorais.

Art. 4º - A atividade construtiva deve ser exercida sem discriminação por questões de religião, raça, sexo, nacionalidade, cor, idade, condição social, opinião política ou de qualquer outra natureza.

DIREITOS E DEVERES

São direitos e/ou deveres dos construtores e de todos os demais intervenientes na atividade construtiva:

Art. 5º - Propiciar condições de trabalho que permitam segurança, higiene, saúde, proteção, bem como salário e estímulo profissional compatíveis à produtividade, ao aprimoramento laboral e à racionalização de tempo e de recursos materiais.

Art. 6º - Pesquisar novos procedimentos e técnicas que visem progressivamente a melhoria da qualidade, o aumento da produtividade, a racionalização de tempo e de recursos financeiros e materiais com vistas à redução de custo e do preço final de venda.

Art. 7º - Recusar o exercício da atividade em condições inadequadas à segurança e à estabilidade da construção.

Art. 8º - Não delegar a terceiros, não qualificados, serviços e partes da obra que coloquem em risco a qualidade final da construção.

Art. 9º - Buscar, de todas as formas, o aprimoramento e adequação das condições de trabalho ao ser humano.

Art. 10 - Exercer as atividades com absoluta autonomia, não havendo obrigação, por forma alguma, de acatar quaisquer determinações, mesmo contratuais, que possam comprometer a segurança, a estabilidade e a qualidade final das construções.

Art. 11 - Preservar, em qualquer circunstância, a liberdade profissional, não aceitando e nem impondo quaisquer restrições a esta autonomia que venham contrariar a ética, a moral e a dignidade das pessoas.

Art. 12 - Seguir os projetos, ater-se às especificações sem atrelar-se a marcas exclusivistas e indevidamente seletivas, cumprir as Normas Técnicas editadas pela ABNT – Associação Brasileira de Normas Técnicas e, na falta destas, normas compatíveis. Cumprir as determinações da fiscalização, as posturas municipais, estaduais e federais de forma a obter resultado final de qualidade e padrão compatíveis com o contratado.

Art. 13 - Indicar a solução adequada ao cliente, observadas as práticas reconhecidamente aceitas, respeitando as normas legais e técnicas vigentes no País.

Art. 14 - Não praticar atos profissionais danosos ao cliente, mesmo que previstos em edital, projeto ou especificação, que possam ser caracterizados como conivência, omissão, imperícia, imprudência ou negligência.

Art. 15 - Aplicar, quando possível, materiais e técnicas regionais e, não havendo restrições à técnica, absorver a mão-de-obra disponível na região.

Art. 16 - Zelar pela consolidação e pelo desenvolvimento ético da atividade construtiva, em todas as fases.

Art. 17 - Zelar pela imagem do setor perante a sociedade.

Art. 18 - Ser solidário com os movimentos de defesa da dignidade profissional, seja por remuneração condigna, seja por condições de trabalho compatíveis com a ética profissional.

Art. 19 - Ter para com seus colegas respeito, consideração e solidariedade, sem todavia eximir-se de denunciar, fundamentadamente, à Comissão de Ética, atos que contrariem os presentes postulados.

Art. 20 - Requerer, junto a Comissão de Ética, desagravo quando atingido indevidamente no exercício da atividade.

Art. 21 - Adotar procedimentos que preservem, por todos os meios e em todas as situações, a imagem do empreendimento, da empresa e, em decorrência, de todo o setor construtivo.

Art. 22 - Estar ciente de que nas obras cujas atividades sejam por mais de um interveniente compartilhadas deverá especificamente, quando da contratação, ficar definida a responsabilidade de cada um dos participantes. Nos casos de subcontratação, o contratante principal não poderá eximir-se da responsabilidade a ele atinente a não ser quando expressamente indicado e quando legalmente possível.

Art. 23 - Como agentes de progresso e de desenvolvimento sócio-econômico-cultural os construtores e demais intervenientes devem por si e através das entidades representativas exercer a cidadania, como direito e dever inalienáveis à própria condição. Da mesma forma, devem alertar as autoridades sobre desmandos, uso indevido da coisa pública e do poder, propagandas falsas, intromissões na iniciativa privada, incúria, legislações falhas e todas as demais ações que direta ou indiretamente afetam o setor construtivo.

Art. 24 - Não se utilizar das entidades representativas do setor com vistas a benefícios meramente pessoais, a menos que estes benefícios individualizados sejam de real interesse, por isonomia, dos demais associados.

Art. 25 - Manter sigilo quanto a informações confidenciais, a processos e técnicas de propriedade exclusiva de outrem e em assuntos que o requeiram. Ficam ressalvados os casos em que o silêncio e a omissão, por uma ou outra forma, permitam a adoção de iniciativas e atividades que coloquem em risco a integridade de patrimônios e pessoas.

Art. 26 - Assegurar ao cliente produto final que Ihe dê satisfação como resultado de informes publicitários precisos, de contratos completos e de informações de tal forma claras e corretas que Ihe permita certificar-se, em quaisquer das fases, da compatibilidade do objeto contratado com o bem construído.

Art. 27 - Na publicidade informar com precisão, dispensar afirmações de sentido dúbio ou pouco claras ao público alvo, não traçar paralelos a obras, processos e empresas de terceiros, enfim, oferecer informes absolutamente condizentes com o objeto promovido.

Art. 28 - No exercício da atividade construtiva, assegurar aos trabalhadores o cumprimento da legislação trabalhista e das disposições contidas nas convenções coletivas firmadas para o setor.

Art. 29 - Oferecer condições de trabalho que preservem a saúde, a segurança, a integridade e a dignidade de todas as pessoas intervenientes no processo construtivo.

Art. 30 - Propiciar condições de salários e ganhos compatíveis com a produtividade e qualificação profissional dos trabalhadores.

Art. 31 - Promover cursos de aperfeiçoamento e aprimoramento profissional aos trabalhadores.

Art. 32 - Aprimorar continuamente os conhecimentos e usar o progresso científico e técnico em benefício da melhoria das condições de trabalho dos operários e do resultado final das construções.

Art. 33 - Buscar o desenvolvimento tecnológico, levando em conta não somente a substituição de pessoas por equipamentos e processos construtivos mas, preferencialmente, a melhoria da condição de trabalho e produtividade dos operários e demais intervenientes. Estimular, prioritariamente, a adoção de equipamentos naquelas atividades que, pelo grau de risco, sejam estatisticamente as que oferecem maiores danos à saúde e à integridade dos trabalhadores.

Art. 34 - Adotar os princípios da qualidade e da produtividade, de forma a que seus benefícios sejam usufruídos equanimemente por todos os intervenientes.

Art. 35 - Buscar obstinadamente a redução dos desperdícios de recursos materiais e de tempo.

Art. 36 - Ao participar de licitações, cadastrar-se junto a órgãos públicos, sujeitando-se a comprovar, perante estas instituições, estar qualificado técnica, jurídica e legalmente a participar dos certames licitatórios.

Art. 37 - Denunciar falhas nos editais licitatórios, nas especificações, nos projetos, nas normas técnicas, nos contratos leoninos ou de adesão e na condução das obras quando as julgar indignas ou incompatíveis com a ética, com a moral ou com a boa técnica.

Art. 38 - Denunciar editais de licitação viciados, incorretos, dirigidos e com exigências tais que permitam, de qualquer modo, fraudar a competição.

Art. 39 - Não participar de ações que tenham, por quaisquer meios, a finalidade de intentar contra os objetivos do embate licitatório.

Art. 40 - Denunciar quaisquer pressões de contratantes, intermediários, fiscais e outros que visem obter favores, benesses e outras vantagens indevidas em decorrência de ações imorais, ilegais e aéticas.

Art. 41 - Diante dos sistemas usuais de formação dos preços de custo das construções é obrigação do construtor e de todos os demais intervenientes do processo interagir – em seu benefício e no da sociedade – no sentido de buscar, por ações políticas e administrativas, a redução da elevada carga tributária e fiscal incidente sobre as construções, maneira mais eficaz de compatibilizar o preço de venda ao poder aquisitivo dos adquirentes e, em muitos casos, do próprio Estado.

Art. 42 - Não aceitar a imposição de preços que resultem de critérios de composição que não contemplem com exatidão a remuneração dos insumos, dos salários, dos encargos legais, da reposição dos equipamentos, da aplicação do capital investido e do lucro proporcional aos riscos do empreendimento.

Art. 43 - Denunciar quaisquer ações de fornecedores que se configurem como práticas cartelizadas, reservas e concessões indevidas, oposição à livre concorrência e outras ações predatórias ao livre mercado.

Art. 44 - Preservar o meio ambiente, buscando minimizar o impacto ambiental decorrente da implantação das obras.

Art. 45 - Estimular, na empresa, o esforço por tecnologia própria sem deixar de acompanhar o progresso da ciência.

Art. 46 - Preservar a consciência de que a empresa não tem somente finalidade em si mesma, mas que é também um instrumento de desenvolvimento social.

Art. 47 - Manter a liberdade nas decisões inerentes à vida empresarial e à independência da tutela indevida do poder público.

ANEXO II

CÓDIGO DE CONDUTA ÉTICA DA BELLMAN NUTRIÇÃO ANIMAL LTDA.[88]

CLIENTES

- Desenvolvemos produtos e serviços que agregam benefícios reais.
- Cumprimos nossas promessas mantendo os produtos e serviços dentro de suas especificações.
- Recomendamos produtos com boa relação custo / benefício, adequados a cada situação.
- Informamos as práticas para utilização correta e segura dos produtos.
- Respondemos as dúvidas técnicas sobre produtos e sua utilização.
- Registramos e solucionamos as reclamações sobre produtos e serviços.

---

88. Código referido na entrevista concedida por Mauricio Bellodi.

SÓCIOS

- Fazemos bom uso dos recursos físicos e financeiros, visando os objetivos da empresa.
- Reportamos os resultados através de relatórios e demonstrativos contábeis confiáveis.
- Resguardamos as informações estratégicas da organização.

COLABORADORES

- Respeitamos as diversidades de sexo, idade, cor, raça, cultura, orientação sexual, religião e política.
- Recrutamos, selecionamos e promovemos com base nas qualificações, competências e performances.
- Valorizamos a dignidade humana, buscando o bem-estar físico e psicológico de todos.
- Estimulamos o crescimento pessoal e profissional, com compreensão e cooperação.
- Banimos a competição desmedida e a depreciação.
- Repudiamos o assédio sexual e o constrangimento.

FORNECEDORES

- Honramos contratos, condições, valores e prazos acordados.
- Priorizamos os fornecedores com elevado padrão ético.
- Damos preferência a fornecedores vizinhos, que atendam nossos requisitos de qualidade e custos.

CONCORRENTES

- Repudiamos a propina e outras práticas de concorrência desleal.
- Condenamos a veiculação de informações inverídicas.

MEIO AMBIENTE

- Trabalhamos com produtos e práticas de fabricação que visam eliminar o impacto ambiental.

GOVERNO

- Cumprimos as leis.
- Pagamos os impostos.
- Repudiamos a corrupção.
- Respeitamos o livre arbítrio de todos, na escolha de seus candidatos a cargos públicos.

COMUNIDADE

- Mantemos comunicação transparente com as comunidades de que participamos.
- Atuamos na discussão e solução de problemas comunitários.
- Destinamos verba para projetos sociais, culturais e entidades filantrópicas.
- Estimulamos nossos colaboradores a realizarem trabalhos voluntários.
- Repudiamos o trabalho infantil.

POLÍTICA BÁSICA DA BELLMAN NUTRIÇÃO ANIMAL
MISSÃO

Ampliar a satisfação do pecuarista através da nutrição animal, gerando valor para todos os envolvidos.

VALORES

- Ética.
- Equipe.
- Inovação.
- Qualidade.
- Resultado.
- Relacionamento.
- Reconhecimento.

www.dvseditora.com.br

www.dvseditora.com.br